파이썬 인공지능과 함께하는
토리 드론

머리말

"새로운 시대의 시작 : 드론과 인공지능의 융합"

제임스 와트가 만든 증기기관에서 시작된 혁명은 세상을 바꾸는 큰 전환점이 되었습니다. 사람이 직접 물건을 생산하는 수공업의 시대는 막이 내리고, 기계가 빠른 속도로 물건을 만드는 공업의 시대가 열렸습니다. 수 천년 동안 이어졌던 농업 문화와 삶은 기계의 등장으로 한순간에 바뀌게 되었습니다. 바로 1차 산업혁명이 시작입니다. 기계의 발명으로 새로운 일자리가 더 생겨났고, 우리의 삶은 더 풍요로워졌습니다.

1차 산업혁명이 시작된 지 1세기 만에 에디슨의 발명으로 또 한 번 새로운 변화가 시작되었습니다. 에디슨이 만든 백열전구가 상용화되면서 전기의 시대가 열렸습니다. 석탄을 사용해서 기계를 돌렸던 공장은 전기를 사용하는 새로운 시스템을 도입했습니다. 1913년 미국의 헨리 포드는 전기로 구동하는 컨베이어 벨트를 활용해 자동차 공장을 만들었습니다. 그리고 자동차 생산량과 효율이 비약적으로 발전했습니다. 전기의 힘으로 2차 산업혁명의 시대가 열린 것입니다.

그리고 컴퓨터와 인터넷의 등장으로 지식·정보가 가치로 이어지는, 3차 산업혁명이 시작되었습니다. 1970년대 말부터 컴퓨터는 대중화되기 시작하면서 정보화 시대가 열리게 되었습니다. 모든 지식은 데이터화 되었고 컴퓨터와 인터넷으로 원하는 정보를 쉽게 공유할 수 있었습니다. 이렇게 공유된 지식은 발전해서 새로운 지식을 다시 만들어 냈습니다. 이렇게 만들어진 지식은 새로운 산업을 발전시키고, 세상을 또다시 바꿨습니다.

이제는 4차 산업혁명 시대가 시작되었습니다. 4차 산업혁명 시대에서 디지털, 물리적, 생물학적 경계가 없어지면서 기술이 융합될 것입니다. 4차 산업혁명을 이끄는 원동력이 바로 연결과 융합입니다.

융합의 핵심인 4차 산업혁명 시대에서 '드론'은 큰 변화를 가져올 것입니다. 예전에 생소했던 드론은 4차 산업혁명과 함께 이제는 친숙한 단어가 되었습니다. 드론은 무인 비행체로, 공간적 제약을 벗어나 다양한 소프트웨어 기술과 융합하여 새로운 가치를 만들 수 있어서 4차 산업혁명의 핵심 기술로 주목받고 있습니다. 항공, 소프트웨어, 센서 등 첨단기술과 융합할 수 있는 드론의 성장 잠재력은 매우 큽니다. 그리고 인공지능 기술과 함께 사용된다면 정말 다양한 분야에서 사용될 것입니다. 건설, 에너지, 물류, 재난구조, 교통 관측, 과학 연구, 농업, 환경오염 제거, 촬영, 취미 등 활용할 수 있는 분야는 무궁무진합니다.

이제 드론은 스마트폰처럼 우리 삶에 없어서는 안 될 것이므로 드론의 구조와 과학 원리를 잘 이해해야 합니다. 드론을 직접 조종하고 코딩할 수 있어야 합니다. 또한, 창의적인 생각으로 인공지능과 같은 다양한 기술과 융합할 수 있는 기초 소양을 잘 길러야 합니다.

드론과 마찬가지로 또 다른 4차 산업혁명의 핵심 기술은 소프트웨어와 인공지능입니다. 인공지능 기술은 기계학습 및 딥러닝과 같은 기술을 통해 우리의 삶을 바꾸고 있습니다. 알파고가 나온지 얼마 지나지 않아서 ChatGPT 등 다양한 인공지능이 개발되었습니다. 전 세계에서 2백만 명이 넘는 개발자가 ChatGPT를 사용합니다. 미국 경제전문지인 포춘이 매년 발표하는 돈을 가장 잘 버는 500개 기업 중 92%가 ChatGPT를 사용합니다. 그리고 1주일에 ChatGPT를 사용하는 사람은 1억명이 넘습니다.

우리가 살아가는 현대 사회에서 소프트웨어와 인공지능은 우리의 삶을 혁신적으로 변화시키고 있습니다. 소프트웨어는 우리의 일상에 자리하고 있습니다. 모든 것이 코드로 이루어진 세계에서 소프트웨어와 인공지능을 활용할 수 있다면 우리는 새로운 아이디어를 현실로 만들고, 문제를 해결하며, 새로운 경험을 창조할 수 있습니다. 인공지능은 예측과 분석의 능력을 통해 우리의 생활에 혁명을 일으키고 있습니다. 기계학습과 딥러닝의 발전으로 우리는 이전에는 상상조차 할 수 없었던 수준의 문제 해결 능력을 얻게 되었습니다.

이러한 시대에서 가장 중요한 기술 중 하나는 소프트웨어와 인공지능을 활용할 수 있는 코딩능력과 컴퓨팅 사고력이라고 생각합니다. 소프트웨어와 인공지능을 열심히 공부하고 창의적인 생각으로 다른 기술과 융합할 수 있다면 새로운 역사를 쓸 수 있다고 생각합니다.

이 책과 함께 드론·소프트웨어·인공지능 기술의 융합을 흥미진진하게 탐험하기 바랍니다.

책소개

드론은 사물인터넷(IoT), 인공지능, 로봇, 센서 그리고 정밀측위기술, 항법기술, 자세제어 기술 등 다양한 기술이 융합된 최첨단 장치입니다. 정밀측위기술은 GPS로 정확한 위치를 측정하는 기술이고, 항법기술은 GPS, 인공지능 등의 기술을 활용해서 자동으로 목표 지점에 이동하는 기술을 말합니다. 그리고 자세제어기술은 비행하면서 비행체의 안정성을 유지 하는 소프트웨어 기술입니다. 그래서 드론을 다루려면 드론의 기초 지식, 과학적 원리뿐만 아니라 소프트웨어로 제어할 수 있는 코딩 실력도 필요합니다.

파이썬은 현재 가장 인기 있는 프로그래밍 언어 중 하나입니다. 파이썬의 문법은 매우 간단하고 직관적입니다. 마치 영어 문장을 쓰는 것처럼 쉽게 코드를 작성할 수 있습니다.그리고 웹 개발, 데이터 분석, 인공지능, 게임 개발 등 여러 분야에서 파이썬이 사용되고 있습니다. 처음 텍스트 코딩을 배우는 사람에게 파이썬은 매우 좋은 언어입니다.

이 책은 초등학생부터 성인까지 재미있고 즐겁게 파이썬, 드론, 인공지능을 배울 수 있도록 내용을 구성하였습니다. 다양한 파이썬 예제로 드론과 인공지능을 융합한 프로그램을 만들면서 드론과 인공지능에 대한 이해를 높일 수 있습니다.

이 책은 크게 3부분으로 나누어져 있습니다
1) 드론에 대한 이론, 시뮬레이터, 드론 조종 실습
2) 파이썬 기초 배우기
3) 파이썬 실력 키우기
4) 인공지능 코딩

1~2장에서는 드론을 이해하고 시뮬레이터로 드론을 연습하고 실제 드론을 조종합니다. 그러면서 드론의 이론과 원리를 체득하게 됩니다.

3장에서는 파이썬의 기초에 대해서 배웁니다. 파이썬의 장점과 설치 방법, 파이썬의 다양한 자료형, 조건문과 반복문, 함수와 클래스 모듈에 대해서 자세하게 배웁니다. 파이썬으로 다양한 예제를 만들 수 있는 기초 실력을 기릅니다.

4장에서는 파이썬으로 다양한 프로그램을 만듭니다. 미술 작품 그리기, 파일 읽고 쓰기, 파일 이름 한 번에 바꾸기, 단어 학습 프로그램 만들기, PPT와 엑셀 자동화, 사진 작업 자동화 등을 학습할 수 있도록 구성되었습니다. 다양한 프로그램을 만들면서 파이썬 인공지능 드론 코딩을 할 수 있는 실력을 키웁니다.

5장에서는 파이썬으로 드론을 어떻게 코딩하는지 알고 드론을 사용해서 여러가지 프로그램을 만듭니다. 드론 센서, LED와 소리, 조종기 코딩, 드론 기초 코딩, 드론 곡예비행, 키보드와 마우스로 드론 움직이기, 드론 군집비행 등을 학습할 수 있도록 구성되었습니다.

6장에서는 다양한 인공지능 기술을 이해하고 인공지능으로 드론을 조종하는 프로그램을 만듭니다. 얼굴 인식 인공지능 드론, 손 인식 인공지능 드론, 머신러닝 인공지능 드론 등 다양한 인공지능 드론을 코딩하면서 드론과 인공지능 기술을 융합합니다.

이 책에서는 사용하는 토리 드론은 어린 아이들도 안전하게 사용할 수 있는 드론이며 성능도 매우 우수합니다. 다음과 같은 분들에게 추천합니다.
1. 드론 제어 입문자 : 초, 중, 고 및 일반 드론 입문자
2. 코딩교육 관련자 : 코딩을 쉽고 재미있게 가르치고 싶은 교육 강사
3. 이공계 대학생 : 대학생을 위한 IoT 코딩 제어 기초 소양 교육

드론은 농업, 지질조사, 운송수단, 재난구조, 건설, 과학 연구 등 다양한 영역에서 발전할 것입니다. 드론의 원리를 이해하고 인공지능과 융합한 다양한 프로그램을 만들면서 여러분의 잠재력을 키우기 바랍니다.

드론은 어떻게 발전할까요? 드론은 우리 삶을 어떻게 바꿀까요? 이 책을 통해 드론을 올바르게 이해하고, 드론의 무한한 잠재성과 가치를 느끼길 바랍니다.

또한 잇플TV http://www.bit.ly/ITPLE_TV 에서 코딩 관련 영상이 지속해서 업데이트될 예정입니다. 코딩을 더 쉽고 재미있게 공부할 수 있게 잇플 출판사 카페에 다양한 코딩 교육 자료를 준비했습니다. 잇플 출판사 카페(http://cafe.naver.com/arduinofun)에 와서 더욱 멋진 작품을 만들어 보세요.

CONTENTS

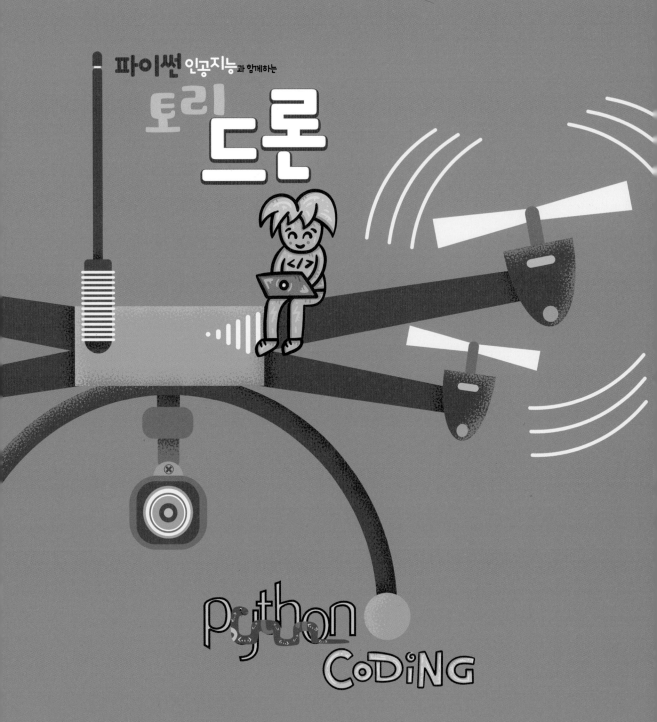

CHAPTER

01

처음 만나는 드론

01 드론의 정의

(○ ○ ○)

이 장에서는 무엇을 배울까요?

- 드론의 뜻을 알 수 있어요
- 드론의 종류를 분류할 수 있어요
- 드론의 가치와 활용 분야를 살펴볼 수 있어요

'드론'은 무인 비행체(Unmanned Aerial Vehicle)로 사람이 탑승하지 않고, 원격으로 조종하거나 소프트웨어로 움직이는 비행 장치를 말합니다. '드론'은 원래 수벌이 윙윙거리며 나는 모습이나 그 소리를 나타냈고 6세기 영국에서는 게으른 남자를 드론이라 했습니다.

윙윙거리는 수벌과 게으른 남자라는 뜻을 가졌던 드론이, 어떻게 무인 비행체를 의미하게 되었을까요?

미국 해군 제독 윌리엄 스탠리(William Standley)는 1935년 영국 해군의 훈련을 참관했습니다. 그때 영국 해군은 'DH 82B Queen Bee(여왕벌)'라는 원거리 조종 무인 비행기를 띄워 날려 놓고 이를 맞추는 사격 훈련을 선보였습니다. 깊은 인상을 받은 스탠리 제독은 비슷한 비행체를 만들었고, 영국 '여왕벌'에 경의를 표현하기 위해 '게으른 수컷 벌'의 뜻을 가진 '드론'이라는 이름을 붙였습니다. 이후 미군은 전통 비행기를 연습용으로 개조한 무인 비행기를 드론이라 불렀습니다.

무인 비행체를 나타내는 다른 용어도 있습니다. 현재 우리 군에서는 무인 비행체를 UAV(Unmanned Aerial Vehicle)라고 부르고, 국제민간항공기구인 ICAO(International Civil Aviation Organization)에서는 RPAS(Remotely Piloted Aircraft Systems)라고 부릅니다.

1960년, 소련의 군사 시설을 정찰하던 미국의 유인 정찰기 U2가 미사일에 격추되는 사건이 있었습니다. 이후 미국은 자신의 군인을 보호하기 위해 정찰기능 중심의 무인 비행기를 본격적으로 개발했습니다. 이렇게 드론은 군사 목적으로 개발되었고, 현재에도 상용화한 드론의 80% 이상이 군사적 목적으로 사용됩니다. 최근 민간에서도 상업용 드론 시장이 빠르게 성장하고 있으며, 다양한 기술과 융합하여 새로운 시장을 열고 있습니다.

드론에는 어떤 종류가 있을까요? 드론은 용도나 크기 등으로 종류를 구분할 수도 있지만, 날개의 형태로 드론의 종류를 설명하겠습니다. 드론은 날개의 형태에 따라 고정익(fixed wing) 드론, 회전익(rotary wing) 드론, 그리고 두 가지 방식이 혼합된 복합형으로 나눌 수 있습니다.

우리가 흔히 보는 비행기 모양의 드론을 고정익 드론이라고 합니다. 고정익 드론은 날개가 고정되어 있고, 프로펠러나 엔진의 힘으로 비행합니다. 따라서 이·착륙할 때 활주로가 필요하며, 일정 속도 이상이 되어야 날 수 있고 제자리에 멈출 수 없습니다.

▲ 고정익 드론

이러한 단점을 극복하고자 활주로 없이 이·착륙할 수 있고, 제자리에서 비행할 수 있는 회전익 드론이 등장했습니다. 회전익 드론은 프로펠러를 빠르게 회전시켜 비행합니다. 하지만 동력 낭비가 심하고, 끊임없이 날개를 회전시키기 때문에 공기 흐름에 민감합니다.

▲ 회전익 드론

고정익 드론과 회전익 드론의 단점을 보완하기 위해 만들어진 것이 틸트로터형 드론입니다. 틸트로터형 드론은 이·착륙, 정지비행은 회전날개를 이용하고, 수평으로 움직일 때는 고정날개를 사용해 움직입니다.

▲ 회전익 드론

마지막으로 개발된 드론은 멀티 로터형 드론입니다. 우리가 흔히 알고 있는 드론이 이 멀티 로터형입니다. 멀티 로터는 날개(rotor)가 여러(Multi) 개 있다는 뜻입니다. 멀티 로터형 드론은 세 개 이상의 회전날개로 비행합니다. 공기 역학적 안정성도 뛰어나고, 회전익 드론처럼 수직으로 이·착륙할 수 있고, 제자리에서 비행할 수도 있습니다.

또한, 여러 개의 날개를 사용하므로 추락위험도 줄었습니다. 멀티 로터형 드론은 프로펠러의 개수에 따라 쿼드(4)콥터, 헥사(6)콥터, 옥타(8)콥터 등으로 나뉘고, 드론마다 특성이 다릅니다.

| Quard Copter 쿼드콥터 | Hexa Copter 헥사콥터 | Octa Copter 옥타콥터 |

▲ 멀티콥터의 종류

드론은 이제 우리 일상에서 흔하게 볼 수 있습니다. 전문가들은 드론이 그 자체로 거대한 산업이자 기존의 산업 시스템을 바꾸게 될 것으로 전망합니다. 조종이 쉽고, 운용과 관리 비용이 상대적으로 저렴하고 수직 이착륙을 할 수 있어 다양한 분야에 활용됩니다.

모바일 생태계를 만든 스마트폰처럼 드론도 새로운 생태계를 만드는 플랫폼이 될 것이라고 합니다. 기술 및 부품, 소프트웨어, 서비스 등 관련 산업의 성장을 이끌고, 4차 산업혁명과 더불어 인공지능, GPS, 빅데이터 등 여러 기술과 결합하면 드론의 활용 분야는 다양해질 것입니다. 드론의 시작이 된 군사용 무기에서부터 건설, 에너지, 물류, 재난구조, 교통 관측, 과학 연구, 농업, 환경오염 제거, 촬영, 취재, 취미 등 활용할 수 있는 분야는 그야말로 무궁무진합니다.

많은 영화사는 아슬아슬한 장면을 촬영하기 위해 고해상도 카메라가 달린 드론을 사용합니다. 원래는 헬리콥터를 사용해서 사람이 직접 촬영해야 하지만, 드론을 사용해서 촬영 비용을 많이 줄이고 있습니다. 지진이나 해일과 같은 자연재해뿐만 아니라 여러 시위나 사고 현장 등 기자가 접근하기 어려운 지역에 드론을 보내 사진이나 영상을 촬영해서 기사를 씁니다. 이를 드론 저널리즘(Drone Journalism)이라고 합니다.

한국토지주택공사(LH)는 드론을 토지조사에 활용하고 있습니다. 드론이 공중에서 촬영한 사진으로 면적을 측정해서 주택이 얼마나 있는지 등의 현황조사를 합니다. 사람이 가서 직접 조사하는 것보다 적은 비용으로 더 정확하고 빠르게 조사할 수 있게 되었습니다.

2014년 브라질 월드컵에서 브라질 정부는 치안을 위한 감시용 드론을 운용했습니다. 또한, 미국의 카오틱 문 스튜디오(Chaotic Moon Studios)가 개발한 무인 경비 드론 '큐피드'는 카메라로 집을 지키며 위험인물을 발견하면 전기 충격 장치로 기절시킵니다. 미국 마이애미 경찰은 적외선 카메라를 단 드론을 띄워 큰 인명피해 없이 현장에 숨은 범인들을 찾아내 체포했습니다.

▲ 회농약살포/구호물품 이송/구조 활동

농업 분야도 드론 덕택에 새로운 변화를 맞이하고 있습니다. 농약을 살포할 때 드론을 사용하면 기존의 방식보다 시간과 비용 면에서 매우 경제적이고 안전합니다. 앞으로는 파종에서 수확까지 전 과정에 드론이 쓰일 것입니다.

대규모 농업이 발달한 미국에서도 드론을 적극적으로 활용하고 있습니다. 드론에 달린 카메라로 경작지를 조사해 필요한 비료를 자동으로 계산합니다. 어떤 농약과 비료를 얼마나 사용할지, 드론으로 축적한 데이터를 바탕으로 계산합니다. 심지어 열매 색깔을 분석해서 작물 상태를 파악하거나 나무에 살충제를 뿌리기도 합니다. 사물인터넷과 드론 기술의 융합으로, 농업의 새로운 패러다임인 스마트 팜(Smart Farm) 시대가 열리고 있습니다.

세계 인구는 2050년이면 90억 명을 넘어갈 것으로 예상합니다. 늘어나는 농산물 수요를 만족시키고 농업 생산성을 높이기 위해선 혁신적인 기술이 필요한데, 드론이 큰 역할을 담당할 것으로 기대됩니다.

MEMO

02 드론의 원리

(○○○)

이 장에서는 무엇을 배울까요?

- 양력의 개념을 이해할 수 있어요
- 드론이 어떤 원리로 움직이는지 알 수 있어요
- 드론에 작용하는 4가지 힘을 알 수 있어요

비행기를 띄우는 힘을 양력이라고 합니다. 다양한 물리법칙으로 양력이 생깁니다. 대표적인 물리법칙이 '베르누이 정리'입니다. 베르누이 정리에 따르면, 공기 같은 유체의 속도와 압력은 반비례합니다. 속도가 빨라지면 압력은 낮아지고, 속도가 느려지면 압력은 높아집니다.

▲ 양력: 유체의 흐름에 물체가 수직 방행으로 받는 힘

날개를 수직으로 잘랐을 때, 유선형의 단면 모양을 에어포일(airfoil)이라고 합니다. 에어포일 위를 흐르는 공기는 속도가 빨라지며 압력이 낮아지고, 아래를 흐르는 공기는 속도가 느려지며 압력이 높아집니다. 이렇게 위아래에 압력 차가 생기고, 에어포일 아래의 높은 압력이 에어포일 위의 낮은 압력 쪽으로 날개를 밀어 양력이 생깁니다.

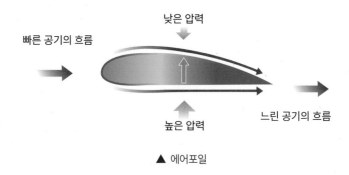

▲ 에어포일

파이썬 인공지능과 함께하는 토리드론

공기가 누르는 힘을 '기압'이라고 하는데 이 기압 차로 비행기가 뜨는 것입니다. 1기압의 힘은 어느 정도일까요? 우리가 일상 받는 1기압의 압력은 10m 정도의 물기둥을 어깨에 이고 있는 상태에서 받는 압력과 비슷합니다. 만약 가로, 세로의 길이가 1m인 물기둥이 있다면 약 10m까지 올리는 힘이 1기압입니다. 무게로 계산하면 약 10톤의 무게(물 1㎥가 약 1톤)입니다. 이런 기압의 힘으로 면적이 넓이가 넓을수록 더 많은 무게를 위로 올릴 수 있습니다.

▲ 기압 차로 양력 발생

기업 차이로 양력을 발생하는 간단한 실험이 있습니다. 깔때기에 탁구공을 대고 바람을 불면 탁구공이 떨어지지 않고 뜨는 것을 볼 수 있습니다. 깔때기에 바람을 불면 기압이 깔때기 입구 쪽 기압이 낮아지고, 깔때기 밑쪽의 기압이 높아져 탁구공이 뜨는 것입니다.

양력과 관련된 또 하나의 물리법칙은 뉴턴의 운동 법칙입니다. 뉴턴은 물체의 움직임과 그 원리를 '프린키피아'로 알려진 '자연철학의 수학적 원리'라는 책에 정리했습니다.

이 책은 총 3권으로 구성되어 있습니다. 1권과 2권은 물체의 움직임에 관해 체계적으로 정리했으며, 3권은 1권과 2권의 지식을 바탕으로 태양계의 구조를 설명했습니다. 1권과 2권의 내용이 바로 그 유명한 뉴턴의 운동 법칙입니다. 이 법칙으로 물체의 움직임을 분석하고 예측할 수 있게 되었습니다. 뉴턴의 운동 법칙은 다음과 같습니다.

제1법칙: **관성의 법칙**	정지한 물체는 계속 정지하려고 하고, 운동하는 물체는 계속 운동하려고 한다.
제2법칙: **가속도의 법칙**	물체가 힘을 받으면 속도가 변한다.
제3법칙: **작용과 반작용의 법칙**	모든 작용에 대해 크기는 같고 방향은 반대인 반작용이 존재한다.

왼쪽에서 오른쪽으로 흐르는 공기는 날개를 지나면서 위에서 아래 방향으로 속도가 변합니다. 공기의 흐름이 아래쪽으로 바뀌면, '작용-반작용의 법칙'에 의해 날개는 위쪽으로 향하는 힘인 양력 받습니다. 실제로 비행기 날개는 위와 같은 공기의 흐름을 만들기 위해 '받음각'이라는 것이 있습니다. 날개의 앞면이 진행 방향과 비교하면 약간 들려있음으로써 생기는 각도입니다.

연도 평평하지만, 작용-반작용 법칙으로 하늘을 날 수 있습니다. 그래서 비행기가 날기 위해서는 앞으로 빠르게 움직여야 합니다. 고정익 드론이 왜 활주로나 발사장치가 필요한지 알 수 있겠죠?

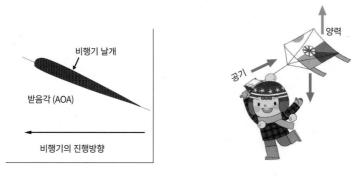

▲ 날개의 받음각

그러면 드론은 어떻게 날 수 있으며 왜 날개가 여러 개 필요할까요?

먼저 헬리콥터를 살펴보겠습니다. 헬리콥터 몸체에는 큰 프로펠러가 있습니다. 이 프로펠러를 '로터(rotor)'라고 합니다. 몸체에 있는 로터를 '메인 로터(Main Rotor)', 꼬리 쪽의 작은 로터는 '테일 로터(Tail Rotor)'라고 합니다. 헬리콥터와 같은 회전익 비행체는 프로펠러를 빠르게 회전시켜 양력이 생기게 합니다. 그래서 활주로가 없어도 수직으로 이·착륙할 수 있고, 제자리에서 비행할 수 있는 겁니다.

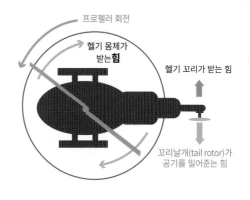

테일 로터는 왜 필요할까요? 여기서 작용과 반작용의 법칙을 생각해봅시다. 로터가 회전하면 작용과 반작용의 법칙에 따라 헬리콥터 몸체(동체)가 반대 방향으로 회전합니다. 로터가 시계 반대 방향으로 회전하면 헬리콥터 몸체는 시계 방향으로 회전합니다. 테일 로터가 회전해서 헬리콥터 몸체가 반대로 회전하지 않도록 합니다. 테일 로터가 없으면 영화에서처럼 헬리콥터 몸체는 빙글빙글 돌 것입니다.

▲ 헬리콥터의 원리

이것이 회전익 비행체가 고정익 비행체보다 에너지 효율이 떨어지는 이유 중 하나입니다. 테일 로터의 힘은 회전익 비행체가 뜨는 데 사용하는 것이 아니고 메인 로터의 회전력을 상쇄시키기 위해 사용하기 때문에 에너지를 소모하는 것이죠. (상쇄 : 상반되는 것이 서로 영향을 주어 효과가 없어지는 일)

그리고 움직이기 위해서 메인 로터에는 복잡한 장치가 필요합니다. 이런 장치들이 없으면 단순히 위-아래로만 움직입니다.

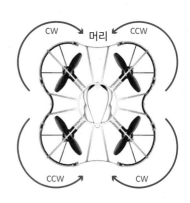

드론을 보면 시계 방향으로 회전하는 프로펠러가 있고, 시계 반대 방향으로 회전하는 프로펠러가 있어서 회전에 따른 반작용을 상쇄시킵니다. 헬리콥터의 테일 로터와 달리, 프로펠러 모두 양력을 발생시키는 데 사용하므로 에너지 효율이 높습니다. 또한, 구조가 단순하고 복잡한 장치가 없이도 프로펠러의 회전 속도를 조종해서 움직일 수 있습니다.

▲ 드론 프로펠러의 회전 방향

따라서 드론의 프로펠러는 회전하면서 공기를 아래쪽으로 밀 수 있도록 연결해야 합니다. 그렇지 않으면 위쪽으로 공기를 밀어서 드론이 균형을 잡지 못해 날 수 없습니다.

드론에 작용하는 힘은 위로 뜨는 양력, 물체를 아래로 끌어당기는 중력, 드론이 기울면서 앞으로 가게 해주는 추력, 공기와 드론의 마찰로 추력을 방해하는 항력이 있습니다.

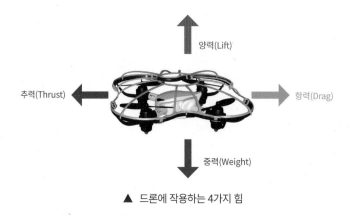

양력(Lift)

추력(Thrust)   항력(Drag)

중력(Weight)

▲ 드론에 작용하는 4가지 힘

프로펠러를 빠르게 회전시켜서 양력이 중력보다 크면 위로 뜨게 됩니다. 반대로 중력이 양력보다 더 강하면 드론은 아래로 내려갑니다. 드론이 이동하기 위해선 추력과 항력이 필요합니다. 추력이 항력보다 크면 추력이 향하는 방향으로 이동합니다.

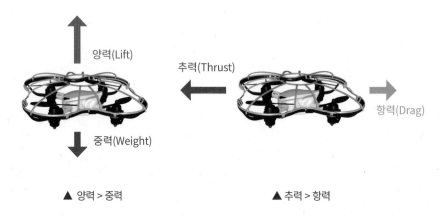

양력(Lift)

추력(Thrust)

중력(Weight)   항력(Drag)

▲ 양력 > 중력   ▲ 추력 > 항력

4가지 힘의 크기가 같으면 제자리 비행을 할 수 있습니다. 이 상태를 호버링(Hovering)이라고 합니다.

파이썬 인공지능과 함께하는 토리드론

MEMO

03 드론의 구조

(○ ○ ○)

이 장에서는 무엇을 배울까요?

- 드론의 구조를 알 수 있어요
- 드론의 다양한 부품을 이해할 수 있어요

앞에서 드론의 원리를 배웠습니다. 그럼 4개의 프로펠러에 모터만 연결해 회전시키면 드론이 날 수 있을까요?

그렇지 않습니다. 드론이 공중에서 균형을 잡고, 원하는 곳으로 가려면 다양한 부품과 센서가 필요합니다.

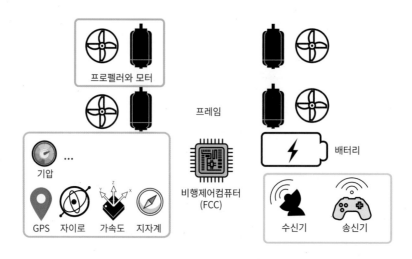

▲ 드론에 작용하는 4가지 힘

■ 모터

모터는 전기와 자기의 성질을 이용합니다. 전기와 자기장이 만든 힘으로 모터가 회전합니다. 드론에 사용하는 모터는 브러시드(Brushed) 모터와 브러시리스(Brushless) 모터로 구분할 수 있습니다. 브러시드(Brushed) 모터는 우리가 흔히 사용하는 DC 모터입니다. 모터 내부를 보면 브러시가 있습니다.

▲ 브러시드(Brushed) 모터와 구조

전류를 흐르면 자기장의 방향에 따라서 코일이 회전합니다.

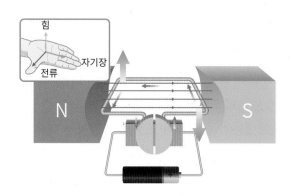

▲ 브러시드(Brushed) 모터의 회전 원리

브러시드 모터는 가격이 저렴해서 많이 쓰이지만 브러시와 정류자의 마찰로 오래 사용하기 힘듭니다.

브러시리스(Brushless) 모터는 말 그대로 브러시(Brush)가 없는(-less) 모터입니다. 영어 앞글자를 따서 'BLDC 모터'라고 부릅니다. 브러시리스 모터는 안에 있는 전자석(고정자: Stator)과 바깥에 있는 영구자석(회전자: Rotor)의 상호작용으로 회전합니다.

▲ 브러시리스(Brushless) 모터의 회전 원리

코일에 전류가 흐르면 전자석이 됩니다. 코일 A에 전류가 흐르면 반대 극인 회전자와 고정자가 서로를 끌어당깁니다. 그다음에 코일 B에 전류가 흐르면 서로 끌어당겨서 조금 더 회전합니다. 코일에 순서대로 전류를 보내서 회전자를 회전시킵니다. 브러시가 없어서 오래 사용할 수 있지만, 코일 각각에 신호를 줘야 하므로 변속기(ESC) 같은 장치를 써서 모터에 안정적인 전류를 보내야 합니다.

■ 센서

드론이 균형을 잡고 비행하려면 센서도 필요합니다. 비행 제어 컴퓨터(FCC: Flight Controller Computer)는 드론의 두뇌와 같은 역할을 합니다. 송신기에서 보낸 신호를 수신기로 받아서 어떤 명령을 보냈는지 확인하여 조종자가 원하는 대로 드론이 움직일 수 있게 합니다. 또한, 다양한 센서에서 읽은 값을 계산해서 드론이 안정된 자세로 날 수 있게 합니다.

▲ 다양한 센서

자이로, 가속도 센서	자이로 센서는 X, Y, Z축으로 운동하는 물체의 회전 각도를 측정합니다. 가속도 센서는 물체의 가속도와 방향을 이용하여 움직임, 진동, 충격 등 물체의 운동 상태를 감지해서 3차원 공간에서 전후·좌우·상하 움직임을 측정합니다.
GPS	'위성 위치확인 시스템'의 줄임말입니다. 위성에서 받은 신호로 드론의 위치를 확인합니다. 드론이 제자리에서 가만히 있으려면 자신의 위치를 알아야 하고 비행하다가 원래 있던 곳으로 자동으로 돌아오기 위해서도 처음 이륙했던 위치를 알아야 합니다. 이때 GPS가 필요합니다. GPS가 없으면 드론은 제자리 있지 못하고 조금씩 움직입니다.
지자계 센서	지자계 센서는 드론의 방향을 정해줍니다. 지구는 큰 자석과 같아서 나침반은 항상 일정한 방향을 가리킵니다. 자북(磁北, Magnetic North)은 나침반이 가리키는 북쪽을 말하며, 지자계 센서는 자북과의 각도 측정해서 드론의 방향을 확인합니다.
기압 센서	기압 센서는 드론과 지면의 기압 차를 측정해서 드론이 같은 높이로 날 수 있게 합니다. 기압 센서가 없으면 드론이 같은 고도를 유지할 수 있게 조종자가 컨트롤러로 직접 조종해야 합니다.
관성 측정 장치(IMU)	관성 측정 장치(IMU)는 자이로 센서, 가속도 센서 등으로 기울어짐, 속도, 이동 방향 등을 계산해서 드론이 안정된 자세로 비행할 수 있게 합니다. 드론은 GPS가 없어도 날 수 있지만, 관성 측정 장치가 없으면 균형을 잡을 수 없어 날 수 없습니다.
비행제어컴퓨터(FCC :Flight Controller Computer)	비행제어컴퓨터는 드론에서 두뇌와 같은 역할을 합니다. 송신기에서 보낸 신호를 수신기로 받아서 어떤 명령을 보냈는지 확인하며, 조종가가 원하는 대로 드론이 움직일 수 있도록 합니다. 또한, 다양한 센서에서 읽은 값을 계산해서 드론이 안정된 자세로 날 수 있게 합니다.

파이썬 인공지능과 함께하는

토리 드론

Python
CODING

01 시뮬레이터 사용방법

이 장에서는 무엇을 배울까요?

- 시뮬레이터를 다운로드 받아서 설치할 수 있어요
- 쓰로틀, 요우, 피치, 롤의 개념을 이해할 수 있어요
- 시뮬레이터에서 드론을 움직일 수 있어요

드론을 처음부터 능숙하게 조종하면 좋겠지만 생각보다 어렵습니다. 드론 조종방법을 배워서 실제로 드론을 조종하면 우리가 원하는 대로 움직이지 않는 경우가 있습니다. 그리고 드론이 벽에 부딪히고, 바닥으로 몇 번 떨어지면 드론이 고장 나지 않을까 하는 두려움도 생깁니다.

드론 조종을 처음 배울 때 드론 시뮬레이터로 배우면 이런 걱정을 하지 않고 재미있게 조종방법을 배울 수 있습니다. 드론 시뮬레이터는 드론을 처음 배우는 사람을 위해서 제작된 프로그램입니다. 드론을 가상 세계에서 움직이면서 드론의 특징과 조종방법 등을 반복적으로 익힐 수 있습니다.

'잇플코딩'이라고 검색하거나 주소창에 'itpleinfo.com'을 입력해서 잇플 사이트에 들어갑니다.

파이썬 인공지능과 함께하는 토리드론

위의 메뉴에서 <커뮤니티 >-<자료실>을 순서대로 클릭합니다.

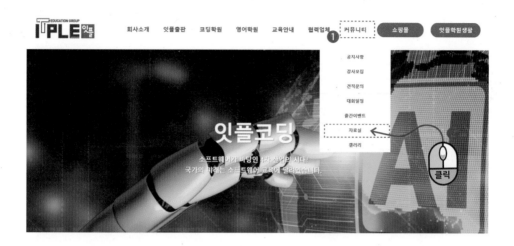

<엔트리 토리드론 설치>와 <잇플 토리드론 시뮬레이터 다운로드>가 있습니다. 두 가지 프로그램을 다운로드 받습니다. '엔트리 토리드론'는 엔트리 드론 코딩 프로그램입니다. '잇플 토리드론 시뮬레이터'는 드론 시뮬레이터입니다.

Download를 클릭하면 구글 드라이브에서 프로그램을 다운로드할 수 있습니다.

'Google Drive에서 파일에 바이러스가 있는지 검사할 수 없습니다'라는 메시지가 나오면 <무시하고 다운로드>를 클릭해서 다운로드하면 됩니다.

다운로드 받은 압축 파일을 풉니다. 폴더에서 <Drone Fighter Simulator.exe>를 실행합니다.

드론 시뮬레이터 프로그램을 실행할 때 그림과 같이 PC 보호 메시지가 나올 수 있습니다. <추가 정보>를 클릭하고 <실행>을 클릭합니다.

드론 시뮬레이터 화면입니다. 다양한 메뉴가 있습니다. 원하는 메뉴를 선택해서 사용하면 됩니다.

파이썬 인공지능과 함께하는 토리드론

USB 케이블을 사용해서 조종기를 컴퓨터에 연결
합니다.

먼저 쓰로틀·요우·피치·롤을 알아보겠습니다.

드론이 위-아래로 움직이는 것을 쓰로틀(Throttle)이라고 합니다.

4개의 프로펠러가 빠르게 회전해 공기를 밀어내서 위로 올라갑니다. 이때 쓰로틀은 커지게
됩니다. 반대로 천천히 회전하면 아래로 내려갑니다. 쓰로틀은 작아집니다.

고속

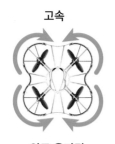

위로 올라감
쓰로틀(Throttle)이 커짐(+)

저속

아래로 내려감
쓰로틀(Throttle)이 작아짐(-)

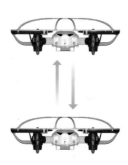

드론이 제자리에서 왼쪽-오른쪽 회전하는 것을 요우(Yaw)라고 합니다.

어떻게 드론이 회전할 수 있을까요? 뉴턴의 세 가지 법칙 중 '작용-반작용의 법칙'으로 설명할
수 있습니다.

시계 반대 방향으로 회전하는 프로펠러는 빠르게, 시계 방향으로 회전하는 프로펠러는 천천
히 회전합니다. 그러면 시계 반대 방향으로 도는 힘이 시계 방향으로 도는 힘보다 강합니다.
시계 반대 방향으로 도는 힘의 반작용으로 드론 몸체는 시계 방향으로 회전합니다. 그러면 드

론은 오른쪽으로 회전합니다. 요우 축이 회전해서 제자리에서 왼쪽-오른쪽으로 회전하는 것이죠.

왼쪽 회전

오른쪽 회전

드론이 앞-뒤로 움직이는 것을 피치(Pitch)라고 합니다.

그림과 같이 헤드 반대쪽 프로펠러가 더 빠르게 회전하면 드론이 앞쪽으로 움직입니다. 그러면 피치는 커집니다.

헤드 쪽 프로펠러가 더 빨리 회전하면 드론은 뒤로 움직입니다. 이때 피치는 작아집니다. 드론의 피치 축이 회전해서 앞-뒤로 움직이는 겁니다.

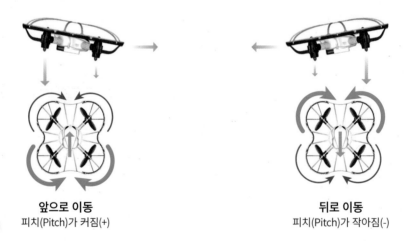

앞으로 이동
피치(Pitch)가 커짐(+)

뒤로 이동
피치(Pitch)가 작아짐(-)

드론이 왼쪽-오른쪽으로 움직이는 것을 롤(Roll)이라고 합니다.

헤드의 왼쪽 프로펠러가 더 빠르게 회전하면 드론이 오른쪽으로 움직입니다. 그러면 롤은 커집니다. 헤드의 오른쪽 프로펠러가 더 빠르게 회전하면 왼쪽으로 움직입니다. 반대로 롤은 작아지는 것입니다.

이렇게 드론의 롤 축이 회전하면 왼쪽-오른쪽으로 움직입니다.

왼쪽으로 이동	오른쪽로 이동
롤(Roll)이 작아짐(-)	롤(Roll)이 커짐(+)

표로 다시 정리했습니다.

쓰로틀(Throttle)	위-아래로 움직이기
요우(Yaw)	제자리에서 왼쪽-오른쪽으로 회전하기
피치(Pitch)	앞-뒤로 움직이기
롤(Roll)	왼쪽-오른쪽으로 움직이기

쓰로틀·요우·피치·롤을 바꿔서 드론을 조종하면 됩니다.

그러면 <튜토리얼>에서 조종기로 드론의 기초 사용법과 쓰로틀·요우·피치·롤을 어떻게 바꾸는지 알아보겠습니다.

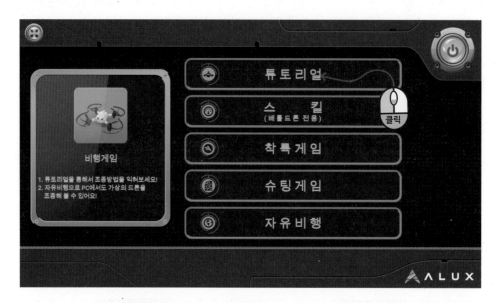

❶ 다시 하기: 버튼을 클릭하면 해당 프로그램이 다시 시작합니다.

❷ 확대 하기: 버튼을 클릭하면 창이 커집니다. 아니면 <Alt>+<Enter> 키를 눌러도 됩니다.

❸ 나가기: 버튼을 클릭하면 홈 화면으로 나옵니다.

왼쪽과 오른쪽 레버를 그림과 같이 가운데로 움직이면 드론이 이륙 준비를 합니다.

왼쪽 레버로 쓰토틀과 요우를 바꿉니다.

왼쪽 레버를 위-아래로 움직이면 쓰로틀이 바뀝니다. 레버를 위로 올리면 드론이 위로 움직이고, 레버를 아래로 내리면 드론이 아래로 움직입니다.

왼쪽 레버를 왼쪽-오른쪽으로 움직이면 요우가 바뀝니다. 레버를 왼쪽으로 움직이면 시계 반대 방향(왼쪽)으로 회전합니다. 레버를 오른쪽으로 움직이면 시계 방향(오른쪽)으로 회전합니다.

오른쪽 레버로 피치와 롤을 바꿉니다.

오른쪽 레버를 위-아래로 움직이면 피치가 바뀝니다. 레버를 위로 올리면 드론이 앞으로 움직이고, 레버를 아래로 내리면 드론이 뒤로 움직입니다.

오른쪽 레버를 왼쪽-오른쪽으로 움직이면 롤이 바뀝니다. 레버를 왼쪽으로 움직이면 왼쪽으로 움직입니다. 레버를 오른쪽으로 움직이면 오른쪽으로 움직입니다.

튜토리얼 순서대로 레버를 움직입니다.

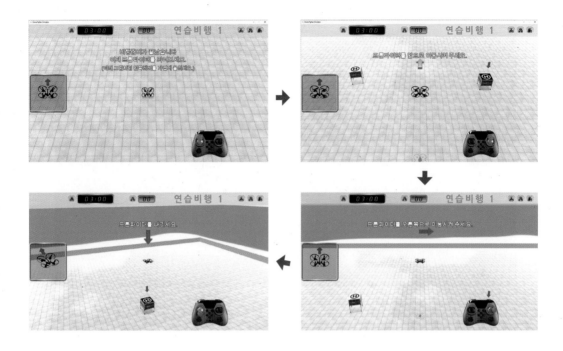

<L> 버튼을 누르고 왼쪽 레버를 아래로 내리면 드론이 멈춥니다. 실제 조종할 때도 마찬가지입니다.

<슈팅 게임>을 해보겠습니다. 시간 안에 미사일을 쏴서 적을 다 없애는 게임입니다.

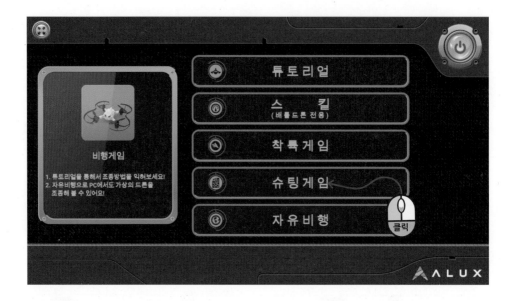

<R> 버튼을 클릭하면 미사일이 나갑니다.

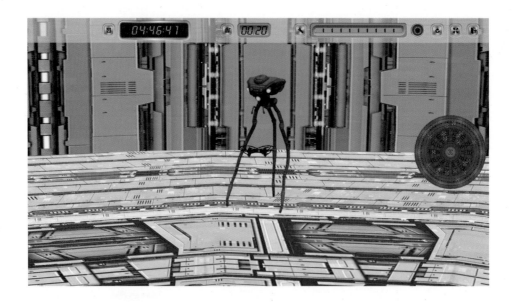

파이썬 인공지능과 함께하는 토리드론

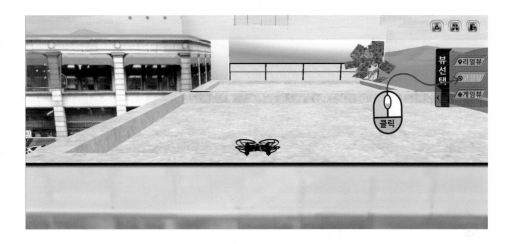

<자율비행>에서 원하는 대로 드론을 조종할 수 있습니다.

<뷰 선택>에서 원하는 것을 선택할 수 있습니다. 기본은 '고정뷰'입니다.

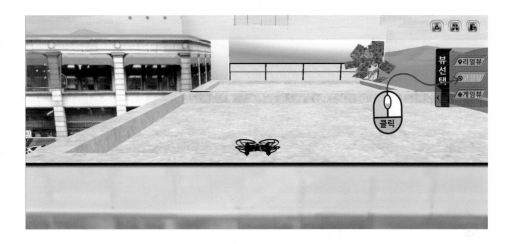

'리얼뷰'로 바꾸면 조종자가 드론을 보는 시점으로 바뀝니다.

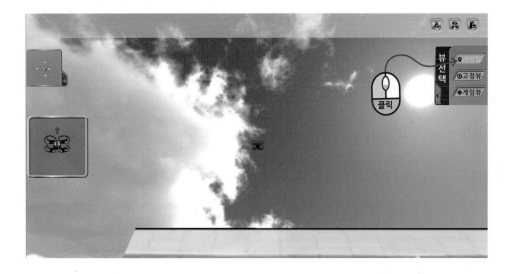

쓰로틀·요우·피치·롤과 드론 시뮬레이터 사용방법 배웠습니다. 드론 시뮬레이터의 다양한 프로그램에서 조종기 사용하는 방법을 충분하게 연습하기 바랍니다.

02 드론 조종하기

(o o o)

이 장에서는 무엇을 배울까요?

- 조종기 사용방법을 알 수 있어요
- 드론을 직접 조종할 수 있어요

시뮬레이터로 드론 조종을 충분하게 연습했으니, 실제로 드론을 날려서 조종해보겠습니다.

드론은 드론을 조종할 수 있는 조종기와 드론 기체 그리고 배터리로 구성되어 있습니다.

조종기는 버튼을 짧게 눌렀을 때, 길게 눌렀을 때 실행하는 기능이 다르니 잘 구분해서 사용합니다.

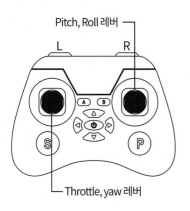

Pitch, Roll 레버

Throttle, yaw 레버

버튼	짧게 눌렀을 때	길게 눌렀을 때
L	속도 바꾸기	이륙/착륙
R	LED 바꾸기 배틀모드에서 미사일 쏘기	길게 누르고 피치나 롤을 바꾸면 360도 회전(플립)
S		자세 센서 초기화 조종기 레버 초기화
P		페어링
A	드론 방향 초기화 (Heading Reset)	헤드리스(Headless) 모드 설정
B	비행 모드 설정	
▲	트림(미세조정) 피치(+)	
▼	트림(미세조정) 피치(-)	
◄	트림(미세조정) 롤(-)	조종 모드 1
►	트림(미세조정) 롤(+)	조종 모드 2
전원	조종/USB 모드 설정	전원 끄기/전원 켜기

파이썬 인공지능과 함께하는 토리드론

먼저 드론을 페어링합니다. 페어링(Pairing)이란 조종기와 드론의 통신 설정을 같게 하여 연결하는 것을 말합니다. 페어링하면 다른 장치의 간섭 없이 두 장치끼리만 통신을 주고받을 수 있습니다. 페어링이 되어야 조종기로 드론을 조종할 수 있습니다.

드론과 조종기에 배터리를 연결합니다.

드론에 배터리를 연결하면 자동으로 전원이 들어옵니다. 드론의 몸통을 손으로 10번 이상 흔들어줍니다.

배터리를 연결하고 20초 이내에 흔들어야 합니다.

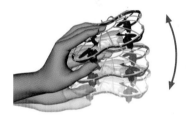

드론의 팔에 있는 LED가 빨간색과 파란색으로 번갈아 깜빡입니다. 이때 드론을 평평한 바닥에 놓습니다.

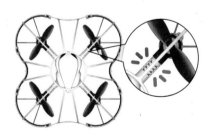 

조종기 전원 버튼을 길게 눌러서 전원을 켭니다. 그리고 <P> 버튼을 3초 이상 길게 누릅니다.

조종기에서 소리가 나고 드론의 팔에 있는 LED가 초록색으로 바뀌면 페어링이 된 것입니다.

한번 페어링하면 드론의 배터리를 다시 연결하거나 조종기 전원을 끄고 켜도 계속 페어링 되어 있습니다. 하지만 사용 중에 페어링이 끊기거나 드론이나 조종기를 새로 구매한 경우에는 다시 페어링해야 합니다.

먼저 드론을 이륙/착륙해 보겠습니다. 2가지 방법으로 드론을 이륙/착륙할 수 있습니다.

<L> 버튼을 길게 누르면 드론이 이륙합니다. 그리고 다시 <L> 버튼을 길게 누르면 드론이 착륙합니다.

준비 상태에서 이륙과 착륙을 할 수 있습니다.

착륙 상태에서 그림과 같이 양쪽 레버를 동시에 움직여서 2초 정도 기다리면 드론이 이륙할 준비를 하면서 모터가 회전합니다. 이 상태에서 왼쪽 레버를 위로 올리면 이륙합니다.

착륙 상태에서 양쪽 레버를
동시에 움직여 2초 정도 유지

프로펠러가 느린 속도로 회전하면,
왼쪽레버를 올려 이륙

비행 중에 왼쪽 레버를 아래로 내려서 착륙할 수 있습니다. 이때 드론의 모터가 완전히 멈출 때까지 레버를 계속 아래로 내립니다.

비행 중 긴급한 상황이 발생했을 때 비상정지 기능을 사용해서 드론의 모터를 멈출 수 있습니다. 왼쪽 레버를 아래로 내리면서 <L> 버튼을 누릅니다.

드론이 높이 떠 있을 때 비상정지 기능을 사용하면 추락해서 사고가 발생하거나 드론이 고장 날 수 있으므로 주의해야 합니다.

반드시 긴급 상황에서만 비상정지 기능을 사용하기 바랍니다.

왼쪽 레버를 내리면서
좌측 상단 버튼 누르기

■ 호버링

드론을 코딩해서 조종할 때 프로펠러나 모터 등 드론의 부품에는 이상이 없는데 드론이 이상하게 나는 경우가 있습니다. 여러 가지 원인이 있지만 호버링 문제일 가능성이 큽니다.

'호버링(Hovering)'이란 드론이 공중에서 일정한 높이를 유지하면서 제자리 비행을 하는 것으로, 모든 드론 동작의 기초가 됩니다. 제자리에서 비행하게 하려면 4개의 모터가 어느 한쪽으로 흐르지 않도록 회전해야 합니다.

자동으로 호버링 해주는 기능을 '오토 호버링(Auto Hovering)'이라고 합니다. 사용자가 조종기에서 손을 떼도 자동으로 공중에 떠 있는 기능입니다.

오토 호버링

호버링이 없는 드론

■ 트림

오토 호버링이 있더라도 드론에 따라 비행환경이 달라서 비행할 때 기준점을 잡아야 합니다. 호버링할 수 있게 드론이 흐르는 방향을 잡아주는 기능을 '트림(Trim: 미세조정)'이라고 합니다. 만약 오른쪽으로 드론이 조금씩 움직이면 왼쪽으로 트림합니다. 반대인 경우는 오른쪽으로 트림합니다.

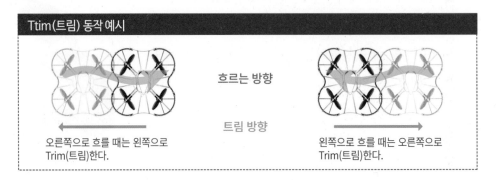

Trim 설정 버튼을 누를 때마다 조종기에서 소리가 납니다. 하지만 최대치까지 바뀌면 소리가 나지 않습니다.

▌트림조정 방향/드론이 흐르는 방향

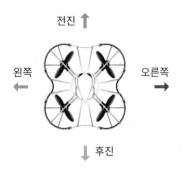

■ 캘리브레이션

센서를 초기화해서 보정하는 것이 '캘리브레이션(Calibration)'이라고 합니다. 캘리브레이션은 '측정, 눈금'이라는 뜻입니다. 드론에서 캘리브레이션은 센서의 0점을 맞추는 것을 의미합니다.

파이썬 인공지능과 함께하는 토리드론

자세 센서는 드론이 기울어지지 않고 정확한 방향으로 비행할 수 있게 해주는 센서입니다. 만약 드론이 정확한 방향으로 비행하지 않거나 기울어지는 경우 자세 센서를 초기화(캘리브레이션) 해줍니다.

드론과 조종기와 페어링되어 있는 상태에서 드론을 평평한 곳에 놓고 <S> 버튼을 길게 누릅니다. 그러면 조종기에서 소리가 나고 드론의 메인(몸쪽) LED가 깜빡이다가 불이 들어옵니다.

드론과 조종기가 페어링되어 있는 상태에서
조종기의 S버튼(캘리브레이션 버튼)을
3초 이상 누르기

조종기의 부저음이 울리고 드론의
메인 LED가 깜빡이다가 점등되면
정상적으로 캘리브레이션 완료

조종기 레버도 초기화할 수 있습니다. 레버를 움직여서 드론을 조정할 때 드론이 이상하게 움직이는 경우 조종기 레버를 초기화합니다.

드론에서 배터리를 빼서 드론의 전원을 끕니다. 마찬가지로 <S> 버튼을 길게 누릅니다. 조종기에서 '띠리릭' 소리가 1번 또는 2번 울리면 정상적으로 초기화된 것입니다.

드론과 조종기가 페어링이 끊긴
(드론에서 배터리를 제거한) 상태에서
조종기의 S버튼(캘리브레이션 버튼)을
3초 이상 누르기

조종기에서 "띠리릭" 부저음이 1번
또는 2번 울리면 정상적으로
캘리브레이션 완료

왼쪽 레버로 쓰로틀과 요우를 바뀝니다.

 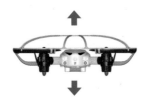 

오른쪽 레버로 피치와 롤을 바뀝니다.

 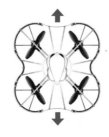 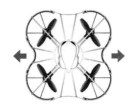

<B> 버튼을 짧게 한 번 누르면 비행모드가 바뀝니다.

① 배틀모드(Red팀) : 부저음 1회
② 배틀모드(Blue팀) : 부저음 2회
③ 조종모드 : 부저음 3회

[비행모드]
1. 배틀모드 ㅣ 조종+배틀게임(Red팀과 Blue팀 중 선택
2. 조종모드 : 조종

비행모드별 LED색상				
비행모드	드론		조종기	
	메인 LED	팔 LED	중앙 LED 표시등	양쪽 사이드 LED 표시등
배틀모드(Red팀)	빨간색(점멸)	빨간색(점등)	6개 LED(점등)	빨간색(점멸)
배틀모드(Blue팀)	파란색(점멸)	파란색(점등)	6개 LED(점등)	파란색(점멸)
조종모드	설정되어 있는 색상(점등)	보라색(점등)	6개 LED(점등)	빨간색+파란색(점등)

파이썬 인공지능과 함께하는 토리드론

드론의 비행모드가 조종모드일 때 <R> 버튼을 짧게 한 번 누르면 LED 색깔이 바뀝니다.

[LED 색상순서]
▶ 빨강→노랑→초록→파랑→보라→흰색→무지개

※ 비행모드가 배틀모드인 경우 미사일이 발사됩니다.

<R> 버튼을 누르고 있으면 소리가 나는데 이때 오른쪽 레버를 움직이면(피치나 롤을 바꾸면) 드론이 360도 회전(플립)합니다.

누르고 있기

조종모드를 바꿀 수 있습니다. 착륙 상태에서 ◀버튼이나 ▶버튼을 누르면 조종모드가 바뀝니다. 기본 설정은 모드 2입니다.

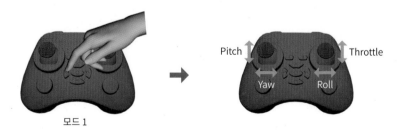

모드 1

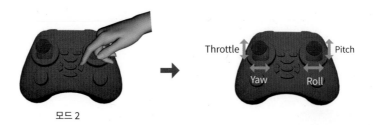

모드 2

■ 헤드리스(Headless) 모드

드론이 회전하면 사용자가 볼 때 정면이 어디인지 구분이 잘 안 되는 경우가 있어서 조종할 때 실수를 많이 합니다. 아직 연습이 더 필요한 사람이라면 자신의 정면 방향과 드론의 정면 방향을 일치시켜 비행하는 것이 좋습니다. 이때 헤드리스 (Headless) 모드를 사용하면 편리합니다. 헤드리스 (Headless) 모드를 사용하면 드론의 비행 방향이 드론의 이륙 시점 방향으로 고정되어서 조종자를 기준으로 움직이기 때문에 초보자가 조종하기 쉽습니다.

드론이 착륙한 상태에서 <A> 버튼을 길게 눌러서 헤드리스 모드를 설정합니다.

▶ 소리 2회 : 헤드리스 모드 설정
▶ 소리 1회 : 헤드리스 모드 해제

3초 길게 누르기

헤드리스 모드인 드론이 비행 중인 상태에서 <A> 버튼을 짧게 한 번 누르면 드론의 비행 방향이 그림과 같이 초기화(Heading Reset)됩니다. 드론이 착륙한 후 다시 이륙하면 드론의 이륙 시점 방향으로 비행 방향이 초기화됩니다.

파이썬 인공지능과 함께하는 토리드론

짧게 누르기

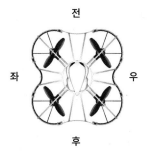

전

좌　　　우

후

※ Heading Reset은 조종기의 양쪽 레버 조작을
하지 않은 상태에서만 작동합니다.

배터리가 부족하면 드론의 메인(몸쪽) LED가 흰색으로 깜빡이고 조종기 양쪽 사이드 LED 표시 등이 깜빡입니다. 그리고 조종기가 진동하고 소리가 계속 납니다. 그러면 즉시 드론을 안전한 곳에 착륙시키고 충전이 완료된 배터리로 바꿉니다.

조종기

드론

배터리가 방전된 상태에서 계속 비행하면 배터리 수명에 영향을 줄 수 있습니다. 배터리를 충전 중이면 충전기에 불이 들어오고 충전이 다 되면 불이 들어오지 않습니다. 충전 시간은 약 40분이고 6~8분 비행할 수 있습니다.

케이블 연결 & 배터리삽입

충전중

충전완료

파이썬 인공지능과 함께하는
토리 드론

Python
CODING

CHAPTER

03

파이썬 첫걸음

01. 파이썬 알아보기
02. 파이썬의 자료형
03. 조건문과 반복문
04. 함수 클래스 모듈 이해하기

이 장에서는 무엇을 배울까요?

- 파이썬의 특징과 장점을 알 수 있어요
- 파이썬을 설치할 수 있어요
- 파이썬으로 간단한 프로그램을 만들 수 있어요

■ 파이썬은 무엇일까요?

파이썬(Python)은 네덜란드의 귀도 반 로섬(Guido Van Rossum)이 개발한 프로그래밍 언어입니다. 1991년에 공개된 파이썬은 이후로도 지속적으로 발전해 왔으며, 현재는 다양한 버전과 라이브러리로 많은 개발자들이 사용하고 있습니다.

▲ 귀도 반 로섬 (Guido van Rossum)

그는 자신이 좋아하는 코미디 프로그램인 Monty Python's Flying Circus(몬티 파이썬의 날아다니는 서커스)에서 이름을 따왔다고 합니다.

그는 크리스마스를 심심하지 않게 보내려고 혼자 집에서 재미삼아 프로그래밍 언어를 만들기로 했습니다. 연구실은 닫혔고, 집에 컴퓨터는 있지만 특별히 다른 할 일이라고는 없었던 상황이었죠. 크리스마스의 기적이었을까요? 그가 만든 파이썬은 전 세계에서 많은 사람들이 쓰는 프로그래밍 언어가 되었습니다.

원래 파이썬은 그리스 로마 신화에서 파르나소스 산의 동굴에 살던 큰 뱀으로 알려져 있습니다. 그리스 로마 신화에서 아폴론은 파이썬을 죽이고 델포이에 자신의 신탁을 세우게 됩니다. 그래서 파이썬 로고를 보면 뱀 모양이 그려져 있습니다.

■ 오픈소스 소프트웨어다.

파이썬은 무료로 사용할 수 있는 오픈소스 소프트웨어입니다. 누구나 쉽게 파이썬을 다운로드 받아서 사용할 수 있습니다. 오픈소스 소프트웨어는 자유롭게 수정할 수 있습니다. 필요에 따라 소스 코드를 변경하고, 자신만의 기능을 추가할 수 있죠. 이런 장점으로 파이썬은 전 세계 많은 사람들이 사용하고 있습니다. 그래서 질문이 생기거나 도움이 필요할 때, 인터넷에서 쉽게 해결책을 찾을 수 있고 많은 사람들이 블로그, 유튜브 등을 통해 도움을 주고 받습니다. 이렇게 파이썬은 많은 사람들이 함께 만들어가는 소프트웨어인 것이죠.

구글 안드로이드 (스마트폰 운영체제)	크롬과 파이어폭스 (인터넷 브라우저)	리눅스 (사물인터넷 운영체제)

■ 라이브러리가 다양하다.

파이썬은 오픈소스 소프트웨어로 많은 사람들이 파이썬으로 다양한 프로그램을 만들 수 있도록 다양한 라이브러리(파이썬 프로그램)를 개발했습니다. 우리는 이 라이브러리를 사용해서 파이썬으로 여러 가지 프로그램을 쉽게 만들 수 있습니다. 게임, 데이터 분석 및 시각화, 머신러닝 및 AI 등 다양한 분야의 라이브러리를 사용할 수 있습니다.

데이터 수집 및 정리 라이브러리	데이터 시각화 라이브러리	수학 연산 라이브러리	머신러닝 라이브러리

■ 문법이 쉽고 단순하다.

파이썬은 다른 프로그래밍 언어보다 배우기 쉽습니다. 문법도 간단해서 마치 영어를 읽는 것과 비슷합니다. 다른 프로그래밍 언어와 달리 중괄호({ }), 세미콜론(;) 등의 기호를 사용하지 않아도 됩니다.

그리고 프로그램을 쉽고 빠르게 만들 수 있습니다. C언어와 비교해볼까요? C언어와 파이썬으로 작성한 코드를 비교해보면 파이썬이 얼마나 간편한지 알 수 있을 것입니다.

C 의 Hello world! 출력	파이썬의 Hello world! 출력

`#include<stdio.h>`
`int.main( )`
`  {print("Hello world!");`
`  return 0;`
`}`
	`print("Hello world!")`

■ 다양한 분야에서 활용된다.

그리고 파이썬으로 다양한 분야에서 사용됩니다. 웹프로그래밍, 데이터분석, 머신러닝 등 파이썬으로 할 수 있는 일이 매우 많습니다. 많은 기업들이 파이썬을 사용하고 있습니다. 유튜브, 인스타그램, 드롭박스, 핀터레스트 등 유명한 프로그램이 파이썬을 사용해서 만들어졌습니다. 처음 코딩을 배우는 사람에겐 파이썬은 정말 좋은 선택이라고 생각합니다.

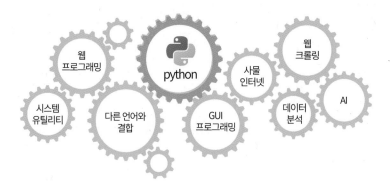

파이썬 인공지능과 함께하는 **토리드론**

프로그래밍은(Programming)은 프로그램(Program)에 -ing 을 붙인 단어로, '프로그램을 만들다'라는 뜻입니다. 그리고 프로그래밍 언어는 프로그램을 만들 때 쓰는 언어입니다. 우리가 배울 파이썬도 프로그래밍 언어입니다. 그런데 사람들은 파이썬과 같은 프로그래밍 언어를 왜 만들었을까요? 우리는 사람입니다. 한국어, 영어와 같은 언어를 사용하죠. 이런 언어를 자연어라고 합니다. 하지만 컴퓨터는 다릅니다. 컴퓨터는 전기를 사용하여 1과 0으로만 이루어진 기계어(Machine Code)를 사용합니다.

모스부호를 아나요? 짧은 신호와 긴 신호를 조합해서 여러 문자나 숫자 정보를 나타냅니다. 영화 <인터스텔라>에서도 주인공인 조셉 쿠퍼가 5차원의 공간에서 모스 부호로 중요한 메시지를 전달합니다.

A	•—	J	•———	S	•••	1	•————
B	—•••	K	—•—	T	—	2	••———
C	—•—•	L	•—••	U	••—	3	•••——
D	—••	M	——	V	•••—	4	••••—
E	•	N	—•	W	•——	5	•••••
F	••—•	O	———	X	—••—	6	—••••
G	——•	P	•——•	Y	—•——	7	——•••
H	••••	Q	——•—	Z	——••	8	———••
I	••	R	•—•	0	—————	9	————•

기계어는 이 모스부호와 같습니다. 전기 신호를 이용하여 1과 0으로 정보를 표현합니다. 이렇게 1,0으로 정보를 표현하는 방법을 이진법이라고 합니다. 이것은 컴퓨터가 스위치의 켜고(1) 끄는(0) 원리를 이용해서 만들어졌기 때문이지요.

따라서 사람의 언어를 1과 0으로 된 기계어로 바꿔줘야 합니다.

사람의 언어	기계어
'python'	1110000 1111001 1110100 1101000

프로그래밍 언어가 없던 때에는 기계어로 직접 프로그램을 만들어야 했습니다. 1과 0으로만 이루어진 명령어를 기억해서 프로그램을 만든다고 생각해보세요. 엄청 어렵고 불편했겠죠? 그래서 어셈블리어(Assembly Language)를 만들었습니다. 어셈블리어는 1과 0으로된 기계어 명령을 알아보기 쉬운 단어로 표현했습니다. 예를 들어, 1001011101011000이 데이터를 이동시키라는 명령어라면 1001011101011000 = move 라고 표현한 것이죠.

어셈블러(Assembler)라는 번역 프로그램이 move를 1001011101011000로 바꿔줍니다. 기억하기 쉬운 영어 단어를 기억하면 기계어보다 더 쉽게 코딩할 수 있게 되었습니다. 나라마다 다양한 언어를 사용하는 것처럼, 기계의 종류에 따라서 기계어도 달라집니다. 마찬가지로 어셈블리어도 달라지죠.

컴퓨터에서 기계는 바로 중앙처리장치(Central Processing Unit)를 의미합니다. 줄여서 CPU라고 합니다. 컴퓨터의 모든 연산은 CPU에서 일어납니다. 우리가 기계어나 어셈블리어로 명령어를 내리는 대상도 CPU입니다.

▲ CPU

그런데 어셈블리어도 사용하기 불편했습니다. 큰 프로그램을 어셈블리어로 만들기도 힘들고, 만들고 나서도 어떤 기능을 하는지 알아보기가 어려웠습니다. 그리고 CPU마다 다른 기계어를 모두 배워서 프로그램을 만들어야 했습니다.

이런 문제를 해결하기 위해서 고급 프로그래밍 언어가 나왔습니다. 우리가 쓰는 파이썬도 고급 프로그래밍 언어입니다. 기계어, 어셈블리어는 저급 프로그래밍 언어라고 합니다.

여기서 고급과 저급은 '좋다, 나쁘다'의 뜻이 아닙니다. 고급은 '사람에게 가깝다'라는 뜻이고, 저급은 '기계에게 가깝다'라는 뜻입니다.

● 고급언어 : 사람에게 가깝고, 기계는 이해할 수 없다.

● 저급언어 : 기계에게 가깝고, 사람은 이해하기 힘들다.

그리고 파이썬과 같은 언어를 기계어로 바꿔주는 '통역사'가 필요합니다. 기계가 이해할 수 있어야 프로그램이 실행되기 때문이죠. 이 통역사 역할을 하는 프로그램을 번역 프로그램이라

파이썬 인공지능과 함께하는 토리드론

고 합니다. 번역 프로그램의 크게 두 종류가 있습니다. 하나는 컴파일러(Compiler)이고 다른 하나는 인터프리터(Interpreter)입니다. 컴파일러는 우리가 코딩한 것을 처음부터 끝까지 한 꺼번에 번역합니다. 인터프리터는 한 번에 한 줄씩 번역하면서 기계어를 실행합니다.

● C언어는 컴파일러, 파이썬은 인터프리터를 사용합니다. C언어는 우리가 작성한 코드를 기계가 이해할 수 있도록 컴파일하고 여러 과정을 거쳐서 실행 가능한 프로그램(.exe)을 만듭니다. 그래서 컴파일 언어라고 합니다.

● 파이썬은 스크립트 언어라고 합니다. 컴파일 하지 않아도, 한 줄씩 읽으면서 프로그램을 실행합니다.

■ 파이썬을 설치해요.

그럼 파이썬으로 코딩을 해볼까요? 먼저 여러분 컴퓨터에 파이썬을 설치해야 합니다. 'python'이라고 검색하거나 주소창에 'python.org'를 입력해서 파이썬 사이트에 들어갑니다.

메뉴에서 <Downloads>를 클릭하고 원하는 파이썬 버전을 선택해서 설치 파일을 다운로드할 수 있습니다. 이 책에서는 다양한 인공지능을 사용하기 위해서 3.11 버전을 다운로드 하겠습니다.

<All releases>를 클릭합니다.

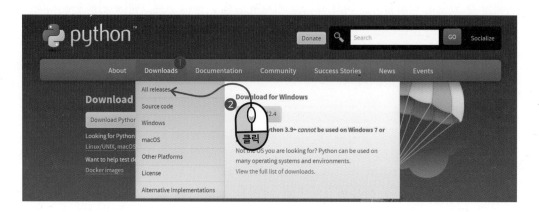

3.11.9 버전을 찾고 <Download>를 클릭합니다.

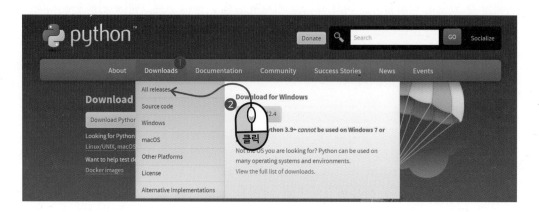

파이썬 인공지능과 함께하는 토리드론

운영체제에 맞게 설치 파일을 선택합니다. 윈도우라면 installer를 다운로드 받습니다.

Files

Version	Operating System	Description	MD5 Sum	File Size	GPG	Sigstore
Gzipped source tarball	Source release		bfd4d3bfeac4216ce35d7a503bf02d5c	25.3 MB	SIG	.sigstore
XZ compressed source tarball	Source release		22ea467e7d915477152e99d5da856ddc	19.2 MB	SIG	.sigstore
macOS 64-bit universal2 installer	macOS	for macOS 10.9 and later	fa29f456feb6b5c4f52456a8b8ba347b	42.8 MB	SIG	.sigstore
Windows installer (64-bit)	Window	Recommended	e8dcd502e34932eebcaf1be056d5cbcd	25.0 MB	SIG	.sigstore
Windows installer (ARM64)	Win	Experimental	328d93f71cb078965e4cfa2eb2663fa1	24.3 MB	SIG	.sigstore
Windows embeddable package (64-bit)	Wind		6d9aa08531d48fcc261ba667e2df17c4	10.7 MB	SIG	.sigstore
Windows embeddable package (32-bit)	Windows		31e7648158376e92a4463aa6f22a78e1	9.6 MB	SIG	.sigstore
Windows embeddable package (ARM64)	Windows		8611b6aa35483ab1c61d45e0d9f2de0d	10.0 MB	SIG	.sigstore
Windows installer (32 -bit)	Windows		2a1d1ac2d8a0aa847515f9dd121ccbb7	23.8 MB	SIG	.sigstore

다운로드 받은 설치 파일을 실행합니다.

python-3.11.9-amd64.exe

설치 화면에서 여러 가지 설정을 할 수 있습니다. 보다 편하게 코딩을 하기 위해서 파이썬을
환경 변수(PATH)에 추가합니다. <Add python.exe to PATH>를 선택합니다.

환경 변수(environment variable)는 컴퓨터 시스템이나 프로그램이 실행되는 환경에 대한 정
보를 담고 있는 특별한 변수입니다. PATH도 환경 변수 중 하나입니다. 이 변수에는 실행 파
일의 폴더 경로가 저장되어 있습니다.

우리가 명령 프롬프트에서 프로그램을 실행할 때 PATH에 저장된 폴더 경로를 차례대로 검
색해서 실행 파일을 찾게 됩니다. 그래서 파이썬을 PATH에 추가하면 어떤 폴더에서도 파이
썬과 관련된 명령어를 실행할 수 있습니다. 만약 파이썬을 환경 변수에 추가하지 않으면 파이
썬과 관련된 실행 파일이 있는 폴더까지 들어가서 명령어를 실행해야 합니다.

<Install Now> 아래에 파이썬이 설치되는 폴더 경로가 나옵니다. 파이썬을 설치할 할 때 폴더 경로에 한글이 있으면 에러가 나는 경우가 있습니다.

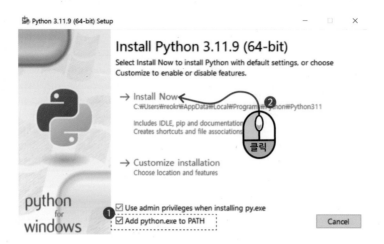

만약 폴더 경로에 한글이 들어 있거나 다른 폴더에 파이썬을 설치하고 싶다면 <Customize installation>을 클릭합니다.

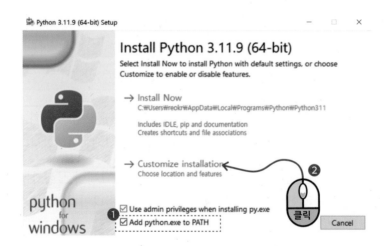

<Next>를 클릭합니다.

<Install Python for all users>를 선택하면 다음과 같이 파이썬이 설치되는 경로가 짧아집니다.

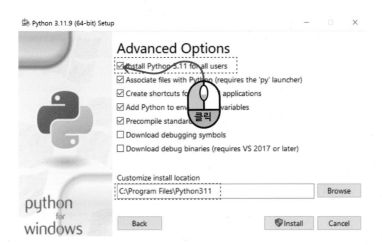

아니면 Browse를 클릭하고 원하는 폴더를 선택해도 됩니다. 경로를 확인하고 <Install>을 클릭합니다.

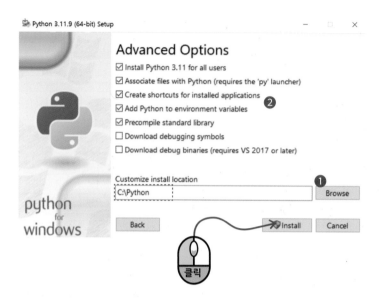

다 설치가 되면 아래와 같이 'Setup was successful'이라는 메시지가 나옵니다.

파이썬 인공지능과 함께하는 토리드론

따로 폴더를 만들어서 경로를 정하지 않았다면 그림과 같이 'Python311' 폴더가 폴더가 생깁니다. 3.12 버전을 설치했다면 'Python312' 폴더가 생깁니다

python311   python312

환경 변수에 파이썬이 잘 추가되었는지 확인해볼까요? 윈도우 검색창에서 '시스템 환경 변수 편집'을 입력해서 선택합니다.

<환경 변수>를 클릭면 <시스템 변수>에 <Path> 변수가 있습니다. <편집>을 클릭합니다.

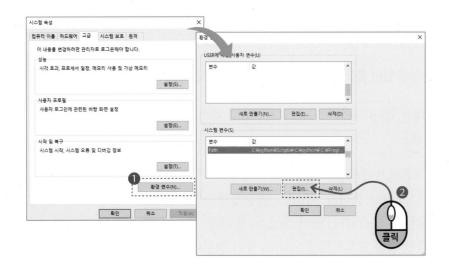

다음과 같이 파이썬이 설치된 python 폴더와 Scripts 폴더가 <Path> 변수에 추가되었습니다.

파이썬이 설치된 폴더를 보면 <python.exe>가 있습니다.

우리가 명령 프롬프트에 python 명령어를 입력하면

python.exe

1. 명령 프롬프트가 실행된 폴더에서 python.exe를 찾아서 실행합니다.

2. 만약 폴더에 python.exe가 없다면 <Path> 변수에 있는 폴더를 하나씩 찾아서 python.exe 파일을 찾아서 실행합니다.

3. <Path> 변수에 있는 폴더에도 python.exe 파일이 없다면 에러가 납니다.

Scripts 폴더에는 <pip.exe>가 있습니다. pip로 파이썬 관련된 프로그램을 설치합니다.

pip.exe

앞으로 명령 프롬프트에서 pip 명령어로 다양한 파이썬 프로그램을 설치하게 됩니다. Scripts 폴더가 <Path> 변수에 추가되어야 편하게 pip 명령어를 사용할 수 있습니다. 만약 Scripts 폴더가 <Path> 변수에 추가되지 않았다면 명령 프롬프트를 Scripts 폴더 경로에서 실행해야 합니다. 불편하겠죠?

파이썬을 설치할 때 환경변수에 추가하지 않았다면 직접 폴더 경로를 입력해주면 됩니다. <python.exe>와 <pip.exe>가 있는 폴더의 경로를 복사합니다. 환경 변수 편집에서 <새로 만들기>를 클릭해서 복사한 폴더 경로를 붙여 넣으면 됩니다. 두 폴더의 경로를 환경변수에 추가하는 것이 어렵다면 파이썬을 지우고 다시 설치하는 방법도 있습니다.

그러면 파이썬으로 간단한 코딩을 해보겠습니다.

윈도우 검색창에서 'cmd'라고 입력해서 <명령 프롬프트>를 찾아 <관리자 권한>으로 실행합니다.

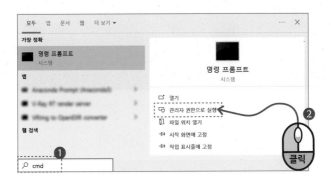

'python'이라고 입력하면 python.exe가 실행됩니다. 그러면 파이썬 코딩을 할 수 있습니다.

이런 창을 '파이썬 대화형 인터프리터'라고 합니다. 인터프리터는 사용자가 입력한 코드를 실행하는 환경을 말합니다.

```
명령 프롬프트 - python                                   □   ×
(c) Microsoft Corporation. All rights reserved.

C:\WINDOWS\system32>python
Python 3.11.9 (tags/v3.11.9:de54cf5, Apr  2 2024, 10:12:12) [MSC v.1938 64 bit
 (AMD64)] on win32
Type "help", "copyright", "credits" or "license" for more information.
>>>
```

>>>를 프롬프트(prompt)라고 합니다. 프롬프트에 코드를 입력합니다.

print('Hello, World!')을 입력하고 <엔터> 키를 누르면 파이썬 코드가 실행됩니다.

print는 어떤 값을 화면에 보여주는 파이썬 명령어입니다.

코드를 입력하면 결과가 바로 출력되는데 마치 대화하는 것 같아서 대화형 인터프리터라고 합니다.

그런데 명령 프롬프트 창에서 여러 줄로 코딩하기 어렵습니다.

파이썬으로 보다 쉽게 코딩하기 위해서 에디터(editor)를 사용합니다. 에디터는 코드를 작성하고 수정하는 데 사용하는 소프트웨어입니다. 에디터는 다양한 기능을 제공해서 코딩을 보다 효율적으로 할 수 있도록 도와줍니다.

파이썬을 설치할 때 IDLE(Integrated development and learning environment)가 같이 설치됩니다. IDLE는 파이썬 프로그래밍 언어를 위한 통합 개발 환경입니다. IDLE의 에디터를 사용해서 코딩해보겠습니다.

파이썬 인공지능과 함께하는 토리드론

윈도우 검색창에서 'idle'를 검색합니다.

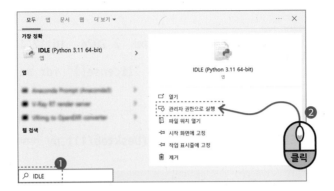

명령 프롬프트에서 했던 것처럼 코딩할 수 있습니다.

```
IDLE Shell 3.11.9                                        —   □   ×
File  Edit  Shell  Debug  Options  Window  Help
    Python 3.11.9 (tags/v3.11.9:de54cf5, Apr  2 2024, 10:12:12) [MSC v.
    1938 64 bit (AMD64)] on win32
    Type "help", "copyright", "credits" or "license()" for more informa
    tion.
>>> print('Hello, World!')
    Hello, World!
>>>
                                                            Ln: 5  Col: 0
```

<File>-<New File>을 순서대로 클릭하면 메모장 같은 화면이 나옵니다. 이 창이 IDLE 에디터입니다.

IDLE 에디터에서 다음과 같이 여러 줄로 코딩할 수 있습니다.

```
*untitled*                                              —   □   ×
File  Edit  Format  Run  Options  Window  Help
1 print('Hello, World!')
2 print('python')
3
```

\<Run\>-\<Run Module\>을 순서대로 클릭하거나 F5키를 누르면 코드가 실행됩니다.

```
IDLE Shell 3.11.9                                              —  □  ×
File  Edit  Shell  Debug  Options  Window  Help
    Python 3.11.9 (tags/v3.11.9:de54cf5, Apr  2 2024, 10:12:12) [MSC v.
    1938 64 bit (AMD64)] on win32
    Type "help", "copyright", "credits" or "license()" for more informa
    tion.
>>> print('Hello, World!')
    Hello, World!
>>>

    ============== RESTART: C:/Users/reokr/Desktop/111.py ==============
    Hello, World!
    python
>>>
                                                            Ln: 9  Col: 0
```

파이썬의 기본 IDLE를 사용해도 되지만 비주얼 스튜디오 코드(Visual Studio Code)를 사용하면 더 편리하게 파이썬 코딩을 할 수 있습니다. 비주얼 스튜디오 코드는 마이크로소프트에서 만든 코드 편집기입니다. MIT 라이센스로 오픈소스로 공개되어 있으며, 무료로 사용할 수 있습니다. 비주얼 스튜디오 코드에 다양한 확장 프로그램을 설치하면 보다 효율적으로 코딩할 수 있습니다. 코드 자동 완성 기능을 사용할 수 있고, 코드를 색깔로 구분해줘서 가독성을 높일 수 있습니다. 그리고 어떤 부분이 틀렸는지 자세하게 알려주기도 합니다. Visual Studio Code는 파이썬뿐만 아니라, 다양한 언어로도 효율적으로 코딩할 수 있도록 도와줍니다.

이 책에서는 비주얼 스튜디오 코드를 사용해서 다양한 파이썬 프로그램을 만들었습니다.

'vscode'라고 검색하거나 주소창에 'code.visualstudio.com'을 입력해서 비주얼 스튜디오 코드 사이트에 들어갑니다.

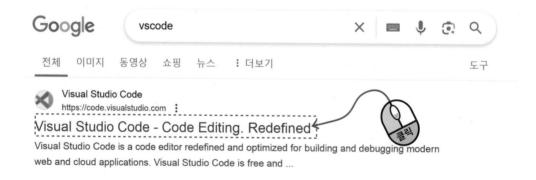

<Download> 버튼을 클릭합니다.

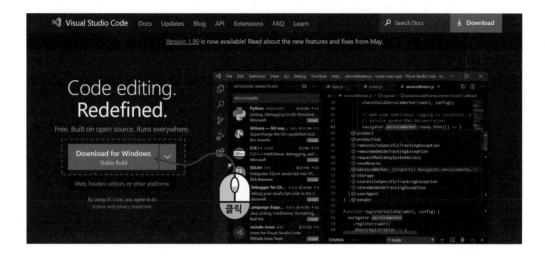

그리고 비주얼 스튜디오 코드를 설치합니다.

파이썬과 마찬가지로 환경변수(PATH)에 추가하면 비주얼 스튜디오 코드를 보다 편하게 사용할 수 있습니다.

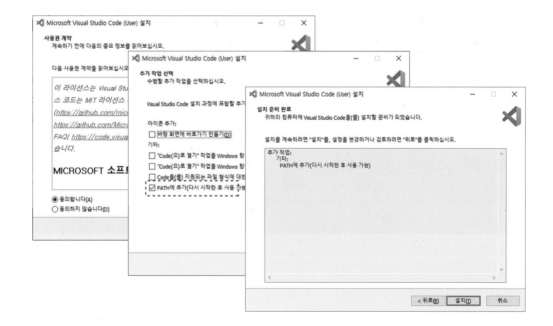

다 설치가 되면 비주얼 스튜디오 코드를 실행합니다. 관리자 권한으로 실행하는 것이 좋습니다. 실행할 때 마우스 오른쪽 버튼을 클릭하고 <관리자 권한으로 실행>을 선택합니다.

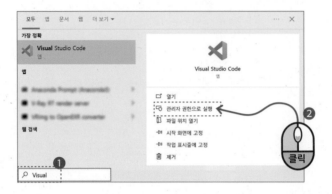

파이썬 코딩을 더 쉽게 하기 위해서 확장 프로그램을 설치하겠습니다. 왼쪽 메뉴에서 <Extensions>를 클릭합니다.

'python'이라고 검색하고 <Install> 버튼을 클릭해서 설치합니다.

'Python' 확장 프로그램을 설치하면 파이썬 코딩을 보다 쉽게 할 수 있습니다.

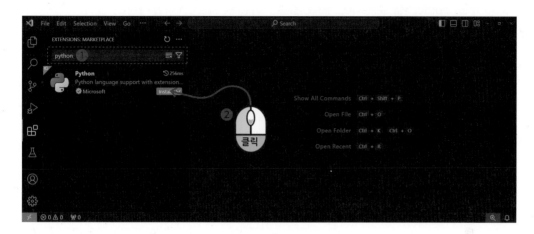

Ctrl + 또는 −로 VSCODE 글자 크기를 바꿀 수 있습니다.

Font를 직접 설정하는 방법도 있습니다. <File>-<Preferences>-<Setting>을 순서대로 클릭해서 원하는 폰트의 크기를 입력해서 글자 크기를 바꾸면 됩니다.

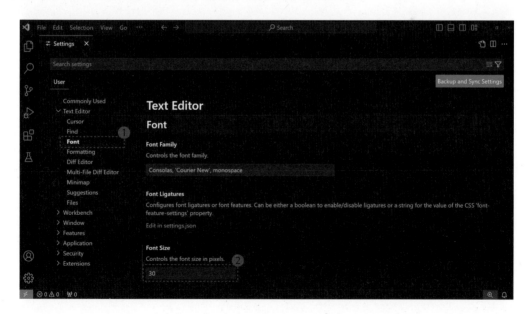

Font를 직접 설정하는 방법도 있습니다. <File>-<Preferences>-<Setting>을 순서대로 클릭해서 원하는 폰트의 크기를 입력해서 글자 크기를 바꾸면 됩니다.

<File>-<Open Folder>를 순서대로 클릭해서 원하는 폴더를 선택합니다.

<New File>을 클릭하고 app.py 파일을 만듭니다. <.py>는 파이썬 파일입니다.

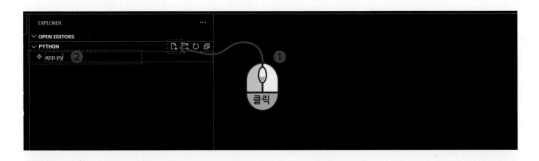

app.py에 다음과 같이 코딩을 합니다.

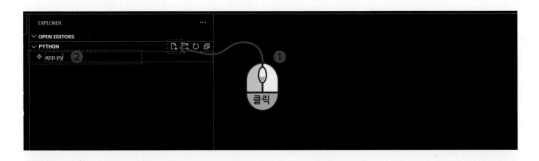

파이썬 인공지능과 함께하는 토리드론

그리고 인터프리터(번역기)를 선택합니다. 비주얼 스튜디오 코드 오른쪽 아래에서 <Select Interpreter>를 클릭하고 <Python 3.11>을 선택합니다.

오른쪽 위에 있는 <실행> 버튼을 클릭하면 프로그램이 실행되고 터미널(TERMINAL) 화면에 내용이 출력됩니다.

Chapter 03 파이썬 첫걸음

비주얼 스튜디오 코드의 기본 배경색이 어두운 색으로 지정되어 있습니다. 배경색이 어두어 불편하시면 비주얼 스튜디오 코드의 배경색을 바꾸시면 됩니다.

<File>-<Preferences>-<Theme>-<Coror Theme>을 순서대로 선택합니다.

배경색을 바꿀 수 있는 창이 열리면 원하는 배경색을 정할 수 있습니다.

스크롤을 아래로 내려 Light High Contrast를 선택합니다.

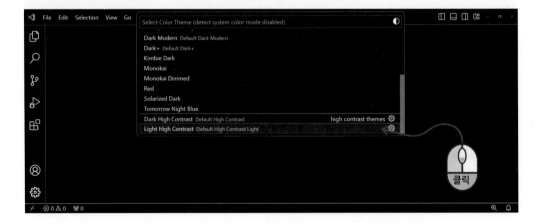

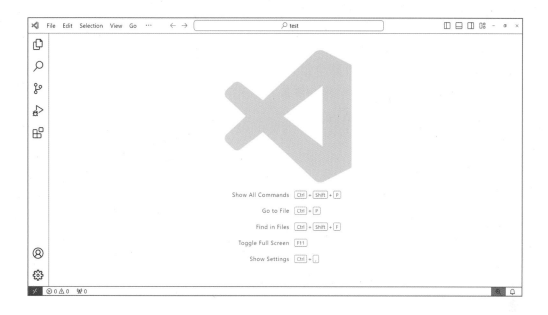

이제 파이썬 코딩을 위한 준비가 끝났습니다. 다양한 프로그램을 직접 만들면서 파이썬의 매력을 느끼고 코딩 실력을 차근차근 키워보세요.

02 파이썬의 자료형

이 장에서는 무엇을 배울까요?

- 변수가 무엇인지 알 수 있어요
- 파이썬의 다양한 자료형을 알 수 있어요
- 주석을 사용할 수 있어요

파이썬과 코딩에 대해서 하나씩 배워볼까요? 이 책에 있는 코드와 자료는 깃허브에서 확인할 수 있습니다.

깃허브주소 : https://github.com/jerrytohub/toridrone-python

■ 변수

우리에겐 장기기억과 단기기억이 있습니다. 행복한 추억처럼 어떤 것을 오랫동안 기억할 수도 있고, 전화번호를 외우는 것처럼 잠시만 기억할 수도 있습니다. 컴퓨터도 마찬가지입니다. 컴퓨터에 어떤 값을 저장하기 위해 주기억장치(RAM)와 보조기억장치(하드디스크/SSD)를 사용합니다. 주기억장치는 단기기억처럼, 용량이 적고 정보를 잠깐 기억하지만 처리속도가 빠릅니다. 하지만 주기억장치는 전기를 끊으면 정보가 다 날아가 버립니다(휘발성). 보조기억장치는 처리 속도가 느리지만 용량이 많고, 오랫동안 기억할 수 있습니다. 전기를 끊어도 정보가 날아가지 않습니다(비휘발성).

컴퓨터가 어떠한 일을 하기 위해서 모든 데이터는 보조기억장치에서 주기억장치(RAM)로 읽혀져야만 합니다. 중앙처리장치(CPU)가 주기억장치의 내용을 읽어서 데이터를 처리합니다.

우리가 프로그램을 작성하고 실행하면 그 프로그램이 주기억장치에 복사됩니다. 이때 명령어들이 저장되는 영역과 데이터들이 저장되는 영역이 나뉘어 복사됩니다. 이 주기억장치를 '메모리'라고 합니다. 메모리에 데이터를 저장해서 프로그램을 만드는데 이 저장된 데이터가 값(value)이 됩니다. 컴퓨터에서 처리되는 값은 메모리의 어딘가에 있게 됩니다. 이를 적재(Load)된다고 합니다. 컴퓨터에서 뇌의 역할을 하는 CPU는 이 메모리에서 값을 찾아서 여러 가지 일을 합니다.

CPU가 값을 찾기 위해서는 그 값이 어디에 있는지 알아야 합니다. 이것을 주소(address)라고 합니다. 메모리에서 값을 저장하는 곳을 집이라고 생각해볼까요? 집마다 여러 가지 값이 저장되어 있겠죠? 이 집은 자신만의 주소가 있습니다. CPU는 이 주소로 값을 저장하거나 원하는 값을 가지고 옵니다.

주기억장치는 바이트(byte)마다 주소가 지정되어 있습니다. 바이트는 이해하기 위해서 우선 비트(bit)의 개념부터 알아야 합니다. 비트(bit)는 이진수를 뜻하는 'Binary Digit'의 약자로, 컴퓨터에서 CPU가 처리하는 데이터의 최소 단위 크기를 의미합니다 1비트는 0과 1을, 2비트는 00, 01, 10, 11 등 4개의 데이터를 처리할 수 있다는 의미입니다. 비트 8개를 바이트라고 합니다.

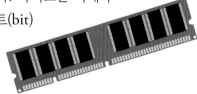

▲ 주기억장치-메모리(RAM)

주소는 숫자이므로 프로그램을 작성하려면 '30주소의 값을 읽어서 40주소의 값과 더하여 50주소의 값에 저장하여라' 등의 명령어를 내리게 됩니다. 여러분이 모든 주소를 기억해서 처리하려면 힘들 것입니다. 그래서 주소에 이름을 붙여서 '이곳은 name이라고 하고 저곳은 age고 하자'는 것이 변수입니다. 이렇게 만든 변수에 값을 저장(할당)해서 사용하게 됩니다.

변수에 값을 저장(할당)할 때는 ' = ' 기호를 사용합니다.

name = '파이썬'
age   = 30

변수 이름을 정할 때 규칙이 있습니다.

● 영어, 숫자, 언더바(_)로 변수 이름을 정합니다.

　-. 특수 문자는 언더바(_)만 사용할 수 있습니다.

- 숫자로 시작하는 변수 이름은 안 됩니다.

- 변수 이름 내에서 띄어쓰기를 하면 안 됩니다.

- 키워드를 사용하지 않습니다.

    -. 키워드는 특별한 의미가 있는 단어로 파이썬을 만들 때 이미 사용하겠다고 예약한 단어입니다.(예 : True, if, else, for, while 등)

  예 : name, name1, _age, age_1

변수는 값을 담는 상자입니다. 파이썬 모든 것을 변수에 저장해서 원할 때마다 사용할 수 있습니다. 그런데 파이썬의 변수는 다른 프로그래밍 언어와 다릅니다. 파이썬은 어떤 값을 저장할지, 자료형을 정하지 않습니다. 자료형은 숫자, 문자 등 데이터 형식을 말합니다. 다른 프로그래밍 언어는 자료형을 정해야 합니다. 자료형에 맞게 메모리를 할당해서 사용하기 때문이죠.

C언어에서 문자하나를 저장하려면 1byte의 메모리를 사용합니다. 이 때 변수 이름 앞에 char라는 자료형을 붙입니다. 정수를 저장하려면 4byte의 메모리를 사용합니다. 그리고 변수 이름 앞에 int라는 자료형을 붙입니다.

하지만 파이썬에서는 단순히 변수 이름만 정하고, 이 변수에 값을 저장(할당)해서 사용합니다. 파이썬의 변수는 C/C++ 같은 프로그래밍 언어와 달리 실제 값을 저장되는 공간이 아닙니다. 파이썬 변수에는 값이 어디에 있는지 알려주는 주소인 '레퍼런스(reference)'만 저장합니다. 레퍼런스는 메모리에서 값이 어디에 있는지 알려줍니다. 파이썬에서 변수가 실제 값이 있는 위치를 가리키고 있는 것을 바인딩(binding)한다고 표현합니다.

파이썬으로 코딩할 때 변수에 다양한 값을 저장(할당)할 수 있는 이유는 단순히 레퍼런스만 저장하고 자료형의 종류와 상관없이 값을 바인딩하기 때문이죠.

그렇다면 변수를 왜 사용해야 할까요? 코딩을 하다보면 같은 데이터를 여러 번 사용할 때가 있습니다. 이때 데이터를 직접 입력하기 보다는 변수를 이용해서 메모리 공간에 저장해 놓은 데이터를 사용하는 것이 편리합니다.

■ 자료형

자료형(data type)은 컴퓨터 프로그램에서 다루는 데이터의 종류를 말합니다. 파이썬에서 자료형은 변수에 저장되는 값의 타입을 의미하죠.

자료형에는 숫자, 문자열, 리스트, 튜플, 딕셔너리, 불 등이 있습니다. 각 자료형은 고유한 특성과 기능을 가지고 있어서 다양한 연산과 작업을 수행할 수 있습니다.

파이썬에서는 type() 함수를 사용하여 자료형을 확인할 수 있습니다.

그러면 파이썬 코딩을 할 때 중요한 자료형을 하나씩 알아보겠습니다.

1) 숫자형

숫자형이란 숫자 형태로 이루어진 자료형을 말합니다. 대표적으로 정수형, 실수형이 있습니다.

정수형(integer)이란 말 그대로 정수를 나타내는 자료형입니다.

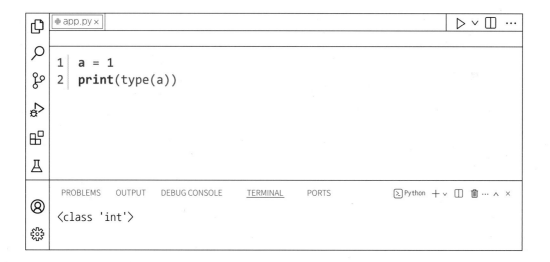

```
1  a = 1
2  print(type(a))
```

```
<class 'int'>
```

실수형은 소수점이 포함된 숫자를 말합니다.

1.23E10와 같은 숫자도 실수형입니다. 1.23E10은 1.23 * 10의 10제곱을 말합니다.

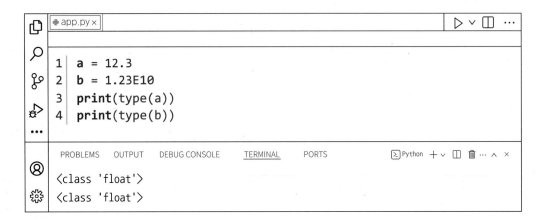

숫자형에서 사용할 수 있는 다양한 연산자가 있습니다.

기본적인 사칙연산	+ (더하기), - (빼기), * (곱하기), / (나누기)
나누기를 하고 정수부분만 나타내기(몫)	//
나머지	%
x의 y제곱	** 연산자

```
app.py ×

1  a = 4
2  b = 3
3  print(a // b)
4  print(a % b)
5  print(a ** b)

PROBLEMS   OUTPUT   DEBUG CONSOLE   TERMINAL   PORTS        Python

1
1
64
```

2) 문자열

문자열(String)이란 문자, 단어 등으로 구성된 문자들의 집합을 의미합니다. 빈 칸도 문자열입니다.

큰 따옴표(")나 작은 따옴표(')를 사용합니다.

```python
1  a = "파이썬"
2  b = '코딩'
3  print(type(a))
4  print(type(b))
```

```
PROBLEMS    OUTPUT    DEBUG CONSOLE    TERMINAL    PORTS

<class 'str'>
<class 'str'>
```

여러 줄의 문자열을 사용하려면 큰 따옴표나 작은 따옴표를 세 개씩 사용합니다.

아니면 '\n'이라는 이스케이프 코드를 사용합니다. 이스케이프 코드란 프로그래밍할 때 사용할 수 있도록 미리 정의된 문자입니다.

```python
1  a = '''
2  파이썬 코딩입니다.
3  파이썬을 재미있게 배워요.
4  '''
5  print(a)
```

```
PROBLEMS    OUTPUT    DEBUG CONSOLE    TERMINAL    PORTS

파이썬 코딩입니다.
파이썬을 재미있게 배워요.
```

더하기(+) 연산자로 문자열을 합칠 수 있습니다.

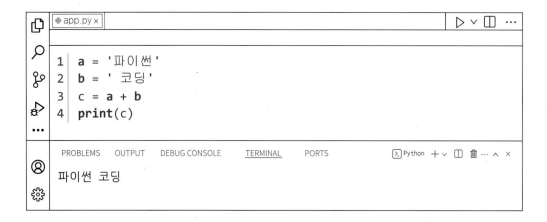

곱하기(*) 연산자로 문자열을 반복할 수 있습니다.

```python
print('파이썬' * 3)
```

```
파이썬파이썬파이썬
```

len()으로 문자열의 길이를 구합니다. 빈칸도 포함됩니다.

```python
1  a = '파이썬 코딩'
2  print(len(a))
```

PROBLEMS　OUTPUT　DEBUG CONSOLE　TERMINAL　PORTS

6

문자열에서 원하는 위치의 문자를 선택할 수 있습니다. 인덱싱(Indexing)이란 무엇인가를 '가리킨다'는 의미입니다.

문자열을 인덱싱할 때 0부터 시작합니다. -1은 마지막 문자를 가리킵니다.

인덱싱을 할 때 [ ]안에 숫자를 입력합니다.

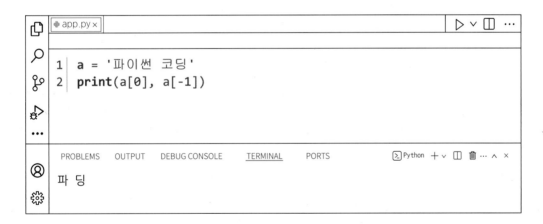

```python
1  a = '파이썬 코딩'
2  print(a[0], a[-1])
```

PROBLEMS　OUTPUT　DEBUG CONSOLE　TERMINAL　PORTS

파 딩

슬라이싱(Slicing)은 무엇인가를 '잘라낸다'는 의미입니다. 슬라이싱을 할 때는 문자열[시작:끝]으로 원하는 부분만 슬라이싱할 수 있습니다. 끝에 입력한 인덱스는 포함되지 않습니다. 문자열[시작:끝]에서 시작 부분을 생략하면 맨 처음부터 슬라이싱합니다.

문자열 포매팅이란 문자열 안에 어떤 값을 넣는 방법입니다.

%d로 숫자를 대입할 수 있습니다. %d는 숫자를 나타냅니다.

%s로 문자열을 대입할 수 있습니다. %s는 문자열을 나타냅니다.

2개 이상의 값을 넣고 싶을 때는 괄호(())를 사용합니다.

변수를 사용해서 코딩할 수 있습니다.

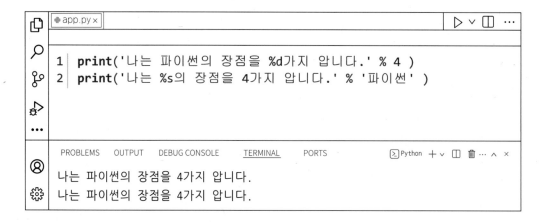

```
app.py ×                                                    ▷ ⌄ ▯ ⋯

1   language = '파이썬'
2   number = 4
3   print('나는 %s의 장점을 %d가지 압니다.' % (language , number))


PROBLEMS   OUTPUT   DEBUG CONSOLE   TERMINAL   PORTS        ⟩Python ✛ ⌄ ▯ 🗑 ⋯ ∧ ✕

나는 파이썬의 장점을 4가지 압니다.
```

format 함수를 사용해서 포매팅을 할 수 있습니다.

{인덱스}를 사용해서 나타냅니다.

인덱스는 0부터 시작합니다.

```
app.py ×                                                    ▷ ⌄ ▯ ⋯

1   language = '파이썬'
2   number = 4
3   print('나는 {0}의 장점을 {1}가지 압니다.'.format(language , number))


PROBLEMS   OUTPUT   DEBUG CONSOLE   TERMINAL   PORTS        ⟩Python ✛ ⌄ ▯ 🗑 ⋯ ∧ ✕

나는 파이썬의 장점을 4가지 압니다.
```

f-string을 사용해서 포매팅하는 방법도 있습니다. 문자열 맨 앞에 f를 붙여주고, 중괄호 안에 변수를 넣으면 됩니다.

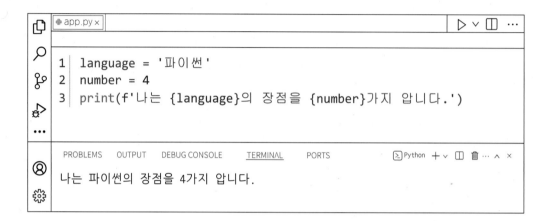

```
1  language = '파이썬'
2  number = 4
3  print(f'나는 {language}의 장점을 {number}가지 압니다.')
```

PROBLEMS　OUTPUT　DEBUG CONSOLE　TERMINAL　PORTS

나는 파이썬의 장점을 4가지 압니다.

문자열.split('기준문자')를 사용하여 기준문자로 문자열을 나눌 수 있습니다. 이렇게 하면 문자열이 리스트가 됩니다. 리스트에 대한 자세한 설명은 이 다음에 나옵니다.

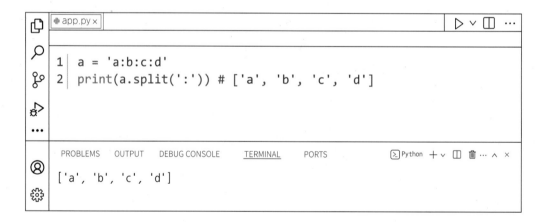

```
1  a = 'a:b:c:d'
2  print(a.split(':')) # ['a', 'b', 'c', 'd']
```

PROBLEMS　OUTPUT　DEBUG CONSOLE　TERMINAL　PORTS

['a', 'b', 'c', 'd']

숫자형와 문자열은 + 연산자로 합칠 수 없습니다.

숫자형은 문자열로 바꿀 때는 str()를 사용합니다.

문자열을 숫자형으로 바꿀 때는 int()나 float()을 사용합니다.

```python
a = 1
b = '2'
print(str(1) + b)
print(a + int(b))
print(a + float(b))
```

```
12
3
3.0
```

3) 리스트

리스트(list)란 여러 값이 연속적으로 저장되는 자료형입니다.

이때 저장되는 값은 자료형이 같지 않아도 됩니다. 리스트에 들어가는 값을 원소 (element)라고 합니다.

리스트는 대괄호([])로 감싸서 나타냅니다.

변수 = [원소1, 원소2, 원소3, ...]처럼 리스트를 사용합니다. 원소는 쉼표(,)로 구분합니다.

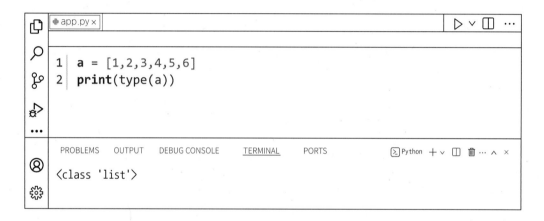

```
1  a = [1,2,3,4,5,6]
2  print(type(a))
```

```
<class 'list'>
```

리스트도 문자열처럼 인덱싱과 슬라이싱을 할 수 있습니다.

```
1  a = [1,2,3,4,5,6]
2  print(a[0])
3  print(a[1:3])
4  print(a[2:])
```

```
1
[2, 3]
[3, 4, 5, 6]
```

파이썬 인공지능과 함께하는 토리드론

len()으로 리스트에 원소가 몇 개 들어있는지 확인합니다.

```python
a = [1,2,3,4,5,6]
print(len(a))
```

app.py ×

PROBLEMS   OUTPUT   DEBUG CONSOLE   TERMINAL   PORTS

6

원소를 추가할 때는 리스트객체.append(원소)로 추가합니다.

```python
a = [1,2,3,4,5,6]
a.append(7)
print(a) # [1, 2, 3, 4, 5, 6, 7]
```

app.py ×

PROBLEMS   OUTPUT   DEBUG CONSOLE   TERMINAL   PORTS

[1, 2, 3, 4, 5, 6, 7]

리스트객체.insert(인덱스, 값)으로 원하는 곳에 원하는 값을 넣을 수 있습니다.

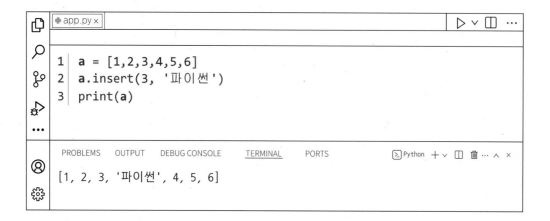

```
1  a = [1,2,3,4,5,6]
2  a.insert(3, '파이썬')
3  print(a)
```

PROBLEMS   OUTPUT   DEBUG CONSOLE   TERMINAL   PORTS

```
[1, 2, 3, '파이썬', 4, 5, 6]
```

리스트객체.remove(값)으로 리스트에서 원소를 지웁니다.
또는 del을 사용해서 원소를 지웁니다.

```
1  a = [1,2,3,4,5,6]
2  a.remove(3)
3  print(a)
4  del a[0]
5  print(a)
6  del a[2:]
7  print(a)
```

PROBLEMS   OUTPUT   DEBUG CONSOLE   TERMINAL   PORTS

```
[1, 2, 4, 5, 6]
[2, 4, 5, 6]
[2, 4]
```

파이썬 인공지능과 함께하는 토리드론

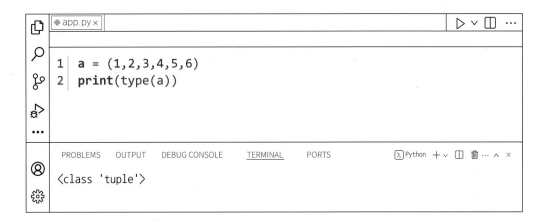

4) 튜플

튜플은 소괄호(())로 묶인 정렬되고 변경할 수 없는 원소의 모음을 나타내는 자료형입니다.

```python
1  a = (1,2,3,4,5,6)
2  print(type(a))
```

```
PROBLEMS    OUTPUT    DEBUG CONSOLE    TERMINAL    PORTS

<class 'tuple'>
```

튜플도 인덱싱과 슬라이싱을 할 수 있습니다.

```python
1  a = (1,2,3,4,5,6)
2  print(a[0:2])
```

```
PROBLEMS    OUTPUT    DEBUG CONSOLE    TERMINAL    PORTS

(1, 2)
```

더하기(+) 연산자로 튜플끼리 합칠 수 있습니다.

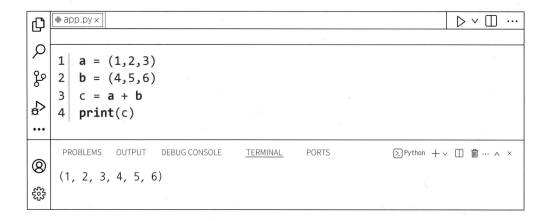

```
1  a = (1,2,3)
2  b = (4,5,6)
3  c = a + b
4  print(c)
```

PROBLEMS   OUTPUT   DEBUG CONSOLE   TERMINAL   PORTS

(1, 2, 3, 4, 5, 6)

곱하기(*) 연산자로 튜플의 원소를 곱할 수 있습니다.

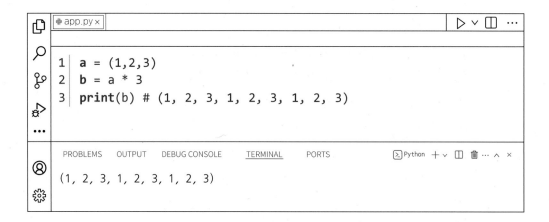

```
1  a = (1,2,3)
2  b = a * 3
3  print(b) # (1, 2, 3, 1, 2, 3, 1, 2, 3)
```

PROBLEMS   OUTPUT   DEBUG CONSOLE   TERMINAL   PORTS

(1, 2, 3, 1, 2, 3, 1, 2, 3)

리스트와 마찬가지로 len()으로 튜플 원소의 수를 구할 수 있습니다.

5) 딕셔너리

딕셔너리는 키와 값으로 데이터를 저장하는 자료형입니다.

키와 값이 쌍으로 되어 있는데 키를 사용하여 값에 쉽게 접근할 수 있습니다.

중괄호({})를 사용해서 딕셔너리 자료형을 만듭니다.

변수 = {키1:값1, 키2:값2, 키3:값3, ...}처럼 딕셔너리를 사용합니다.

```python
a = {1:'a', 2:'b', 3:'c'}
print(type(a))
```

```
<class 'dict'>
```

딕셔너리객체[키] = 값으로 딕셔너리에 키와 값을 추가할 수 있습니다.

```python
a = {1:'a', 2:'b', 3:'c'}
a[4] = 'd'
print(a)
```

```
{1: 'a', 2: 'b', 3: 'c', 4: 'd'}
```

del 딕셔너리객체[키]로 키와 값을 지웁니다.

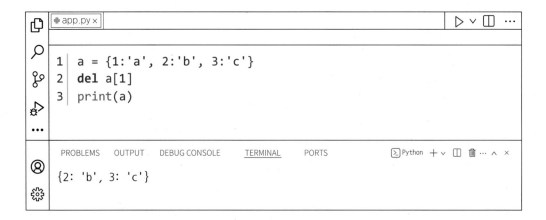

딕셔너리객체.keys()로 키를 모아서 리스트로 만들 수 있습니다.

list 함수로 리스트를 만듭니다.

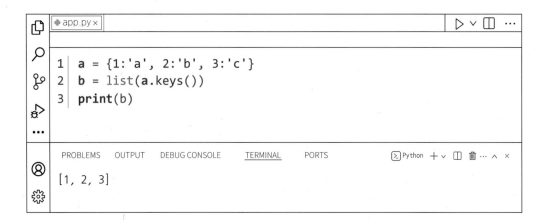

파이썬 인공지능과 함께하는 토리드론

딕셔너리객체.values()로 딕셔너리의 값을 모아서 리스트로 만들 수 있습니다.

```
app.py ×

1  a = {1:'a', 2:'b', 3:'c'}
2  b = list(a.values())
3  print(b)

PROBLEMS   OUTPUT   DEBUG CONSOLE   TERMINAL   PORTS        Python + ∨ ⬚ 🗑 ⋯ ∧ ×
['a', 'b', 'c']
```

6) 불

불(bool) 자료형이란 참(True)와 거짓(False)을 나타내는 자료형입니다.

참은 True로 거짓은 False입니다.

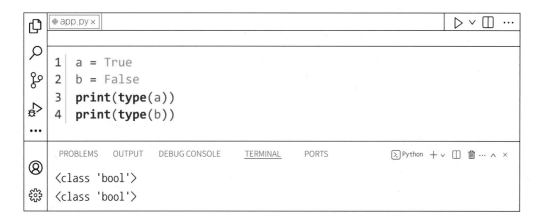

```
app.py ×

1  a = True
2  b = False
3  print(type(a))
4  print(type(b))

PROBLEMS   OUTPUT   DEBUG CONSOLE   TERMINAL   PORTS        Python + ∨ ⬚ 🗑 ⋯ ∧ ×
<class 'bool'>
<class 'bool'>
```

■ 주석

주석(註釋)은 '낱말이나 문장의 뜻을 쉽게 풀이함 또는 그런 글'이라는 뜻입니다.

주석은 프로그램 코드 중간 중간에 코드에 대한 자세한 설명을 적는 것으로 프로그램에서 실행되지는 않습니다.

자신이 만든 프로그램을 다른 사람에게 설명해야 할 때가 있습니다. 그리고 자기가 만든 프로그램도 시간이 지나면 기억이 잘 나지 않기도 경우도 있습니다. 이때 주석을 사용해서 코드를 자세하게 설명하면 좋습니다.

주석은 한 줄(행) 단위와 블록 단위로 만들 수 있습니다.

행단위 : #을 사용합니다.

블록단위 : 큰 따옴표(")나 작은 따옴표(')를 앞 뒤로 세개를 사용합니다.

'''

파이썬 주석입니다.

주석으로 코드를 설명합니다.

'''

MEMO

03 조건문과 반복문

(○ ○ ○)

이 장에서는 무엇을 배울까요?

- 조건문을 사용할 수 있어요
- 반복문을 사용할 수 있어요
- 구구단 프로그램을 만들 수 있어요

제어문이란 코드의 실행순서를 제어할 때 사용하는 표현입니다. 조건에 따라 다른 코드 블록을 실행하거나 특정 코드를 반복적으로 실행할 수 있습니다. 제어문은 크게 조건문과 반복문으로 나뉩니다.

■ 조건문

조건문은 주어진 조건에 따라 코드 블록을 실행하거나 건너뛰는 역할을 합니다.

'지각을 했다면, 배가 고프면, 심심하면' 이런 것을 모두 조건이라고 합니다.

이런 명령어를 만들어 봅시다.

'배고프면 밥을 먹어라'

여기서 '배고프면'은 조건입니다. '밥을 먹어라'는 배고프면(조건이 참이 되면) 실행하는 명령어입니다.

선택 구조(select structure)는 조건을 정하고 그 조건이 참이냐 거짓이냐에 따라서 다른 일을 하는 것을 말합니다.

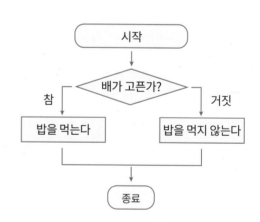

파이썬 인공지능과 함께하는 토리드론

조건문은 조건을 만족하면(True) 코드가 실행되고 조건에 맞으면 실행되고 그렇지 않으면 (False) 건너뜁니다. 조건문의 가장 기본적으로 사용하는 것은 if 문입니다.

파이썬은 다른 언어와 달리 중괄호({})를 사용해서 범위(block)를 나타내지 않습니다. 그 대신에 콜론(:)과 들여쓰기로 범위를 나타냅니다.

if 키워드 뒤에 한 칸을 띄우고 조건을 입력합니다. 그리고 뒤에 콜론(:)을 입력하고 <엔터> 키를 누릅니다.

그러면 비주얼 스튜디오 코드에서 자동으로 들여쓰기가 됩니다.

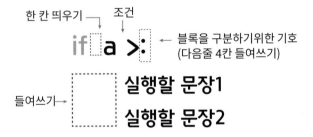

조건을 괄호로 감싸면 한 칸 띄우지 않아도 됩니다.

if(a>):

　　　실행할 문장1
　　　실행할 문장2

다른 프로그래밍 언어(C, JAVA 등)에서는 가독성을 높이기 위해 들여쓰기를 하지만 파이썬에서는 필수입니다. 범위(block)를 나타낼 때 들여쓰기를 하지 않으면 에러가 납니다.

비주얼 스튜디오 코드에서 코드를 선택하고 <Tab> 키를 누르면 들여쓰기가 됩니다. 그리고 <Shift> + <Tab> 키를 누르면 내어쓰기가 됩니다. 파이썬으로 코딩할 때 들여쓰기와 내어쓰기를 잘해야 합니다. 제어문을 사용할 때는 어디까지 들여쓰기가 되었는지 잘 확인하면서 코딩합니다.

조건에는 비교 연산자, 논리 연산자 등을 사용합니다.

비교 연산자	설명	예시
x < y	x가 y보다 작다.	print(1 < 3) # True
x > y	x가 y보다 크다.	print(1 > 3) # False
x == y	x와 y가 같다.	print(2 == 2) # True
x != y	x와 y가 같지 않다.	print(2 != 2) # False
x >= y	x가 y보다 크거나 같다.	print(3 >= 1) # True
x <= y	x가 y보다 작거나 같다.	print(3 <= 1) # False

논리 연산자	설명
x or y	x와 y 중에서 하나만 참이어도 참이다.
x and y	x와 y가 모두 참이어야 참이다.
not x	x가 거짓이면 참이다.

그리고 문자열, 리스트, 튜플에서 사용할 수 있는 'in'과 'not in'이 있습니다. 특정한 문자나 원소가 들어있는지 in 키워드로 알 수 있습니다. 들어있으면 참(True)이고 그렇지 않으면 거짓(False)입니다. not in 키워드는 그 반대로 사용합니다.

비교 연산자	설명	예시
x in 문자열	x not in 문자열	a = '파이썬' print('파' in a) # True
x in 리스트	x not in 리스트	a = [1, 2, 3] print(4 in a) # False
x in 튜플	x not in 튜플	a = (1, 2, 3) print(1 in a) # True

프로그램을 만들 때 조건문을 많이 사용하기 때문에 사용방법을 잘 알아야 합니다. 파이썬에서 사용할 수 있는 조건문의 종류는 4가지로 나눌 수 있습니다.

1) if 문

if는 '만약~한다면'이라는 뜻입니다. 조건문이 참일 때만 해당 문장을 실행하고 거짓이면 넘어가고 싶을 때 사용합니다.

```
app.py ×

1   a = 80
2   if a >= 80:
3       print('합격') # 조건을 만족시킵니다.
```

```
PROBLEMS   OUTPUT   DEBUG CONSOLE   TERMINAL   PORTS          Python

합격
```

2) if-else문

else는 '그렇지 않다면'이라는 뜻입니다. 조건을 만족시키면 if 다음에 있는 문장을 수행합니다. 그렇지 않다면 else 다음에 있는 문장을 수행합니다. if만 사용해도 되지만 else는 if 없이 바로 사용할 수 없습니다.

```python
1  a = 50
2  if a >= 80:
3      print('합격')
4  else:
5      print('불합격') # if 조건을 만족시키기 않습니다.
```

PROBLEMS   OUTPUT   DEBUG CONSOLE   TERMINAL   PORTS

불합격

3) if-elif 문

elif는 '그렇지 않고 만약에'라는 뜻입니다. 다른 프로그램 언어에서는 else if로 사용하지만 파이썬에서는 줄여서 elif로 사용합니다.

elif 다음에 조건식이 나옵니다. elif는 여러 개 사용해도 됩니다.

```python
1  a = 70
2  if a >= 80:
3      print('우수')
4  elif a >= 60:
5      print('보통') # a가 80보다는 작고 60보다는 큽니다.
```

PROBLEMS   OUTPUT   DEBUG CONSOLE   TERMINAL   PORTS

보통

4) if-elif-else 문

if-elif에서 조건을 정하고 if-elif 조건을 만족시키기 않으면 else 다음에 있는 문장을 수행합니다. elif는 여러 개 사용해도 됩니다.

```python
a = 40
if a >= 90:
    print('우수')
elif a >= 60:
    print('보통')
else:
    print('미흡') # if-elif 조건을 만족시키지 않습니다.
```

```
PROBLEMS   OUTPUT   DEBUG CONSOLE   TERMINAL   PORTS
미흡
```

조건문을 사용해서 암호 확인 프로그램을 만들어 보겠습니다.

암호 입력을 입력하면 암호가 맞는지 틀리는지 알려주는 프로그램입니다.

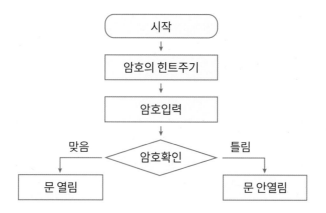

input 함수를 사용하면 사용자로부터 정보를 입력받을 수 있습니다. input 함수가 호출되면 사용자가 내용을 입력하고 Enter 키를 누를 때까지 기다립니다. Enter 키를 누르면 사용자가 입력한 내용이 문자열로 반환됩니다. 이것을 변수에 저장해서 사용하면 됩니다.

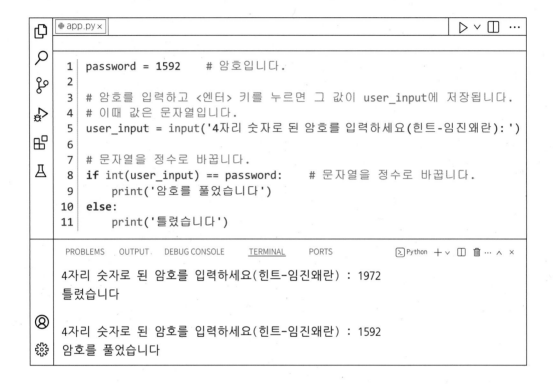

파이썬 인공지능과 함께하는 토리드론

■ 반복문

반복문은 조건을 만족(True)시킬 때 코드를 반복해서 실행해주는 구조입니다. 파이썬을 비롯한 대부분의 프로그래밍 언어에는 반복문이 있습니다. 코드를 반복해서 실행할 수 있어서 코드의 길이를 줄이고 가독성을 높여줍니다.

파이썬에서 사용하는 반복문에는 for 문과 while 문이 있습니다.

1) for문

for 문은 문자열, 리스트, 튜플, 딕셔너리 등 시퀀스(sequence) 자료형에 데이터를 순서대로 반복할 때 사용합니다.

시퀀스(sequence)는 파이썬에서 여러 데이터를 순서대로 나열한 자료형을 의미합니다.

데이터를 순서대로 확인하는 것을 순회(iterate)한다고 표현합니다.

for 문의 기본 구조는 다음과 같습니다. if 문과 마찬가지로 콜론(:)과 들여쓰기로 범위를 나타냅니다.

for 변수 in 시퀀스 :
실행할 문장1
실행할 문장2

변수는 i(iterate)를 많이 사용하는데 다른 변수를 사용해도 됩니다.

for 문은 range 함수와 함께 많이 사용됩니다. 함수는 어떤 일을 하는 코드의 묶음입니다. 함수에 대해서는 다음 장에서 자세히 알아보겠습니다.

range 함수는 숫자를 순서대로 만들어 줍니다.

range(끝)

range(시작, 끝)

range(시작, 끝, 간격)

시작 : 숫자가 시작되는 값입니다. 기본값은 0입니다.

끝 : 숫자가 멈추는 값입니다. 이때 입력한 끝 값은 포함되지 않습니다.

간격 : 숫자가 얼마나 증가하는지 정합니다. 기본값은 1입니다.

range(5)	0, 1, 2, 3, 4 (5는 포함되지 않습니다.)
range(5, 10)	5, 6, 7, 8, 9 (10은 포함되지 않습니다.)
range(1, 10, 2)	1, 3, 5, 7, 9 (1부터 시작하고 2씩 커집니다.)

다음 코드를 실행해볼까요? 0부터 4까지 숫자가 순서대로 값이 출력됩니다.

```
for i in range(5):
    print(i)
```

```
0
1
2
3
4
```

i 대신에 다른 변수를 사용해도 됩니다.

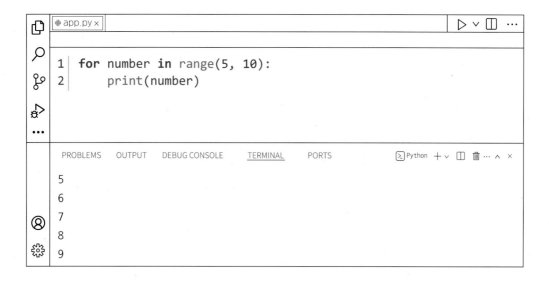

다음 코드를 실행하면 어떻게 될까요? '파이썬'이 5번 출력됩니다. 이렇게 range 함수는
for 문에서 반복 횟수를 정할 때 많이 사용됩니다.

```
1  for i in range(5):
2      print('파이썬')
```

PROBLEMS OUTPUT DEBUG CONSOLE TERMINAL PORTS

파이썬
파이썬
파이썬
파이썬
파이썬

for 문을 여러 시퀀스 자료형과 함께 사용해보겠습니다.

```
1  for i in '파이썬':
2      print(i)
```

PROBLEMS   OUTPUT   DEBUG CONSOLE   TERMINAL   PORTS   Python + ∨ ▯ 🗑 ⋯ ∧ ×
파
이
썬

```
1  a = [1, 2, 3]
2  for i in a:
3      print(i)
```

PROBLEMS   OUTPUT   DEBUG CONSOLE   TERMINAL   PORTS   Python + ∨ ▯ 🗑 ⋯ ∧ ×
1
2
3

```
1  person = {'name': '홍길동', 'age': 25, 'city': 'Seoul'}
2  for key in person:
3      print(key)
```

PROBLEMS   OUTPUT   DEBUG CONSOLE   TERMINAL   PORTS   Python + ∨ ▯ 🗑 ⋯ ∧ ×
name
age
city

파이썬 인공지능과 함께하는 토리드론

```
app.py ×                                                    ▷ ∨ ▢ ⋯

1   person = {'name': '홍길동', 'age': 25, 'city': 'Seoul'}
2   for key in person:
3       print(person[key])
```

```
PROBLEMS   OUTPUT   DEBUG CONSOLE   TERMINAL   PORTS        ⊵ Python + ∨ ▢ 🗑 ⋯ ∧ ×
홍길동
25
Seoul
```

2) while 문

while 문은 조건문이 참이면 while문 아래에 속하는 문장들이 반복해서 실행됩니다.

while 문의 기본 구조는 다음과 같습니다. 콜론(:)과 들여쓰기로 범위를 나타냅니다.

while 조건 :
실행할 문장1
실행할 문장2
• • •

if 문과 마찬가지로 조건을 괄호로 감싸면 한 칸 띄우지 않아도 됩니다.

while 문을 사용해서 1부터 5까지 숫자를 출력해볼까요?

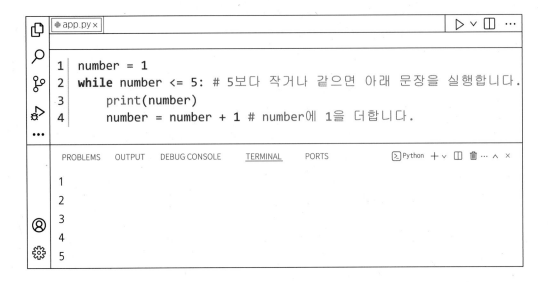

```
1  number = 1
2  while number <= 5: # 5보다 작거나 같으면 아래 문장을 실행합니다.
3      print(number)
4      number = number + 1 # number에 1을 더합니다.
```

while 문을 사용할 때 주의해야 할 점이 있습니다. 조건이 참이라면 계속 반복하기 때문에 잘못하면 프로그램이 멈추지 않게 됩니다. while True를 사용하면 계속 반복하게 됩니다.

이렇게 계속 할 때 비주얼 스튜디오에서 프로그램을 강제로 종료해야 합니다.

터미널 화면에서 <휴지통> 아이콘을 클릭해서 <Kill Terminal> 명령어를 실행합니다.

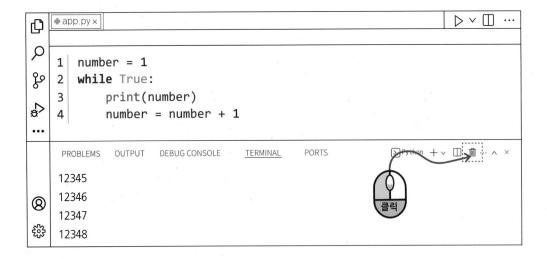

```
1  number = 1
2  while True:
3      print(number)
4      number = number + 1
```

아니면 터미널 화면을 클릭하고 <Ctrl>과 <C> 키를 누릅니다. 그러면 KeyboardInterrupt
가 발생하여 현재 실행 중인 프로그램이 종료됩니다.

3) continue와 break

continue와 break를 사용해서 반복문을 계속할 것인지, 그만할 것인지 정할 수 있습니다.

continue가 실행되면 반복문의 가장 위쪽부터 코드가 다시 실행됩니다.

break가 실행되면 반복문을 빠져나와서 반복문 아래부터 코드가 실행됩니다.

continue와 break는 for 문과 while 문에서 모두 사용할 수 있습니다.

10 이하의 수 중에서 짝수만 출력하는 프로그램을 만들어 보겠습니다.

```python
for i in range(1, 100):
    if i > 10:        # i가 10보다 크다면 반복문이 종료됩니다.
        break
    if i % 2 == 0: # 2로 나눈 나머지가 0이라면 짝수입니다.
        print(i)
```

PROBLEMS   OUTPUT   DEBUG CONSOLE   TERMINAL   PORTS

```
2
4
6
8
10
```

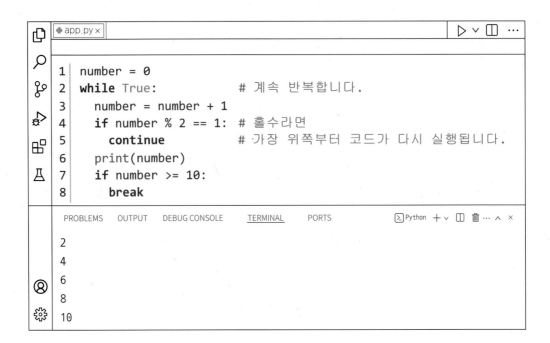

```
1  number = 0
2  while True:            # 계속 반복합니다.
3      number = number + 1
4      if number % 2 == 1: # 홀수라면
5          continue        # 가장 위쪽부터 코드가 다시 실행됩니다.
6      print(number)
7      if number >= 10:
8          break
```

PROBLEMS   OUTPUT   DEBUG CONSOLE   TERMINAL   PORTS

```
2
4
6
8
10
```

반복문은 중첩해서 사용할 수 있습니다. 반복문 안에 또 다른 반복문을 사용할 수 있는 것이죠.

for 문을 여러 개 사용하는 경우 for 문에 들어가는 변수는 서로 다르게 정해야 합니다.

파이썬 인공지능과 함께하는 토리드론

중첩 반복문을 사용해서 구구단 프로그램을 만들어 볼까요? 1단부터 9단까지 순서대로 출력하는 프로그램을 다음과 같이 만들어 보세요.

```python
for i in range(1, 10):
    print(f'{i}단')
    for j in range(1, 10):
        print(f'{i} X {j} = {i*j}')
```

```
PROBLEMS    OUTPUT    DEBUG CONSOLE    TERMINAL    PORTS

1단
1 X 1 = 1
1 X 2 = 2
...
1 X 8 = 8
1 X 9 = 9

(생략)

9단
9 X 1 = 9
9 X 2 = 18
...
9 X 8 = 72
9 X 9 = 81
```

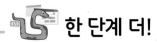 **한 단계 더!**

다음 코드에서 빈 칸을 완성해서 별표(*)로 다이아몬드 모양을 그리는 프로그램을 만드세요.

```
📄 app.py ×                                          ▷ ∨ ⬜ …

1   n = 5
2   height =
3   for i in range(     ):
4       if i < n:
5           print(                )
6           print(                )
7       else:
8           print(                )
9           print(                )
```

PROBLEMS   OUTPUT   DEBUG CONSOLE   TERMINAL   PORTS   ⟩_ Python + ∨ ⬜ 🗑 … ∧ ×

```
    *
   ***
  *****
 *******
*********
 *******
  *****
   ***
    *
```

MEMO

04 함수 클래스 모듈 이해하기 ⊙⊙⊙

이 장에서는 무엇을 배울까요?

- 함수를 만들 수 있어요
- 클래스로 객체를 만들 수 있어요
- 모듈을 사용하는 방법을 알 수 있어요

■ 함수

함수는 쉽게 말하면 여러 코드를 모아서 이름을 붙인 것으로 생각하면 됩니다. 함수를 사용하면 깔끔하고 보기 좋게 코딩을 할 수 있습니다. 함수 이름을 잘 정하면 함수 이름만으로도 코드가 어떤 일을 하는지 알 수 있습니다.

코드를 수정할 때도 함수에서 고치고 싶은 부분만 바꿔주면 되므로 편리합니다.

이것을 '함수를 사용하면 코드의 재사용성이 뛰어나고 가독성과 코딩의 효율성을 높여줍니다'라고 표현합니다.

함수를 흔히 '마술상자'에 비유합니다. 함수는 입력값을 받아서 명령을 수행하고 그 결과값을 반환(return)할 수 있습니다.

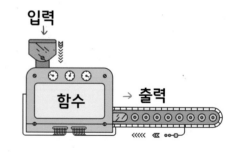

마치 재료를 넣어서 물건을 만드는 것과 같이 어떤 값을 함수에 넣을 수 있습니다. 함수에 어떤 값을 넣을 것인지 정하는 것을 '매개변수(parameter)'라고 합니다. 그리고 실제로 넣는 값을 '인자(argument)'라고 합니다.

def 키워드를 사용해서 함수를 만듭니다. 함수 안에 매개변수를 사용할 수 있습니다. 매개변수에 등호로 기본값을 정할 수 있습니다.

매개변수는 사용하지 않아도 됩니다.

값을 반환할 때는 return 키워드를 사용합니다. 반환하는 값이 없다면 return 키워드를 사용

파이썬 인공지능과 함께하는 토리드론

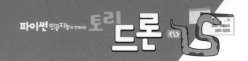

하지 않아도 됩니다.

앞에서 배운 print, len, range, list가 모두 함수입니다.

파이썬 함수이름을 정할 때 소문자로 작성하는 것이 일반적입니다. 그리고 단어가 여러 개라면 단어 사이에 밑줄(_)을 사용하여 가독성을 높입니다.

def 함수이름(매개변수):
실행할 문장1
실행할 문장2
return 반환값

```
app.py ×                                              ▷ ∨ ▯ ⋯

1   def my_function():
2       print('함수')
3
4   my_function()



PROBLEMS   OUTPUT   DEBUG CONSOLE   TERMINAL   PORTS      ⏵Python  + ∨  ▯ 🗑 ⋯ ∧ ×

함수
```

119

```
app.py ×

1  def my_function(name='기본값'):
2      print(name)
3
4  my_function()
5  my_function('파이썬')
```

PROBLEMS   OUTPUT   DEBUG CONSOLE   TERMINAL   PORTS   Python

기본값
파이썬

```
app.py ×

1  def double(value):
2      return value*2
3
4  print(double(2))
```

PROBLEMS   OUTPUT   DEBUG CONSOLE   TERMINAL   PORTS   Python

4

파이썬 인공지능과 함께하는 토리드론

■ 지역변수와 전역변수 이해하기

파이썬에서 함수를 사용할 때 지역변수와 전역변수를 잘 이해해야 합니다.

지역변수는 함수 안에서 사용하는 변수입니다. 함수의 실행이 끝나면 지역변수는 사라집니다.

전역변수는 함수 바깥에서 선언된 변수입니다. 함수에서 전역변수를 사용하려면 변수 이름 앞에 global 키워드를 넣습니다.

```python
a = 10
def my_function():
    a = 20
    print(a)

my_function()
print(a)
```

PROBLEMS　OUTPUT　DEBUG CONSOLE　TERMINAL　PORTS　　　Python

```
20
10
```

```python
a = 10
def my_function():
    global a        # 전역변수 a를 말합니다.
    a = 20          # 전역변수 a 값이 바뀝니다.
    print(a)

my_function()
print(a)
```

PROBLEMS　OUTPUT　DEBUG CONSOLE　TERMINAL　PORTS　　　Python

```
20
20
```

■ 클래스

그리고 클래스와 객체에 대해서 잘 알아야 합니다. 클래스(class)는 무엇인가를 계속해서 만들어낼 수 있는 설계도 같은 것입니다. 객체(object)는 클래스를 사용해서 실제로 만든 것입니다. 자동자 설계도, 붕어빵 틀이 클래스이고 실제로 만든 자동차, 붕어빵은 객체인 것이죠.

클래스로 만든 객체는 중요한 특징이 있습니다. 그것은 객체별로 독립적인 성격을 갖는다는 점입니다. '실제로 만든 자동차'의 부품을 바꿔도 다른 자동차는 아무런 영향을 받지 않습니다. 같은 클래스에 의해 생성된 객체들은 서로에게 전혀 영향을 주지 않습니다.

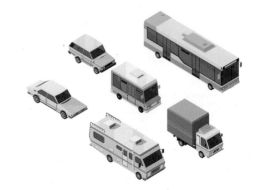

클래스 객체뿐만 아니라 인스턴스, 속성, 메서드의 개념도 잘 알아야 합니다. 핵심 내용을 표로 정리했습니다.

클래스	제품의 설계도
객체	설계도로 만든 제품
인스턴스	메모리에 할당된 객체
속성	클래스 안에 변수
메서드	클래스 안에 있는 함수

그러면 나머지 개념도 자세하게 알아볼까요?

클래스에 의해서 만들어진 객체를 인스턴스(instance)라고도 합니다. 그렇다면 객체와 인스턴스의 차이는 무엇일까요? 인스턴스라는 말은 특정 객체가 어떤 클래스의 객체인지를 관계 위주로 설명할 때 사용됩니다. 즉, 클래스와 구체적인 객체 사이의 관계에 초점을 맞출 경우 인스턴스라는 말을 사용하는 것이죠.

'버스는 인스턴스' 보다는 '버스는 객체'라는 표현이 어울리며, '버스는 자동차의 객체' 보다는 '버스는 자동차의 인스턴스'라는 표현이 훨씬 잘 어울립니다.

객체가 메모리에 할당되어 실제 사용될 때 인스턴스라고 부릅니다.인스턴스는 객체에 포함됩니다.

이렇게 생각해볼까요?
클 래 스 : 자동차 설계도
(기본 뼈대로 핵심 기능들을 정리한 집합체)

객   체 : 실제 자동차
(클래스를 통해 쉽게 결과를 만들기위한 복사체)

인스턴스 : 설계도에서 실제 자동차를 만든 것

객체지향 프로그램(Object Oriented Programming-OOP)은 객체를 중심으로 프로그래밍 하는 방법입니다.

'인간은 본능적으로 세상을 독립적이고 식별 가능한 객체의 집합으로 바라본다.'라는 말이 있습니다. 객체지향 프로그램은 사람이 생각하는 방식과 같게 프로그램을 할 수 있도록 도와주는 방법입니다.

파이썬은 모든 것을 객체로 만듭니다. 객체가 있다는 것은 객체를 만들 수 있는 클래스가 있다는 뜻입니다. 따라서 파이썬에서 모든 것은 클래스로 만들어졌다고 표현할 수 있습니다. 1,2,3과 같은 정수나 1.5, 2.4, 3.9와 같은 실수도 마찬가지입니다. 클래스로 숫자를 다룰 수 있는 객체를 만들어서 사용하는 것이죠.

우리가 자동차(클래스)를 설계할 때 여러 가지를 정해야 합니다. 색깔을 어떻게 할 것이며, 바퀴는 몇 개 달고, 엔진은 어떤 것을 사용할 것인지 정해야 합니다. 색깔, 바퀴 수, 엔진 등이 자동차의 특징이자 데이터이고 이것을 속성(attribute)이라고 합니다. 변수를 사용해서 속성을 정합니다.

이렇게 만든 자동차가 어떤 기능을 할 것인지 정해야 합니다. 자동차가 앞으로 갈 수도 있고, 뒤로도 갈 수 있습니다. 그리고 라디오에서 방송을 들을 수도 있습니다. 이렇게 객체가 할 수 있는 기능을 메서드(method)라고 합니다.

그러면 직접 클래스를 만들어 볼까요?

클래스를 만들 때 사용되는 키워드는 class 입니다. 키워드 class 뒤에 클래스의 이름을 정합니다. 클래스 이름은 대문자로 시작하도록 정합니다.

클래스는 함수와 비슷한 방법으로 만듭니다. 콜론 (:)과 들여쓰기로 범위를 나타냅니다.

클래스 안에 속성과 메서드를 만듭니다.

```
class 클래스이름:
    속성1
    속성2
    ...
    메서드1
    메서드2
```

클래스는 다른 클래스의 속성과 메서드를 재사용할 수 있습니다. 이것을 '상속받는다'라고 표현합니다. 다른 클래스를 상속받으려면 괄호 안에 그 클래스 이름을 넣습니다.

속성과 메서드를 상속하는 클래스가 부모 클래스이고, 상속받는 클래스가 자식 클래스입니다.

부모 클래스(Parent Class, Super Class) : 속성과 메서드를 물려줍니다.

자식 클래스(Child Class, Sub Class) : 속성과 메서드를 물려받습니다.

```
class 자식클래스(부모 클래스):
    속성1
    속성2
    ...
    메서드1
    메서드2
```

MyClass라는 클래스를 하나 만들어 보겠습니다. 이렇게 클래스를 만드는 것을 '정의한다'라고 표현합니다.

클래스가 아무 일도 하지 않게 만들고 싶습니다. 이럴 때는 pass라고 입력합니다. pass 문은 아무 기능이 없다는 뜻입니다.

클래스로 인스턴스를 만들 때는 클래스이름 뒤에 괄호를 붙여서 만듭니다.

$$a = MyClass()$$

이렇게 만든 인스턴스는 메모리에 저장됩니다. id로 인스턴스가 저장된 메모리 주소(레퍼런스값)를 알 수 있습니다.

```
1  class MyClass:
2      pass
3
4  a = MyClass()
5  b = MyClass()
6  print(id(a))
7  print(id(b))
```

```
PROBLEMS   OUTPUT   DEBUG CONSOLE   TERMINAL   PORTS
1694035783952
1694035784016
```

MyClass 클래스로 만든 인스턴스 <a>과 <b>의 메모리 주소가 서로 다른 것을 알 수 있습니다. 메모리 주소는 컴퓨터마다 다를 수 있습니다.

MyClass 클래스 안에 속성과 메서드를 만들어 보겠습니다. set_info로 이름과 나이 속성을 정하고 print_info로 이름과 나이 속성을 출력합니다.

```python
class MyClass:
    def set_info(self, name, age):
        self.name = name
        self.age = age
    def print_info(self):
        print(f'내 이름은 {self.name}입니다.')
        print(f'내 나이는 {self.age}입니다.')
```

클래스 안에서 정의한 함수를 메서드(method)라고 합니다.

여기서 self 개념을 잘 알아야 합니다. self는 클래스로 만든 인스턴스(객체)를 말합니다.

함수의 첫번째 매개변수로 self 넣습니다.

self.name과 self.age는 객체의 name과 age 속성을 말합니다.

MyClass로 인스턴스를 만듭니다. 그리고 set_info로 인스턴스의 name과 age 속성을 정합니다. print_info로 인스턴스의 name과 age 속성을 출력합니다.

```python
class MyClass:
    def set_info(self, name, age):
        self.name = name
        self.age = age
    def print_info(self):
        print(f'내 이름은 {self.name}입니다.')
        print(f'내 나이는 {self.age}입니다.')
```

```
 8
 9   a = MyClass()
10   a.set_info('홍길동', 25)
11   a.print_info()
```

PROBLEMS	OUTPUT	DEBUG CONSOLE	TERMINAL	PORTS	>_Python + ∨ ▢ 🗑 ··· ∧ ×

```
내 이름은 홍길동입니다.
내 나이는 25입니다.
```

print_info를 호출할 때는 아무것도 전달하지 않아도 됩니다. 첫 번째 매개변수인 self에 대한 값은 파이썬이 자동으로 넘겨주기 때문입니다.

__init__ 메서드에 대해서 알아보겠습니다. __init__ 는 초기화 함수입니다. init 앞 뒤로 _를 2개씩 입력합니다. __init__ 메서드는 인스턴스가 만들어진 다음에 호출됩니다. 인스턴스 속성을 초기화하거나 설정하는 데 사용됩니다.

MyClass를 다음과 같이 바꿀 수 있습니다.

그리고 인스턴스를 만들 때는 다음과 같이 초기화 값을 넣어야 합니다. 그렇지 않으면 에러가 납니다.

app.py ×   ▷ ∨ ▢ ···

```
 1   class MyClass:
 2       def __init__(self, name, age):
 3           self.name = name
 4           self.age = age
 5       def print_info(self):
 6           print('내 이름은 {0}입니다.'.format(self.name))
 7           print('내 나이는 {0}입니다.'.format(self.age))
 8
 9   a = MyClass('홍길동', 25)
10   a.print_info()
```

PROBLEMS	OUTPUT	DEBUG CONSOLE	TERMINAL	PORTS	>_Python + ∨ ▢ 🗑 ··· ∧ ×

```
내 이름은 홍길동입니다.
내 나이는 25입니다.
```

파이썬으로 드론 코딩할 때도 클래스를 사용합니다.

Drone 클래스로 인스턴스를 만들고 open 메서드로 컴퓨터와 연결하는 것이죠.

drone = Drone()
drone.open('COM3')

■ 모듈 이해하기

파이썬은 프로그래밍 언어로서 다양한 기능을 제공하기 위해 코드를 재사용할 수 있는 여러 구조를 가지고 있습니다.

이러한 구조 중 가장 기본적인 단위는 모듈, 패키지, 그리고 라이브러리입니다. 이들은 코드의 재사용성을 높이고, 프로젝트의 유지보수성을 개선하며, 개발 속도를 증가시키는 데 큰 역할을 합니다. 파이썬에서 모듈, 패키지, 라이브러리를 활용하면 코드를 더 구조적이고 효율적으로 작성할 수 있습니다.

모듈은 파이썬에서 가장 작은 코드 단위로 함수나 변수 또는 클래스 등을 모아 놓은 파이썬 파일(py)입니다.

우리가 직접 모듈을 만들 수 있고, 다른 사람들이 만든 모듈을 가져와서 사용할 수도 있습니다.

모듈은 서로 독립적이고 기능을 분리해서 관리할 수 있기 때문에 개발할 때 효율이 높아집니다.

그리고 필요한 모듈을 쉽게 가져와서 사용할 수 있어서 코드의 재사용성과 가독성을 높일 수 있습니다.

패키지는 여러 모듈을 폴더 구조로 묶어놓은 것입니다. 패키지를 사용하면 관련 모듈들을 논리적으로 그룹화할 수 있습니다. 패키지는 폴더(디렉토리)로 표현되며, 폴더 안에 __init__.

py 파일이 있어야 패키지로 인식됩니다. __init__.py 파일은 비어 있어도 되며, 해당 폴더가 패키지라는 것을 알려줍니다.

● 폴더와 디렉토리는 같은 의미로 사용됩니다.

● 폴더가 디렉토리보다 조금 더 넓은 개념입니다.

라이브러리는 여러 패키지와 모듈들을 모아놓은 더 큰 개념입니다. 일반적으로 라이브러리는 특정 목적을 달성하기 위해 필요한 다양한 기능을 제공하는 패키지와 모듈의 집합입니다. 예를 들어, 데이터 과학에 널리 사용되는 pandas 라이브러리는 데이터 분석을 위한 다양한 기능을 제공합니다.

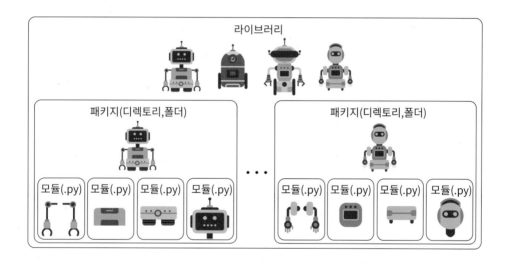

모듈, 패키지, 라이브러리는 import 키워드를 사용해서 가져와서 사용할 수 있습니다.

그러면 직접 모듈을 만들어서 사용해볼까요?

폴더를 하나 만들어서 엽니다.

폴더 안에 'calculate.py'로 파이썬 파일을 만들어 다음과 같이 코딩합니다.

```
calculate.py
1  def add(x, y):
2      return x + y
3  def multiply(x, y):
4      return x * y
```

PROBLEMS   OUTPUT   DEBUG CONSOLE   TERMINAL   PORTS

'calculate.py'와 같은 폴더에 'app.py' 파일을 만듭니다.

app.py에서 calculate.py를 가져와서 사용하겠습니다.

import 모듈이름으로 가져옵니다.

```
calculate.py   app.py
1  import calculate
2
3  a = calculate.add(3, 4)
4  print(a)
5  b = calculate.multiply(3, 4)
6  print(b)
```

PROBLEMS   OUTPUT   DEBUG CONSOLE   TERMINAL   PORTS

```
7
12
```

파이썬 인공지능과 함께하는 토리드론

이렇게 모듈이름.변수, 모듈이름.함수, 모듈이름.클래스()과 같이 사용합니다.

import 모듈이름 as 새로운 이름으로 모듈을 새로운 이름으로 사용할 수 있습니다. 모듈이름을 줄여서 사용하면 좋겠죠?

```
calculate.py    app.py ×

1   import calculate as c
2
3   a = c.add(3, 4)
4   print(a)
5   b = c.multiply(3, 4)
6   print(b)
```

PROBLEMS   OUTPUT   DEBUG CONSOLE   TERMINAL   PORTS   Python

```
7
12
```

원하는 변수, 함수, 클래스만 가져올 수 있습니다. 그러면 모듈이름을 사용하지 않아도 됩니다.

from 모듈이름 import 변수, 함수, 클래스로 가져옵니다.

```
calculate.py    app.py ×

1   from calculate import add, multiply
2
3   a = add(3, 4)
4   print(a)
5   b = multiply(3, 4)
6   print(b)
```

PROBLEMS   OUTPUT   DEBUG CONSOLE   TERMINAL   PORTS   Python

```
7
12
```

from 모듈 import *를 하면 모든 것을 가져옵니다.

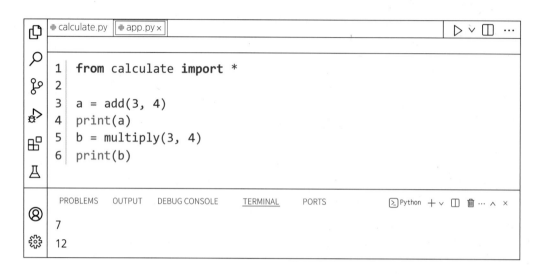

__name__에 대해서도 알아보겠습니다. name 앞 뒤로 _를 2개씩 입력합니다.

__name__은 파이썬 내장변수입니다. __name__에는 파일이름 또는 모듈이름이 들어갑니다.

'if __name__ == '__main__':'는 모듈로 가져온 것이 아니라 그 모듈을 직접 실행했을 때를 말합니다.

calculate.py에 아래와 같이 코딩하고 실행합니다. 그러면 __main__이라고 나옵니다.

```python
1  def add(x, y):
2      return x + y
3  def multiply(x, y):
4      return x * y
5
6  print(__name__)
```

PROBLEMS   OUTPUT   DEBUG CONSOLE   TERMINAL   PORTS

__main__

파이썬 인공지능과 함께하는 토리드론

app.py를 아래와 같이 코딩하고 실행합니다. 그러면 calculate라고 나옵니다.

__name__는 다른 파일에서 import하면 모듈이름이 됩니다.

```
calculate.py    app.py ×

1   import calculate
2
3   a = calculate.add(3, 4)
4   print(a)
5   b = calculate.multiply(3, 4)
6   print(b)

PROBLEMS   OUTPUT   DEBUG CONSOLE   TERMINAL   PORTS

calculate
7
12
```

calculate.py에 다음과 같이 코딩하면 직접 실행했을 때만 __name__ 값이 출력되고 다른 모듈에서 import하면 출력하지 않습니다.

```
calculate.py ×    app.py

1   def add(x, y):
2       return x + y
3
4   def multiply(x, y):
5       return x * y
6
7   if __name__ == '__main__':
8       print(__name__)

PROBLEMS   OUTPUT   DEBUG CONSOLE   TERMINAL   PORTS

__main__
```

폴더 안에 있는 모듈을 가져와서 사용할 수 있습니다.

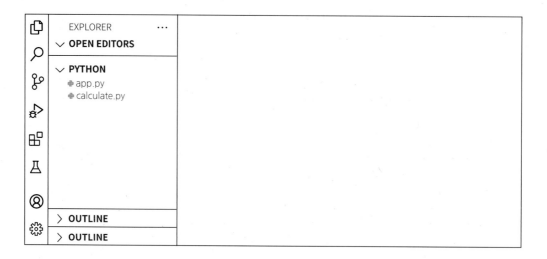

'New Forder'를 선택하여 'folder'라는 폴더를 만듭니다.

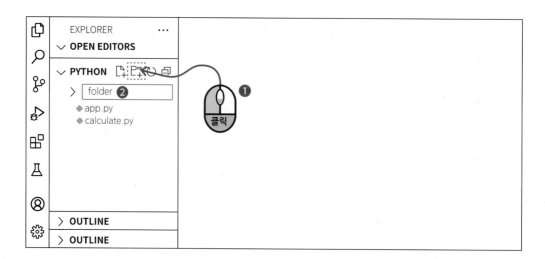

파이썬 인공지능과 함께하는 토리드론

calculate.py를 드래그하여 옮깁니다.

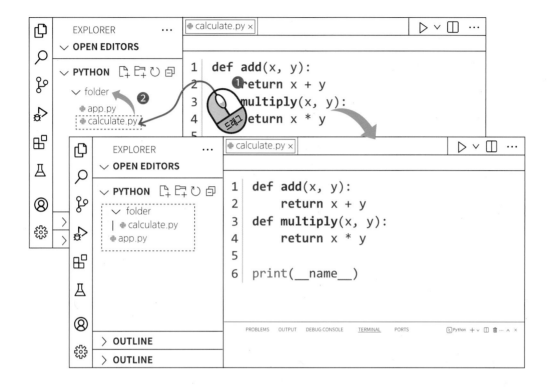

import 폴더이름.모듈로 가져옵니다.

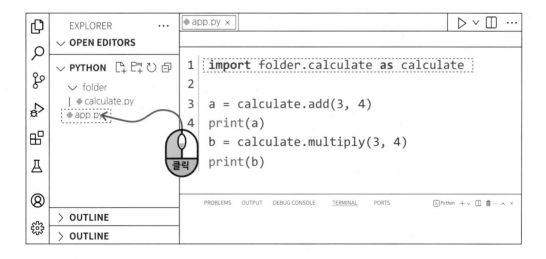

다음과 같이 점(.)으로 폴더 구조를 나타냅니다.

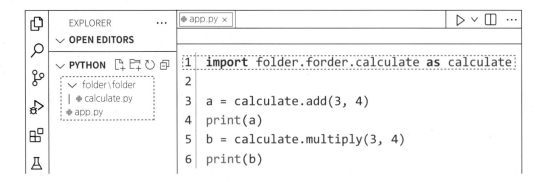

'from CodingRider.drone import *'는 CodingRider 폴더 안에 drone.py에서 모든 것을 가져온다는 뜻입니다.

파이썬으로 프로그램을 만들 때 다양한 모듈(패키지, 라이브러리)를 가져와서 사용할 수 있어야 합니다.

time 모듈을 사용해볼까요?

다음과 같이 코딩합니다. 그러면 0부터 4까지 숫자가 1초 간격으로 출력됩니다.

'from time import sleep' time 모듈에서 sleep 함수를 가져온다는 뜻입니다.

sleep은 입력한 시간만큼 기다리는 함수입니다.

우리는 time이라는 모듈을 만들지 않았는데 어떻게 사용할 수 있을까요?

파이썬에서 import 명령어를 사용하면 파이썬 인터프리터는 모듈을 찾기 위해 폴더 경로를 검색합니다. 이 폴더 경로들은 기본적으로 파이썬 인터프리터에 설정되어 있습니다.

sys.path로 폴더 경로를 확인할 수 있습니다.

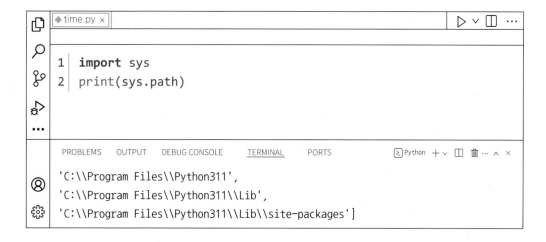

다음과 같은 순서로 검색됩니다.

1. 현재 작업 중인 디렉토리

2. PYTHONPATH 환경 변수에 있는 디렉토리

3. 표준 라이브러리 디렉토리 : 파이썬이 설치된 폴더 안에 있는 Lib 폴더
   - 이 폴더에 파이썬 표준 라이브러리에 포함된 모듈들이 있습니다.

4. 사이트 패키지 디렉토리: Lib 폴더 폴더 안에 site-packages 폴더

파이썬 표준 라이브러리(Lib 폴더)에 있는 time과 모듈들은 sys.path에 기본적으로 포함되어 있기 때문에 따로 설정하지 않아도 import해서 사용할 수 있습니다.

여기서 주의해야 할 점이 있습니다. 모듈 이름이 서로 겹치면 안 됩니다.

현재 작업 중인 폴더에 표준 라이브러리 디렉토리(Lib 폴더)나 사이트 패키지 디렉토리(site-packages 폴더)에 있는 모듈과 같은 이름으로 파이썬 파일을 만들면 에러가 날 수 있습니다.

tkinter는 버튼 등의 그래픽 기능을 제공해주는 그래픽 유저 인터페이스 모듈입니다. tkinter.py는 표준 라이브러리 디렉토리(Lib 폴더)에 있습니다.

app.py에 다음과 같은 코드를 입력해서 실행합니다.

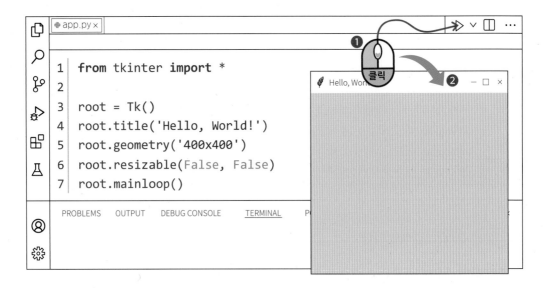

```python
from tkinter import *

root = Tk()
root.title('Hello, World!')
root.geometry('400x400')
root.resizable(False, False)
root.mainloop()
```

파이썬 인공지능과 함께하는 토리드론

'New File'을 선택하여 'tkinter.py'파일을 만듭니다.

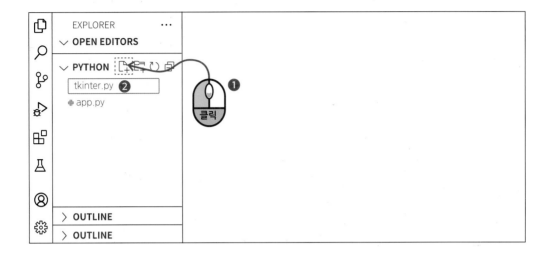

파일에는 아무것도 입력하지 않습니다.

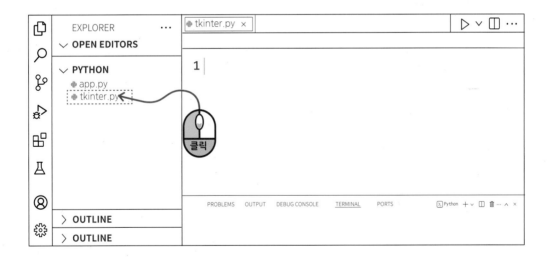

app.py 파일을 실행하면 'name 'Tk' is not defined' 이라는 오류 메시지가 나옵니다.

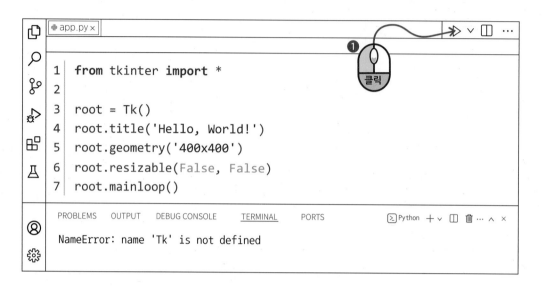

app.py와 같은 폴더에 있는 tkinter.py를 먼저 가져오는데 tkinter.py에는 아무 것도 없기 때문에 에러가 나는 것이죠.

파이썬 파일 이름을 정할 때 다른 모듈과 이름이 겹치지 않아야 한다는 것을 꼭 기억하기 바랍니다.

MEMO

파이썬 인공지능과 함께하는

토리 드론

Python
CoDiNG

CHAPTER

04

파이썬 실력 키우기

01 파이썬으로 미술작품 만들기 (○○○)

이 장에서는 무엇을 배울까요?
- turtle 모듈을 사용할 수 있어요
- turtle 모듈로 다양한 그림을 그릴 수 있어요
- 순차, 반복, 선택, 함수, 변수를 이해할 수 있어요

이번 시간에는 turtle 모듈을 사용해서 미술작품을 만드는 방법을 알아보겠습니다. turtle 모듈은 파이썬에서 기본적으로 제공하는 모듈로 다양한 그림을 그려줍니다.

파이썬의 기본 모듈은 Lib 폴더에 있습니다. Lib 폴더를 보면 turtle.py 파일을 찾을 수 있습니다.

import로 turtle 모듈을 가져오겠습니다.

from turtle import *

turtle 모듈의 기본적인 함수를 알아볼까요?

bgcolor('색깔')	배경색을 정합니다.(색깔 이름이나 #ff0000와 같이 색깔 헥스 코드를 넣습니다.)
color('색깔')	선 색을 정합니다.
pensize(숫자)	선 굵기를 정합니다.
forward(숫자)	앞으로 이동합니다.
left(숫자)	왼쪽으로 회전합니다.
right(숫자)	오른쪽으로 회전합니다.
speed(숫자)	그림이 그려지는 속도를 정합니다.
exitonclick()	창을 클릭할 때까지 기다리다가 클릭하면 창이 닫힙니다.

코딩을 공부할 때 순차, 반복, 선택, 함수, 변수를 잘 알아야 합니다. 파이썬으로 다양한 그림을 그리면서 5가지 개념을 재미있게 알아보겠습니다.

먼저 '순차'를 알아보겠습니다. 다음과 같이 코딩합니다.

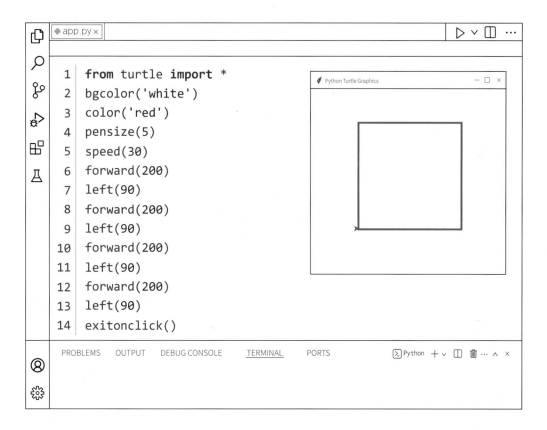

```python
from turtle import *
bgcolor('white')
color('red')
pensize(5)
speed(30)
forward(200)
left(90)
forward(200)
left(90)
forward(200)
left(90)
forward(200)
left(90)
exitonclick()
```

이렇게 컴퓨터에게 순서대로 일을 시키는 것을 '순차'라고 합니다.

그런데 자세히 보면 같은 코드가 반복되는 것을 알 수 있습니다. 조금 더 쉽게 코딩하는 방법은 없을까요?

여기서 필요한 것이 '반복'입니다. '반복'은 어떤 일을 계속 한다는 뜻입니다.

for 문이나 while 문을 사용합니다.

다음 코드가 반복됩니다.

forward(200)
left(90)

이렇게 바꿀 수 있습니다.

for i in range(4):
    forward(200)
    left(90)

그러면 정3각형을 그려볼까요? 몇 번을 반복하고 몇 도를 회전해야 할까요?

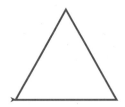

정3각형을 그렸다면 정5각형도 그려볼까요? 몇 번을 반복하고 몇 도를 회전해야 할까요?

파이썬 인공지능과 함께하는 토리드론

어떤 규칙을 발견했나요? 규칙을 표로 정리했습니다.

정N각형을 그리려면 N번 반복하고 360 ÷ N 회전하면 됩니다.

도형	반복	회전
정3각형	3	120
정4각형	4	90
정5각형	5	72
정N각형	N	360 ÷ N

이 규칙을 사용해서 코딩하겠습니다. 변수를 만들어서 코딩하면 됩니다.

number 변수를 만들어서 다음과 같이 코딩합니다. 그러면 number 변숫값에 따라서 모양이 달라집니다.

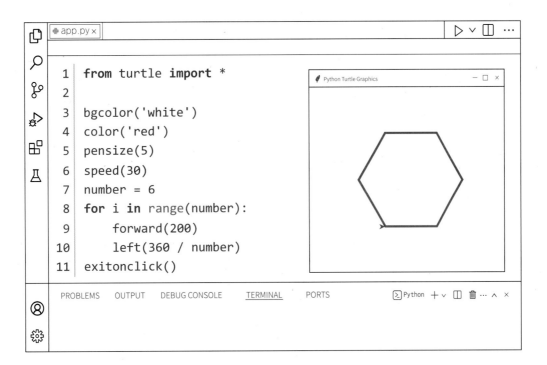

```python
from turtle import *

bgcolor('white')
color('red')
pensize(5)
speed(30)
number = 6
for i in range(number):
    forward(200)
    left(360 / number)
exitonclick()
```

그러면 3각형부터 8각형까지 순서대로 그려볼까요? 어떻게 하면 될까요?

for 문을 2개 사용해서 코딩하면 됩니다. number 변숫값만큼 반복하고 number 변수에 1을 더하면 됩니다.

이렇게 6번 반복하면 3각형부터 8각형까지 순서대로 쉽게 그릴 수 있습니다.

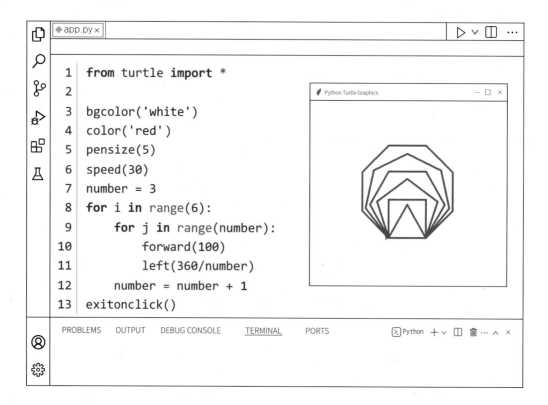

파이썬 인공지능과 함께하는 토리드론

그렇다면 점점 길어지는 3각형은 어떻게 그리면 될까요?

length 변수를 사용해서 코딩하면 됩니다. length 변숫값만큼 앞으로 이동하고 length 변수에 10을 더해서 점점 길어지도록 합니다.

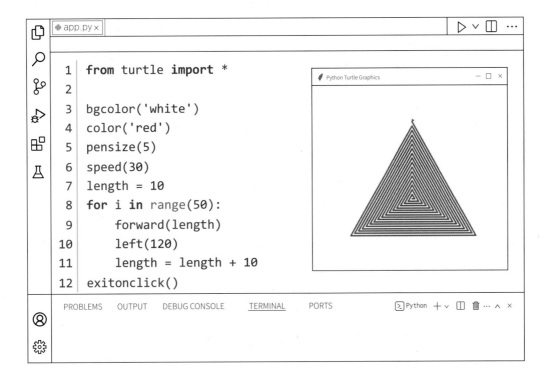

```python
from turtle import *

bgcolor('white')
color('red')
pensize(5)
speed(30)
length = 10
for i in range(50):
    forward(length)
    left(120)
    length = length + 10
exitonclick()
```

그러면 안쪽과 바깥쪽이 색깔이 다르게 하려면 어떻게 해야 할까요?

조건을 사용하면 됩니다. 선택 구조(select structure)는 조건을 정하고 그 조건이 참이냐 거짓이냐에 따라서 다른 일을 하는 것을 말합니다.

if 문을 사용하면 되겠죠?

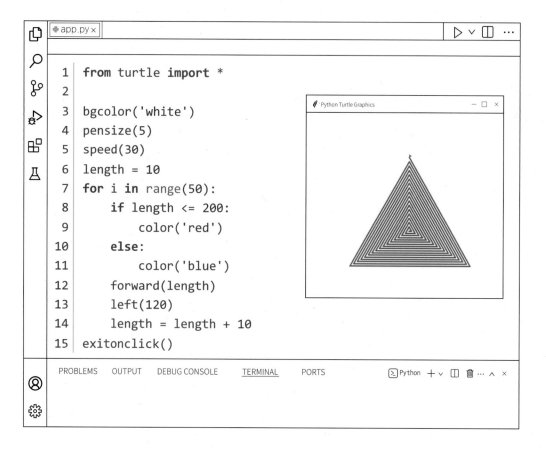

파이썬 인공지능과 함께하는 토리드론

3각형부터 8각형까지 연속하는 정다각형을 함수를 사용해서 그려보겠습니다.

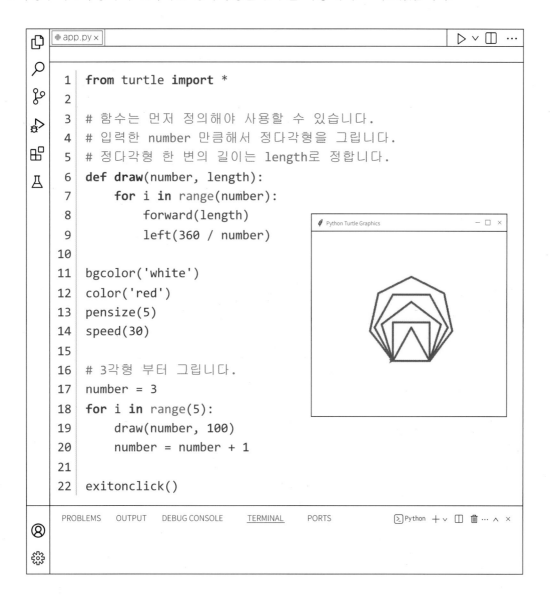

```python
from turtle import *

# 함수는 먼저 정의해야 사용할 수 있습니다.
# 입력한 number 만큼해서 정다각형을 그립니다.
# 정다각형 한 변의 길이는 length로 정합니다.
def draw(number, length):
    for i in range(number):
        forward(length)
        left(360 / number)

bgcolor('white')
color('red')
pensize(5)
speed(30)

# 3각형 부터 그립니다.
number = 3
for i in range(5):
    draw(number, 100)
    number = number + 1

exitonclick()
```

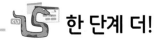 한 단계 더!

다음과 같은 모양을 그리려면 draw 함수를 어떻게 만들어야 할까요? 빈 칸에 코드를 완성하세요.

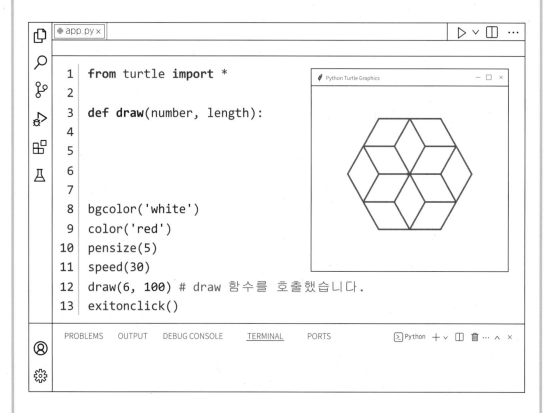

```python
1  from turtle import *
2
3  def draw(number, length):
4
5
6
7
8  bgcolor('white')
9  color('red')
10  pensize(5)
11  speed(30)
12  draw(6, 100) # draw 함수를 호출했습니다.
13  exitonclick()
```

PROBLEMS   OUTPUT   DEBUG CONSOLE   TERMINAL   PORTS   Python

draw(8, 100)인 경우는 다음과 같이 그림을 그립니다.

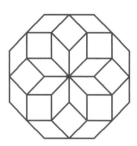

파이썬 인공지능과 함께하는 토리드론

MEMO

02 파일을 읽고 쓰기

이 장에서는 무엇을 배울까요?

- 파이썬으로 파일을 쓸 수 있습니다.
- 파이썬으로 파일을 읽을 수 있습니다.
- 영어단어 입력 프로그램을 만들 수 있습니다.

파이썬으로 파일을 읽고 쓰는 방법을 알아보겠습니다. 파일 열기 모드는 3가지가 있습니다.

파일 열기 모드	종류	설명
r	읽기(read)	파일을 읽을 때 사용합니다.
w	쓰기(write)	파일에 내용을 쓸 때 사용합니다. 파일을 열었는데 내용이 있다면 지우고 새롭게 씁니다(덮어쓰기).
a	추가(append)	파일의 마지막에 내용을 추가할 때 사용합니다.

파이썬으로 ①파일을 열고 ②내용을 읽거나 쓰거나 추가하고 ③파일을 닫아야 합니다.

메모장 파일을 하나 만들어 보겠습니다.

한글이 깨지는 경우가 있어서 인코딩을 UTF-8로 정합니다.

폴더를 하나 만들어서 엽니다.

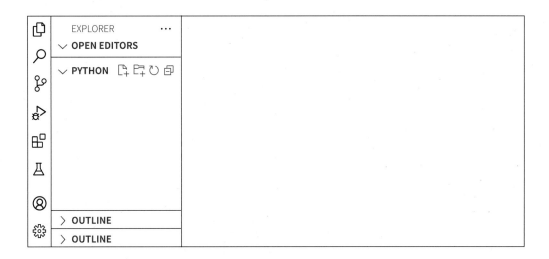

'New File'을 선택하여 'text.py'로 파일을 만들어 코드를 입력하고 실행합니다.

그러면 'file.txt' 파일이 생깁니다.

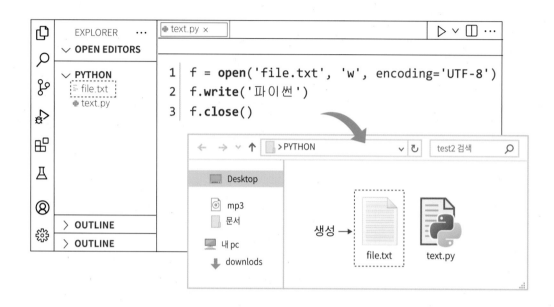

'w' 모드는 내용이 있으면 다 지우고 새로 파일을 씁니다.

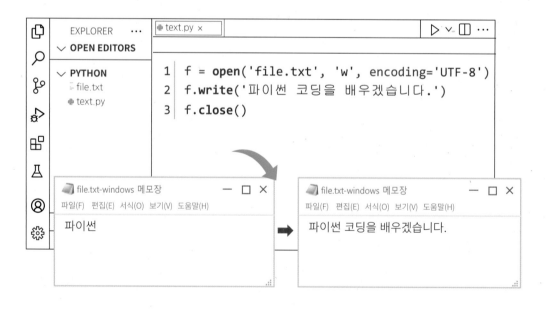

파일을 계속 쓰고 싶을 때는 'a'모드를 사용합니다. 줄을 바꿔서 파일을 쓰고 싶을 때는 '\n'을 사용하면 됩니다. 이것을 개행문자라 합니다.

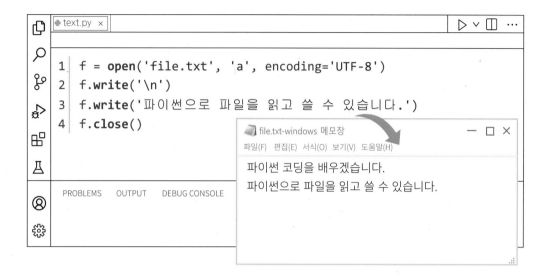

```python
f = open('file.txt', 'a', encoding='UTF-8')
f.write('\n')
f.write('파이썬으로 파일을 읽고 쓸 수 있습니다.')
f.close()
```

with를 사용하면 close를 사용하지 않아도 됩니다.

파일을 열어서 f로(as f) 사용하겠다는 뜻입니다. 영어문법과 비슷하죠? 콜론(:)과 들여쓰기를 주의해서 코딩합니다.

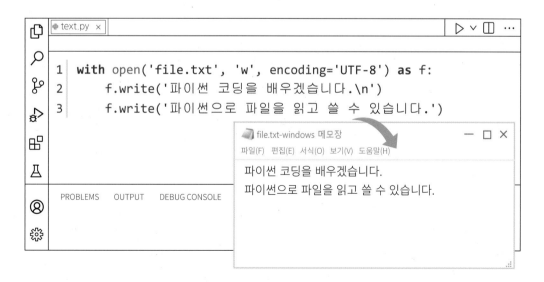

```python
with open('file.txt', 'w', encoding='UTF-8') as f:
    f.write('파이썬 코딩을 배우겠습니다.\n')
    f.write('파이썬으로 파일을 읽고 쓸 수 있습니다.')
```

영어단어와 뜻을 입력하는 프로그램을 만들어 보겠습니다.

프로그램을 실행하고 터미널을 클릭해서 단어를 입력합니다. 그렇지 않으면 코드창에 입력됩니다.

```python
while True:
    word = input('영어단어 : ')
    meaning = input('그 뜻은 무엇인가요? : ')
    with open('word.txt', 'a', encoding='UTF-8') as f:
        f.write(word)
        f.write(':') # :로 영어단어와 뜻을 구분합니다. apple:사과
        f.write(meaning)
        f.write('\n')
    your_input = input('그만하고 싶으면 q키를, 그렇지 아니면 엔터키를 누르세요: ')
    if your_input == 'q':
        break
    else:
        continue

print('단어를 다 입력했습니다.')
```

```
PROBLEMS    OUTPUT    DEBUG CONSOLE    TERMINAL    PORTS                    Python
영어단어 : apple
그 뜻은 무엇인가요? : 사과
그만하고 싶으면 q키를, 그렇지 아니면 엔터키를 누르세요:
영어단어 : bed
그 뜻은 무엇인가요? : 침대
그만하고 싶으면 q키를, 그렇지 아니면 엔터키를 누르세요:
영어단어 : cat
그 뜻은 무엇인가요? : 고양이
그만하고 싶으면 q키를, 그렇지 아니면 엔터키를 누르세요: q
단어를 다 입력했습니다.
```

word.txt를 열어보면 다음과 같이 영어단어와 뜻이 입력되었습니다.

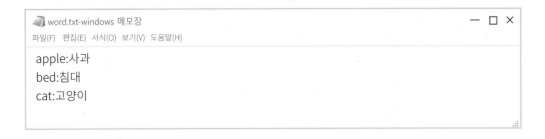

파이썬으로 파일을 쓰는 방법을 배웠습니다. 이렇게 저장한 파일을 읽는 방법도 알아야 하겠죠?

파일을 읽을 때는 'r'모드를 사용하면 됩니다.

readline는 한 줄씩 읽고, readlines는 여러 줄을 한 번에 읽습니다.

readlines는 파일을 읽어서 리스트로 반환합니다.

```python
with open('word.txt', 'r', encoding='UTF-8') as f:
    while True:
        line = f.readline()
        if not line: # 더 이상 읽을 내용이 없다면
            break
        print(line)

with open('word.txt', 'r', encoding='UTF-8') as f:
    lines = f.readlines()
    print(lines) # ['apple:사과\n','bed:침대\n','cat:고양이\n','desk:책상']
```

PROBLEMS   OUTPUT   DEBUG CONSOLE   TERMINAL   PORTS

```
cat:고양이
desk:책상
['apple:사과\n', 'bed:침대\n', 'cat:고양이\n', 'desk:책상\n']
```

03 파일 이름 한 번에 바꾸기 (○ ○ ○)

이 장에서는 무엇을 배울까요?

- os 모듈을 사용할 수 있어요
- os 모듈로 작업 폴더 경로를 바꿀 수 있어요
- os 모듈로 폴더와 파일 이름을 바꿀 수 있어요

os 모듈을 사용해서 파일 이름을 한 번에 바꾸는 방법을 알아보겠습니다. os 모듈은 Operating System 모듈의 줄임말로, 운영 체제와 상호 작용할 수 있는 다양한 기능을 제공합니다. 이 모듈을 사용하면 파일 및 폴더 관리, 환경 변수 접근, 프로세스 제어 등 여러 가지 작업을 수행할 수 있습니다. 예를 들어 파이썬을 사용해 파일을 복사하거나 폴더(디렉토리)를 만들고, 폴더 안에 있는 파일 목록을 확인할 때 os 모듈을 사용하면 됩니다.

■ os 모듈 기초 사용방법

os 모듈은 파이썬에서 제공하는 기본 모듈로 따로 설치하지 않아도 사용할 수 있습니다.

Lib 폴더에 os.py 파일이 있습니다. os 모듈을 가져옵니다.

getcwd는 현재 작업 중인 폴더의 위치를 알려줍니다. 이 폴더를 '디렉토리'라고 합니다. Current Working directory에서 함수 이름을 정했습니다.

```python
1  import os
2  print(os.getcwd())
```

PROBLEMS   OUTPUT   DEBUG CONSOLE   TERMINAL   PORTS

C:\python

파이썬 인공지능과 함께하는 토리드론

chdir로 작업 폴더의 위치를 바꿀 수 있습니다. Change Directory에서 함수 이름을 정했습니다.

윈도우 탐색기에서 원하는 폴더로 이동합니다.

경로를 선택하고 경로를 복사합니다.

os.chdir() 안에 복사한 경로를 붙여 넣습니다. 이때 문자열로 입력합니다.

os.chdir(r'C:\My Folder')와 같이 복사한 경로 문자열 앞에 'r'를 씁니다. 'r'은 문자열 리터럴 앞에 붙는 접두사로, 'raw string'을 의미합니다.

이는 문자열을 있는 그대로 해석하도록 하여, 이스케이프 문자(\n, \t 등)를 특별한 의미 없이 일반 문자로 처리하게 합니다.

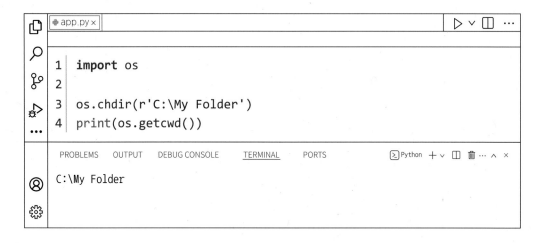

raw 문자열을 사용하지 않으려면 백슬래시(\)를 두번 써야 합니다

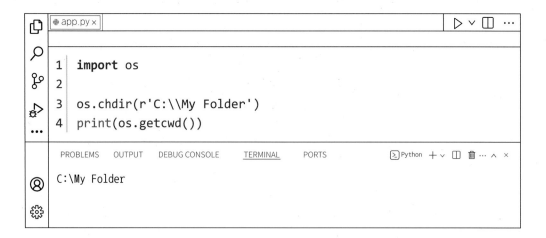

파이썬 인공지능과 함께하는 토리드론

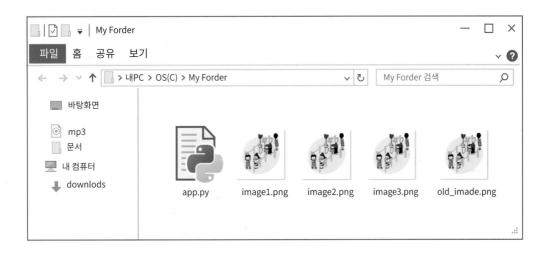

chdir로 현재 작업 폴더 경로가 'C:\My Folder'로 바꿨습니다.

listdir로 현재 작업 중인 폴더 안에 어떤 폴더와 파일이 있는지 확인할 수 있습니다.

그림과 같이 확장자가 png인 그림 파일을 여러 개 놓습니다. 그림 파일 하나를 복사해서 이름만 바꿔도 됩니다.

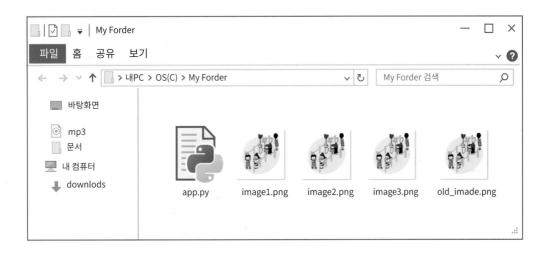

그리고 <New Folder> 아이콘을 선택해서 폴더도 몇 개 만듭니다.

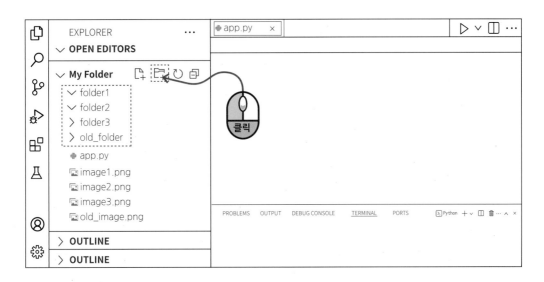

어떤 폴더와 파일이 있는지 확인해볼까요?

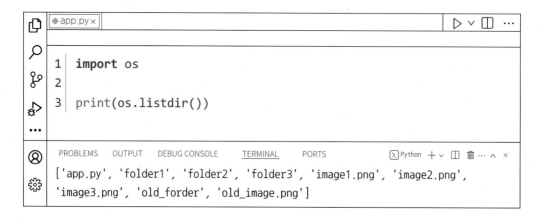

■ 이름 바꾸기

파일이나 폴더 이름을 바꿀 때는 rename를 사용하면 됩니다.

os.rename(이전 이름, 새로운 이름)으로 코드를 실행하면 됩니다.

폴더 이름을 바꿔볼까요? old_folder은 new_folder로 바꿔보겠습니다.

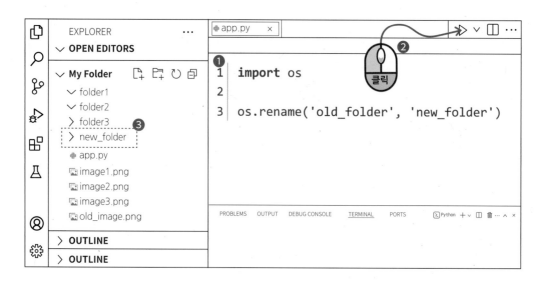

파이썬 인공지능과 함께하는 토리드론

파일 이름도 바꿀 수 있습니다.

old_image.png를 new_image.png로 바꿉니다.

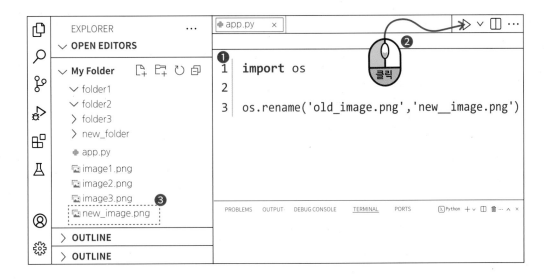

png 파일을 모두 jpg 파일로 바꿔볼까요?

전체 파일에서 '.png'로 끝나는 파일을 찾아서 리스트에 저장합니다.

그리고 '.png'를 '.jpg'로 바꿉니다.

문자열에서 endswith를 사용해서 '.png'로 끝나는지 확인할 수 있습니다.

endswith 안에 확인하고 싶은 문자열을 입력합니다.

확인하고 싶은 문자열로 끝나면 True, 그렇지 않으면 False가 됩니다.

print('python.png'.endswith('.png')) # True

print('python.jpg'.endswith('.png')) # False

그리고 문자열에서 replace를 사용해서 문자열 안에 있는 글자를 다른 것으로 바꿀 수 있습니다.

```python
1   import os
2
3   # 이미지 파일 이름을 저장하는 리스트를 만듭니다.
4   img_list = []
5
6   # 현재 경로에서 폴더와 파일을 모두 확인합니다.
7   all_list = os.listdir()
8
9   for item in all_list:
10      # 파일이 .png로 끝나면 img_list에 추가합니다.
11      if item.endswith('.png'):
12          img_list.append(item)
13
14  # .png를 .jpg로 바꿉니다.
15  for file in img_list:
16      old_name = file
17      new_name = file.replace('.png', '.jpg')
18      os.rename(old_name, new_name)
```

PROBLEMS   OUTPUT   DEBUG CONSOLE   TERMINAL   PORTS   Python

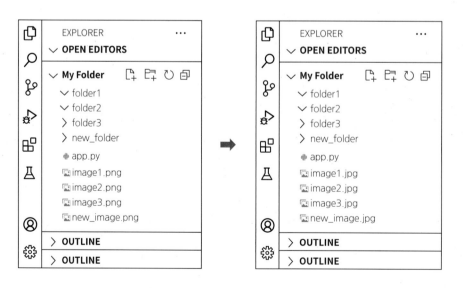

파이썬 인공지능과 함께하는 토리드론

■ 문자열.replace(old, new)

'파이썬 코딩'에서 '코딩'을 '드론'으로 바꿔보겠습니다.

print('파이썬 코딩'.replace('코딩', '드론')) 코드를 실행하면 '파이썬 코딩'이 '파이썬 드론'으로 바뀝니다.

replace 사용해서 코드를 완성해봅시다.

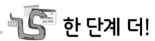 **한 단계 더!**

다음과 같이 txt 파일을 여러 개 있습니다.

txt 파일 이름을 '텍스트1.txt', '텍스트2.txt', … , '텍스트5.txt'과 같이 바꾸는 코드를 완성하세요.

 ➡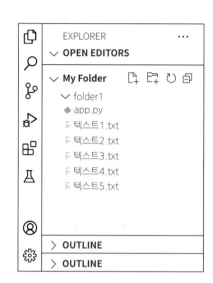

MEMO

04 영어 단어 학습 프로그램 만들기 〔○○○〕

이 장에서는 무엇을 배울까요?

- 파이썬 패키지를 설치할 수 있어요
- gTTS 라이브러리와 playsound 모듈을 사용할 수 있어요
- 영어 단어 학습 프로그램을 만들 수 있어요

■ 파이썬 패키지 설치하기

이번 시간에는 파이썬에서 다양한 패키지(모듈, 라이브러리)를 직접 설치해서 영어 단어 학습 프로그램을 만들어 보겠습니다.

파이썬은 오픈소스 소프트웨어로 많은 개발자들이 파이썬으로 다양한 프로그램을 만들어서 공유하고 있습니다.

개발자들은 파이썬으로 프로그램을 만들고 Python Package Index(PyPI)에 업로드합니다.

PyPI에 배포되는 프로그램은 '패키지' 단위로 관리됩니다. 패키지에는 한 개 이상의 모듈이 있고 여러 패키지가 모이면 라이브러리가 됩니다.

Python Package Index(PyPI)는 파이썬 패키지를 공유하고 찾을 수 있는 중앙 허브 역할을 합니다. 개발자들은 자신이 필요한 패키지를 Python Package Index(PyPI)에서 쉽게 찾고 설치할 수 있습니다.

Python Package Index(PyPI) 웹사이트(pypi.org)에서 다양한 파이썬 패키지를 검색할 수 있습니다.

Python Package Index(PyPI)는 파이썬 커뮤니티에서 중요한 역할을 하는 패키지 저장소로, 개발자들이 패키지를 쉽게 공유하고 설치할 수 있도록 도와주는 것이죠.

이렇게 Python Package Index(PyPI)에 공유한 파이썬 패키지를 컴퓨터에 쉽게 설치할 수 있게 도와주는 것이 pip입니다.

파이썬 인공지능과 함께하는 토리드론

pip는 'Pip Installs Packages'의 줄임말로 파이썬 패키지를 설치하고 관리해주는 도구입니다.

명령 프롬프트에서 간단한 명령어로 파이썬 패키지를 설치하고 업데이트할 수 있습니다.

pip는 파이썬이 설치된 경로에서 Scripts 폴더 안에 있습니다.

ex): C:\Program Files\Python11\Scripts\

pip.exe

Path 환경변수에 Scripts 폴더 경로를 추가해야 어떤 경로에서도 pip 명령어를 사용할 수 있습니다.

기본 사용방법을 다음과 같습니다.

패키지 설치하기 : pip install 패키지이름

pip install CodingRider

특정 버전의 패키지 설치하기 pip install 패키지이름==버전

pip install CodingRider==2.9

패키지 업그레이드 하기 : pip install --upgrade 패키지이름

pip install --upgrade CodingRider

설치한 패키지 확인하기 : pip list

패키지 삭제하기 : pip uninstall 패키지이름

pip uninstall CodingRider

pip 명령어를 실행할 때 명령 프롬프트와 비주얼 스튜디오 코드를 '관리자 권한'으로 실행하는 것이 좋습니다.

gtts와 playsound을 설치합니다.

gtts 라이브러리는 Google Text-To-Speech API를 사용하여 텍스트를 음성으로 변환하는 기능을 제공합니다.

gtts 라이브러리를 사용해서 영어발음과 한글 뜻을 소리 파일(mp3)로 만듭니다.

playsound 모듈을 사용해서 소리 파일을 재생합니다.

윈도우 검색창에서 'cmd'라고 입력해서 <명령 프롬프트>를 찾습니다.

그리고 <관리자 권한>으로 실행합니다.

pip 명령어를 입력해서 gTTS 라이브러리를 설치합니다.

■ pip install gTTS

파이썬 인공지능과 함께하는 토리드론

비주얼 스튜디오 코드에서도 pip 명령어를 사용할 수 있습니다. 관리자 권한으로 실행합니다.

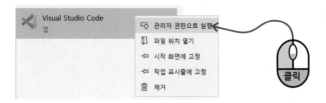

<Terminal>-<New Terminal>를 순서대로 클릭하고 터미널에서 다음과 같이 명령어를 입력합니다.

pip 명령어를 실행하면 site-packages 폴더에 모듈, 패키지, 라이브러리가 설치됩니다.

파이썬이 설치된 폴더 > Lib 폴더 > site-packages 폴더

  ex) : C:\Program Files\Python311\Lib\site-packages

이렇게 gtts 폴더가 생겼습니다.

gtts 폴더를 열면 여러 폴더와 파이썬 파일(모듈)이 있습니다.

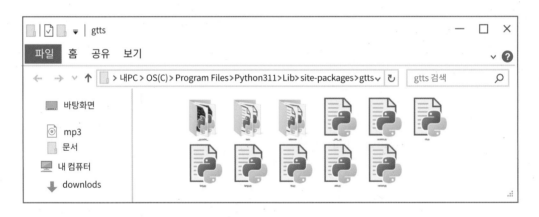

만약 관리자 권한으로 pip 명령어를 실행하지 않으면 다음과 같은 메시지가 나옵니다.

Defaulting to user installation because normal site-packages is not writeable

그리고 '파이썬이 설치된 폴더 > Lib 폴더 > site-packages 폴더'에 설치되지 않습니다.

'c:\users\user\appdata\roaming\python\python311\site-packages\'와 같은 곳에 설치됩니다. 그러면 나중에 import로 가져올 때 에러가 날 수 있습니다.

playsound 모듈은 1.2.2 버전으로 설치합니다.

■ pip install playsound==1.2.2

```
명령 프롬프트                                              ─   □   ✕
Microsoft Windows [Version 10.0.19045.4529]
(c) Microsoft Corporation. All rights reserved.

C:₩WINDOWS₩system32>pip inatall playsound==1.2.2
```

■ 텍스트를 mp3 파일로 만들기

apple이라고 말하는 mp3 파일을 만들어 보겠습니다.

```
app.py ✕                                              ▷ ∨ ▯ ⋯

1   from gtts import gTTS
2
3   # Text-To-Speech로 읽을 텍스트를 정합니다.
4   text = 'apple'
5
6   # 파일 이름을 정합니다.
7   file_name = 'apple.mp3'
8
9   # lang으로 언어를 정합니다. en는 영어고 ko는 한글입니다.
10  tts = gTTS(text=text, lang='en')
11
12  # 정한 파일 이름으로 저장합니다.
13  tts.save(file_name)

PROBLEMS   OUTPUT   DEBUG CONSOLE   TERMINAL   PORTS      ⏵Python + ∨ ▯ 🗑 ⋯ ∧ ✕
```

그러면 'apple.mp3' 파일이 생겼습니다.

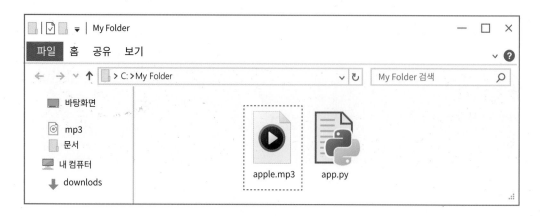

파일 이름은 영어로 해야 합니다. 그렇지 않으면 UnicodeDecodeError가 발생합니다.

'사과'라고 말하는 mp3 파일도 만들어 볼까요?

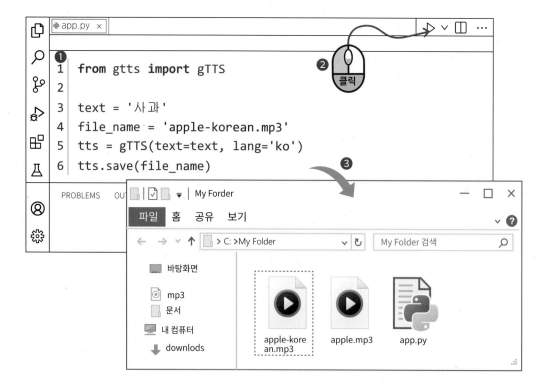

파이썬 인공지능과 함께하는 토리드론

playsound 함수 안에 소리 파일 이름을 넣어서 재생시킵니다.

```
1  from playsound import playsound
2
3  playsound('apple.mp3')
4  playsound('apple-korean.mp3')
```

영어와 한글 뜻이 저장된 word.txt를 사용해서 영어발음과 한글 뜻을 mp3 파일로 만듭니다.

apple:사과

bed:침대

cat:고양이

desk:책상

word.txt를 읽어서 리스트로 저장합니다.

```
1  with open('word.txt', 'r', encoding='UTF-8') as f:
2      lines = f.readlines()
3      print(lines)
```

```
['apple:사과\n', 'bed:침대\n', 'cat:고양이\n', 'desk:책상\n']
```

콜론(:)을 기준으로 영어와 한글을 나눕니다.

```python
1  with open('word.txt', 'r', encoding='UTF-8') as f:
2      lines = f.readlines()
3  print('apple:사과\n'.split(':'))
```

PROBLEMS   OUTPUT   DEBUG CONSOLE   TERMINAL   PORTS

```
['apple', '사과\n']
```

그리고 한글은 '\n'을 기준으로 나눕니다. 리스트에서 인덱스가 0인 값이 한글 뜻이 됩니다.

```python
1  with open('word.txt', 'r', encoding='UTF-8') as f:
2      lines = f.readlines()
3  print('사과\n'.split('\n'))
```

PROBLEMS   OUTPUT   DEBUG CONSOLE   TERMINAL   PORTS

```
['사과', '']
```

코드를 완성해볼까요?

```python
from gtts import gTTS

with open('word.txt', 'r', encoding='UTF-8') as f:
    lines = f.readlines()
    for line in lines:
        # 콜론(:)을 기준으로 영어와 한글을 나눕니다.
        english, korean = line.split(':')

        # 한글을 다시 '/n'을 기준으로 나눕니다.
        # 인덱스가 0인 것이 한글입니다.
        korean = korean.split('\n')[0]

        # gTTS 라이브러리를 사용해서 영어와 한글 mp3 파일을 만듭니다.
        # 먼저 영어 mp3 파일을 만듭니다.
        text = english
        file_name = f'{english}.mp3'
        tts = gTTS(text=text, lang='en')
        tts.save(file_name)

        # 한글 mp3 파일을 만듭니다.
        # 한글 mp3 파일 이름은 f'{영어}-korean.mp3'가 됩니다.
        text = korean
        file_name = f'{english}-korean.mp3'
        tts = gTTS(text=text, lang='ko')
        tts.save(file_name)
```

■ 영어 단어 학습 프로그램 만들기

우선 영어 단어 한 개를 알려주는 프로그램을 만들어 보겠습니다.

영어를 보여주고 영어발음 mp3 파일을 재생합니다.

그리고 화면을 지우고 한글을 보여주고 한글 뜻 mp3 파일을 재생합니다.

turtle 모듈을 사용해서 영어와 한글 뜻을 번갈아 가면서 보여줄 수 있습니다.

turtle 모듈의 write로 글자를 씁니다.

write('글자', move=False, align='정렬위치', font=(폰트설정 옵션))

turtle 모듈의 clear로 쓴 글자를 지웁니다

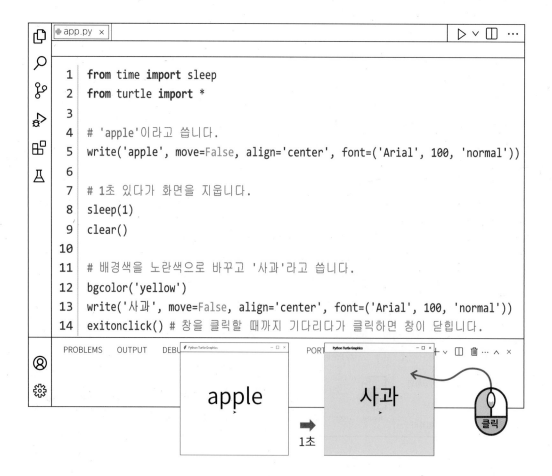

```python
1   from time import sleep
2   from turtle import *
3
4   # 'apple'이라고 씁니다.
5   write('apple', move=False, align='center', font=('Arial', 100, 'normal'))
6
7   # 1초 있다가 화면을 지웁니다.
8   sleep(1)
9   clear()
10
11  # 배경색을 노란색으로 바꾸고 '사과'라고 씁니다.
12  bgcolor('yellow')
13  write('사과', move=False, align='center', font=('Arial', 100, 'normal'))
14  exitonclick() # 창을 클릭할 때까지 기다리다가 클릭하면 창이 닫힙니다.
```

파이썬 인공지능과 함께하는 토리드론

단어 전체를 설명하는 프로그램을 완성해 볼까요?

```python
from time import sleep
from turtle import *
from playsound import playsound

with open('word.txt', 'r', encoding='UTF-8') as f:
    lines = f.readlines()
    for line in lines:
        english, korean = line.split(':')
        korean = korean.split('\n')[0]

        # 영어 한글 mp3 파일 이름을 정합니다.
        english_mp3 = f'{english}.mp3'
        korean_mp3 = f'{english}-korean.mp3'

        # 영어를 쓰고 영어 mp3 파일을 재생합니다.
        # 배경색을 하얀색으로 정합니다.
        bgcolor('white')
        write(english, move=False, align='center', font=('Arial', 100, 'normal'))
        playsound(english_mp3)

        # 0.2초 있다가 화면을 지웁니다.
        sleep(0.2)
        clear()

        # 한글을 쓰고 한글 mp3 파일을 재생합니다.
        # 배경색을 노란색으로 정합니다.
        bgcolor('yellow')
        write(korean, move=False, align='center', font=('Arial', 100, 'normal'))
        playsound(korean_mp3)

        # 0.2초 있다가 화면을 지웁니다.
        sleep(0.2)
        clear()

# 반복이 끝나면 'END'라고 표시합니다.
write('END', move=False, align='center', font=('Arial', 100, 'normal'))
exitonclick()
```

05 파이썬 엑셀 자동화

이 장에서는 무엇을 배울까요?

- openpyxl 라이브러리를 설치할 수 있어요
- 엑셀 파일을 만들 수 있어요
- 엑셀 파일을 읽을 수 있어요

openpyxl 라이브러리를 사용해서 엑셀 파일을 다루는 방법을 알아보겠습니다.

먼저 openpyxl 라이브러리를 설치합니다.

■ pip install openpyxl

openpyxl 라이브러리가 잘 설치되었는지 버전을 확인해봅니다.

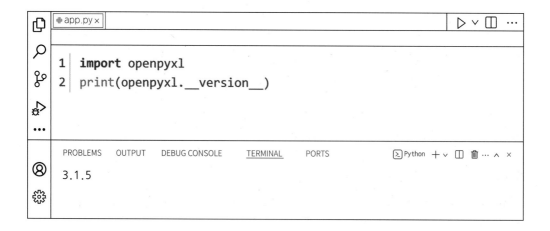

파이썬 인공지능과 함께하는 토리드론

파이썬으로 엑셀 자동화를 하기 위해서 엑셀의 구성요소인 Workbook(워크북), Sheet(시트), Cell(셀), Range(범위)를 잘 이해해야 합니다.

엑셀에는 Workbook이라는 오브젝트(개체)가 있습니다. 'xlsx'와 같은 엑셀 파일을 Workbook 오브젝트(개체)라고 합니다.

파이썬 openpyxl 라이브러리를 사용해서 엑셀 파일을 만들거나 엑셀 파일을 읽으려면 Workbook 객체를 만들어야 합니다.

데이터를 입력할 수 있는 1칸을 Cell이라고 합니다. 그리고 Cell이 모여진 공간을 Sheet이라고 합니다. 엑셀 파일에 여러 개의 Sheet가 있을 수 있습니다. 따라서 1개의 Workbook은 여러 개의 Sheet를 가질 수 있습니다.

엑셀에서 Cell의 데이터를 읽거나 Cell에 데이터를 입력하고 싶으면 그 Cell의 행과 열로 접근해야 합니다. Row는 행이고 Column은 열입니다.

엑셀에서는 각 Cell을 나타내는 인덱스가 있습니다. 1행 1열의 위치는 'A1'로 1행 2열의 위치는 'B1'와 같이 나타낼 수 있습니다. Range를 사용하면 인덱스로 각 Cell에 접근할 수 있습니다.

■ 엑셀 파일 만들기

그러면 엑셀 파일을 만들어 볼까요?

openpyxl 라이브러리에서 Workbook 클래스를 가져옵니다.

Workbook 객체를 만들고 active로 현재 활성된 Sheet를 가져옵니다. 그리고 title로 활성화된 Sheet의 이름을 바꿉니다.

Sheet에서 인덱스를 정해서 값을 입력할 수 있습니다.

Sheet[인덱스] = 값

value로 셀의 값을 확인할 수 있습니다.

그 다음 save로 Workbook 객체를 저장합니다. 이때 상대경로나 절대경로를 입력합니다.

코드를 실행하면 'excel'이라는 엑셀 파일이 만들어 지고 A1 셀에 'A1'가 입력됩니다.

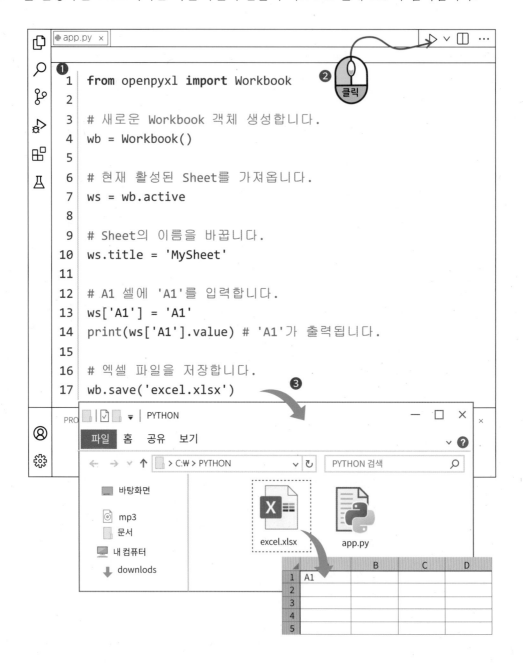

파이썬 인공지능과 함께하는 토리드론

행과 열을 정해서 값을 입력할 수 있습니다.

cell에 row와 column, value를 정합니다.

```
app.py ×

1   from openpyxl import Workbook
2
3   wb = Workbook()
4   ws = wb.active
5
6   # 1행 2열(B1)에 'B1'를 입력합니다.
7   ws.cell(row=1, column=2, value='B1')
8   print(ws.cell(row=1, column=2).value) # 'B1'이 출력됩니다.
9   wb.save('excel.xlsx')
```

PROBLEMS   OUTPUT   DEBUG CONSOLE   TE

B1

	A	B	C	D
1		B1		
2				
3				
4				
5				
6				
7				
8				
9				
10				
11				

append로 한 행씩 추가할 수 있습니다.

번호는 1부터 10까지 순서대로 정하고 국어, 영어, 수학은 0부터 100까지 랜덤하게 정해보겠습니다

random 모듈을 사용해서 셀에 랜덤하게 값을 입력해보겠습니다.

random.randint(최소, 최대)로 랜덤하게 값을 정합니다.

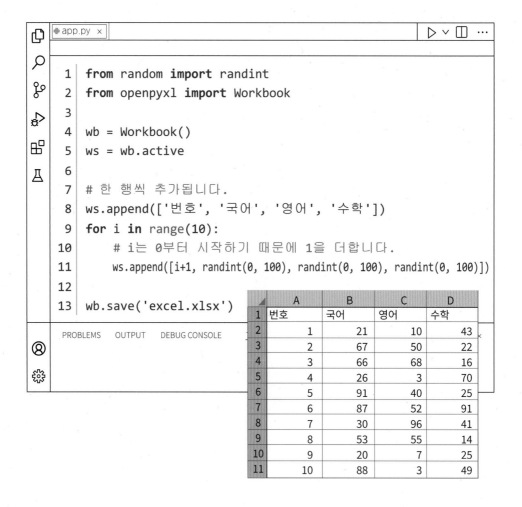

파이썬 인공지능과 함께하는 토리드론

■ 엑셀 파일 읽기

load_workbook로 엑셀 파일을 읽습니다.

```python
from openpyxl import load_workbook

wb = load_workbook('excel.xlsx')
ws = wb.active

# 전체 데이터를 읽습니다.
# ws.max_row와 ws.max_column에 1을 더해야 합니다.
for x in range(1, ws.max_row + 1):
    for y in range(1, ws.max_column + 1):
        # end=' '를 넣으면 값 사이에 한 칸이 들어갑니다.
        print(ws.cell(row=x, column=y).value, end=' ')
    # 줄을 바꿉니다.
    print()
```

```
PROBLEMS   OUTPUT   DEBUG CONSOLE   TERMINAL   PORTS
번호 국어 영어 수학
1 21 10 43
2 67 50 22
3 66 68 16
4 26 3 70
5 91 40 25
6 87 52 91
7 30 96 41
8 53 55 14
9 20 7 25
10 88 3 49
```

열이나 행 전체를 읽을 수 있습니다.

```python
1   from openpyxl import load_workbook
2
3   wb = load_workbook('excel.xlsx')
4   ws = wb.active
5
6   # 열 전체를 읽을 수 있습니다.
7   # B열을 읽습니다.
8   # 튜플로 데이터를 읽습니다.
9   col_B = ws['B']
10
11  for cell in col_B:
12      print(cell.value)
13
14  # 구분선을 넣습니다.
15  print('-'*10)
16
17  # 행 전체를 읽을 수 있습니다.
18  # 1행을 읽습니다.
19  row_1 = ws[1]
20
21  for cell in row_1:
22      print(cell.value)
```

PROBLEMS   OUTPUT   DEBUG CONSOLE   TERMINAL   PORTS   Python

```
국어
21
⟩
88
----------
번호
국어
영어
수학
```

범위를 정해서 값을 읽을 수 있습니다.

```python
from openpyxl import load_workbook

wb = load_workbook('excel.xlsx')
ws = wb.active

row_range = ws[1:3]      # 1행부터 3행까지 읽습니다.

for rows in row_range:
    for cell in rows:
        print(cell.value, end=' ')
    print()

col_range = ws['B:D']    # B열부터 D열까지 읽습니다.

for cols in col_range:
    for cell in cols:
        print(cell.value)
```

PROBLEMS   OUTPUT   DEBUG CONSOLE   TERMINAL   PORTS   Python

```
번호 국어 영어 수학
1 21 10 43
2 67 50 22
국어
21
~
88
영어
10
~
3
수학
43
~
49
```

rows와 columns로 전체 행과 열의 데이터를 가져올 수 있습니다.

```python
from openpyxl import load_workbook

wb = load_workbook('excel.xlsx')
ws = wb.active

# 행 전체를 읽습니다.
for row in ws.rows:
    # 1행씩 값을 확인합니다.
    for item in row:
        print(item.value, end=' ')
    print()
```

```
PROBLEMS    OUTPUT    DEBUG CONSOLE    TERMINAL    PORTS        >_ Python  + ∨  ☐  🗑  ⋯  ∧  ✕
번호 국어 영어 수학
1 21 10 43
2 67 50 22
3 66 68 16
4 26 3 70
5 91 40 25
6 87 52 91
7 30 96 41
8 53 55 14
9 20 7 25
10 88 3 49
```

iter_rows를 사용해서 원하는 범위에 있는 데이터를 가져올 수 있습니다.

최소 행(min_row), 최대 행(max_row), 최소 열(min_col), 최대 열(max_col)을 정해서 데이터를 가져옵니다.

```python
from openpyxl import load_workbook

wb = load_workbook('excel.xlsx')
ws = wb.active

for row in ws.iter_rows(min_row=1, max_row=ws.max_row,
                        min_col=1, max_col=ws.max_column):
    for item in row:
        print(item.value, end=' ')
    print()
```

```
PROBLEMS   OUTPUT   DEBUG CONSOLE   TERMINAL   PORTS
번호 국어 영어 수학
1 21 10 43
2 67 50 22
3 66 68 16
4 26 3 70
5 91 40 25
6 87 52 91
7 30 96 41
8 53 55 14
9 20 7 25
10 88 3 49
```

E열에 국어, 영어, 수학 점수의 평균이 60점 이상이면 '통과', 그렇지 않으면 '재시험'이라고 입력해보겠습니다.

```python
from openpyxl import load_workbook

wb = load_workbook('excel.xlsx')
ws = wb.active

# E1 셀에 '결과'라고 입력합니다.
ws['E1'] = '결과'

# 2행부터 확인합니다.
for row in ws.iter_rows(min_row=2, max_row=ws.max_row,
                        min_col=1, max_col=ws.max_column):
    # 국어, 영어, 수학 점수를 가져옵니다.
    korean = row[1].value
    english = row[2].value
    math = row[3].value

    # 평균을 구합니다.
    average = (korean + english + math) / 3

    # E열에 '통과' 또는 '재시험'을 입력합니다.
    if average >= 60:
        row[4].value = '통과'
    else:
        row[4].value = '재시험'

# 'exam_result.xlsx'로 저장합니다.
wb.save('exam_result.xlsx')
```

PROBLEMS   OUTPUT   DEBUG CONSOLE   TERMINAL   PORTS   Python

파이썬 인공지능과 함께하는 토리드론

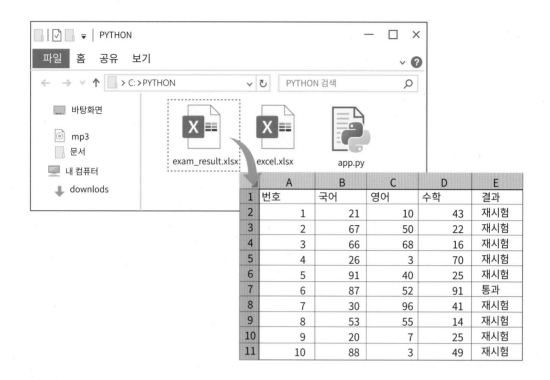

	A	B	C	D	E
1	번호	국어	영어	수학	결과
2	1	21	10	43	재시험
3	2	67	50	22	재시험
4	3	66	68	16	재시험
5	4	26	3	70	재시험
6	5	91	40	25	재시험
7	6	87	52	91	통과
8	7	30	96	41	재시험
9	8	53	55	14	재시험
10	9	20	7	25	재시험
11	10	88	3	49	재시험

06 파이썬 PPT 자동화

(o o o)

이 장에서는 무엇을 배울까요?

- python-pptx 라이브러리를 사용할 수 있어요
- PPT에 텍스트와 그림을 추가할 수 있어요
- 코딩으로 PPT 명찰을 만들 수 있어요

python-pptx 라이브러리를 사용해서 파이썬으로 PPT 업무를 자동화하는 방법을 알아보겠습니다. python-pptx 라이브러리는 PPT 파일을 만들고 수정할 수 있는 다양한 기능을 제공합니다.

python-pptx 라이브러리를 사용해서 명찰을 손쉽게 만들어 보겠습니다. 먼저 python-pptx 라이브러리를 설치합니다.

■ pip install python-pptx

슬라이드 마스터를 사용해서 PPT 업무를 자동화하겠습니다. 슬라이드 마스터는 PPT의 전체적인 레이아웃과 디자인을 한 곳에서 관리할 수 있는 기능입니다. 슬라이드 마스터에서 슬라이드의 기본 스타일을 정할 수 있습니다.

'ppt.pptx'라는 PPT 파일을 만들고 <보기>-<슬라이드 마스터>를 순서대로 클릭합니다.

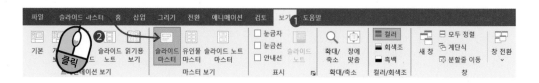

파이썬 인공지능과 함께하는 토리드론

왼쪽을 보면 PPT의 레이아웃이 있습니다. 여기에서 레이아웃을 선택해서 PPT 슬라이드를 만들 수 있습니다.

다음과 같이 레이아웃은 하나만 남겨두고 나머지는 다 지웁니다. 그리고 개체 틀도 다 지웁니다.

개체란 PPT 슬라이드에 들어가는 글상자, 그림, 차트 등을 말합니다. 개체 틀은 개체 들어가는 공간입니다.

이름이 들어갈 개체 틀을 만들어 보겠습니다. <개체 틀 삽입>에서 <텍스트>를 선택해서 글상자를 추가합니다.

그리고 글자 크기, 테두리 등을 바꿔도 됩니다.

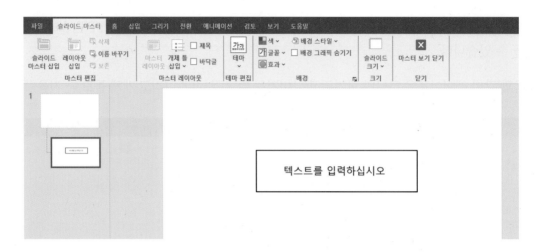

이렇게 만든 레이아웃의 이름을 정할 수도 있습니다. 레이아웃 슬라이드에서 마우스 오른쪽 버튼을 클릭하고 <레이아웃 이름 바꾸기>를 선택해서 이름을 정합니다.

레이아웃을 다 만들었다면 <마스터 보기 닫기>를 클릭합니다.

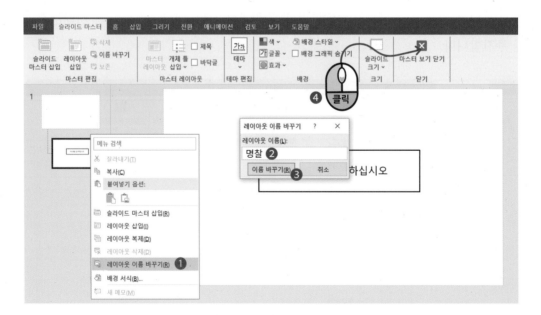

파이썬 인공지능과 함께하는 토리드론

슬라이드에서 마우스 오른쪽 버튼을 클릭하고 <레이아웃>에서 원하는 레이아웃을 선택해서 사용하면 됩니다.

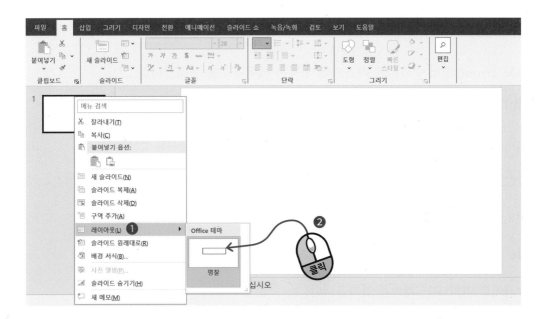

슬라이드 마스터를 사용하기 어렵다면 깃허브에서 'ppt.pptx'를 다운로드 받아서 사용하세요.

깃허브 주소 : https://github.com/jerrytohub/toridrone-python/tree/main/file

이렇게 만든 레이아웃을 사용해서 명찰을 만들어 보겠습니다.

'ppt.pptx' 파일을 열어 Presentation 객체를 만들어서 코딩하면 됩니다.

명찰을 만드는 방법을 주석으로 설명하겠습니다.

먼저 개체 틀의 인덱스를 확인하겠습니다. 인덱스로 원하는 개체 틀을 선택하고 글자(text)를 바꾸면 됩니다.

python-pptx 라이브러리에서 Presentation 클래스를 가져옵니다.

from pptx import Presentation

```python
# 'ppt.pptx' 파일을 열어 Presentation 객체를 만들어서 prs 변수에 저장합니다.
prs = Presentation('ppt.pptx')

# 레이아웃을 선택합니다.
# slide_layouts에서 슬라이드 마스터에서 만든 레이아웃을 선택합니다.
# 여러 개의 레이아웃에서 인덱스로 원하는 것을 선택하면 됩니다.
# 'ppt.pptx'에는 레이아웃이 하나만 있기 때문에 slide_layouts[0]로 선택합니다.
slide_layout = prs.slide_layouts[0]

# add_slide로 선택한 레이아웃을 사용하여 새 슬라이드를 추가합니다.
slide = prs.slides.add_slide(slide_layout)

# 슬라이드 내의 모든 개체를 가져옵니다.
shapes = slide.shapes

# 슬라이드 내의 각 도형에 대해 개체 틀의 인덱스와 이름을 출력합니다.
for shape in shapes:
    # shape.placeholder_format.idx는 개체 틀의 인덱스를 나타냅니다.
    # shape.name은 개체 틀의 이름을 나타냅니다.
    print(shape.placeholder_format.idx, shape.name)
```

print(shape.placeholder_format.idx, shape.name)를 하면 '13 Text Placeholder 1'와 개체 틀의 인덱스와 이름을 알 수 있습니다.

이 책에서 사용하는 'ppt.pptx'에서 텍스트 개체 틀의 인덱스는 13입니다.

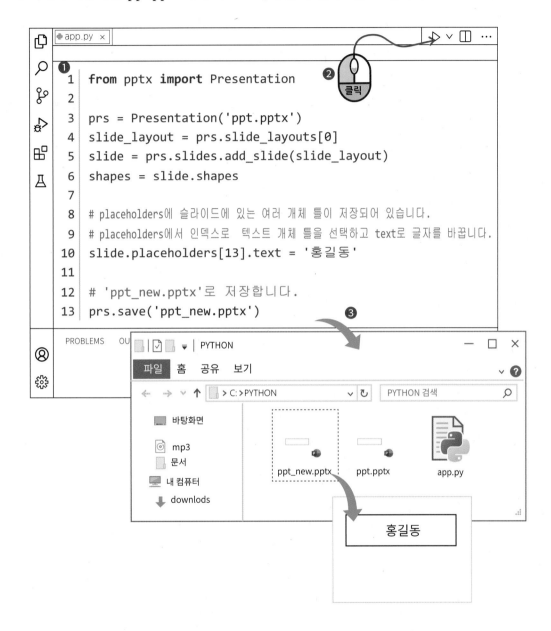

```python
from pptx import Presentation

prs = Presentation('ppt.pptx')
slide_layout = prs.slide_layouts[0]
slide = prs.slides.add_slide(slide_layout)
shapes = slide.shapes

# placeholders에 슬라이드에 있는 여러 개체 틀이 저장되어 있습니다.
# placeholders에서 인덱스로 텍스트 개체 틀을 선택하고 text로 글자를 바꿉니다.
slide.placeholders[13].text = '홍길동'

# 'ppt_new.pptx'로 저장합니다.
prs.save('ppt_new.pptx')
```

2번째 레이아웃을 사용해서 사진도 넣어볼까요? 슬라이드 마스터에서 다음과 같이 그림 개체틀을 추가합니다.

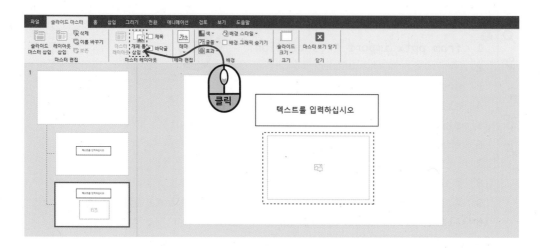

shape.placeholder_format.idx, shape.name로 개체 틀의 인덱스와 이름을 확인합니다.

prs.slide_layouts[1]와 같이 인덱스로 1로 정해야 합니다. 그러면 '14 Picture Placeholder 2'와 같이 그림 개체 틀의 인덱스와 이름을 확인할 수 있습니다.

```python
from pptx import Presentation

prs = Presentation('ppt.pptx')
slide_layout = prs.slide_layouts[1]
slide = prs.slides.add_slide(slide_layout)
shapes = slide.shapes

for shape in shapes:
    print(shape.placeholder_format.idx, shape.name)
```

```
PROBLEMS    OUTPUT    DEBUG CONSOLE    TERMINAL    PORTS    ⟩Python  + ∨ ⬜ 🗑 … ∧ ✕
13 Text Placeholder 1
14 Picture Placeholder 2
```

파이썬 인공지능과 함께하는 토리드론

사진을 다운로드 받아서 '1.png'로 저장합니다. 이 사진을 그림 개체 틀에 넣어보겠습니다.

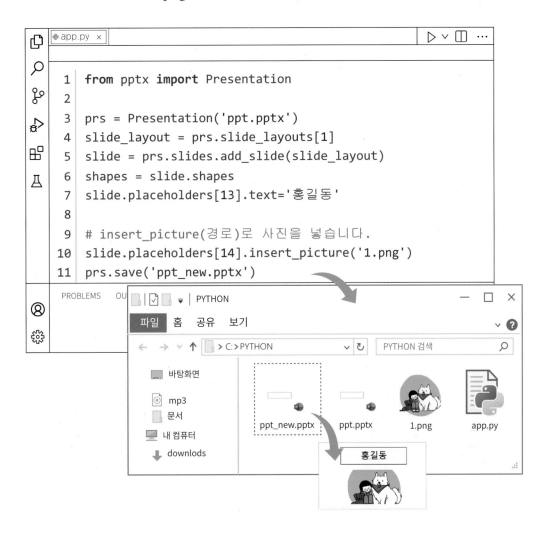

```python
from pptx import Presentation

prs = Presentation('ppt.pptx')
slide_layout = prs.slide_layouts[1]
slide = prs.slides.add_slide(slide_layout)
shapes = slide.shapes
slide.placeholders[13].text='홍길동'

# insert_picture(경로)로 사진을 넣습니다.
slide.placeholders[14].insert_picture('1.png')
prs.save('ppt_new.pptx')
```

메모장이나 엑셀 파일에서 여러 사람의 이름 정보를 가져와서 PPT 명찰을 자동으로 만들 수 있습니다.

이번 시간에는 파이썬으로 PPT 자동화 하는 방법을 알아봤습니다.

python-pptx 라이브러리의 자세한 사용방법은 공식문서에서 확인하기 바랍니다.

https://python-pptx.readthedocs.io

07 사진 작업 자동화

(ㅇ ㅇ ㅇ)

이 장에서는 무엇을 배울까요?

- 사진을 쉽게 다운로드 하는 방법을 알 수 있어요
- 다양한 이미지 작업을 할 수 있어요
- 이미지에 워터마크를 넣을 수 있어요

bing_image_downloader 라이브러리 사용해서 이미지를 쉽고 빠르게 다운로드 해보겠습니다.

bing_image_downloader는 Bing 검색 엔진에서 이미지를 검색하고 다운로드할 수 있게 해주는 라이브러리입니다.

bing_image_downloader를 설치합니다.

■ pip install bing-image-downloader

사용방법은 간단합니다.

bing_image_downloader 라이브러리에서 downloader를 가져옵니다.

from bing_image_downloader import downloader

downloader.download에 첫번째 인자로 검색어를 입력합니다.

limit에는 다운로드 할 이미지 수를 정하고 output_dir에는 다운로드 받을 폴더 경로를 입력합니다.

파이썬 인공지능과 함께하는 토리드론

output_dir에 입력한 폴더 경로에 '검색어'로 폴더가 생깁니다. 여기에 이미지가 저장됩니다.

downloader.download('검색어', limit=이미지수, output_dir=폴더경로, adult_filter_off=True, force_replace=False)

그러면 고양이 사진을 10개 다운로드 해볼까요?

from bing_image_downloader import downloader

현재 경로에서 '고양이' 폴더를 만들고 고양이 사진 10개를 다운로드 받습니다.

'./' 는 현재 경로를 말합니다.

downloader.download('고양이', limit=10, output_dir='./', adult_filter_off=True, force_replace=False)

프로그램을 실행하면 다음과 같이 '고양이' 폴더에 사진 10개가 다운로드 됩니다.

■ 사진 편집하기

pillow는 다양한 이미지 작업을 할 수 있게 도와주는 라이브러리입니다. 다양한 이미지 파일 형식을 지원하며 크기 바꾸기, 회전, 필터 적용 등 여러 기능을 제공합니다. 설치와 사용이 간단해서 많이 사용되고 있습니다.

pillow를 설치합니다.

■ pip install pillow

이미지 파일을 파이썬 파일과 같은 경로에 놓고 'image.png'로 이름을 바꿉니다.

사진은 아무거나 사용해도 됩니다. 이 책에 있는 사진은 깃허브에서 다운로드 받을 수 있습니다.

깃허브주소 : https://github.com/jerrytohub/toridrone-python/tree/main/image

파이썬 인공지능과 함께하는 토리드론

먼저 이미지 파일을 열고 여러 정보를 확인해보겠습니다.

```python
from PIL import Image

# 이미지를 불러옵니다.
img = Image.open('image.png')

# 이미지를 보여줍니다.
img.show()

# 이미지의 여러 정보를 확인합니다.
print(img.format) # 파일 형식
print(img.size) # 크기
print(img.width) # 가로
print(img.height) # 세로
```

PROBLEMS   OUTPUT   DEBUG CONSOLE   TERMINAL   PORTS

```
PNG
(470, 420)
470
420
```

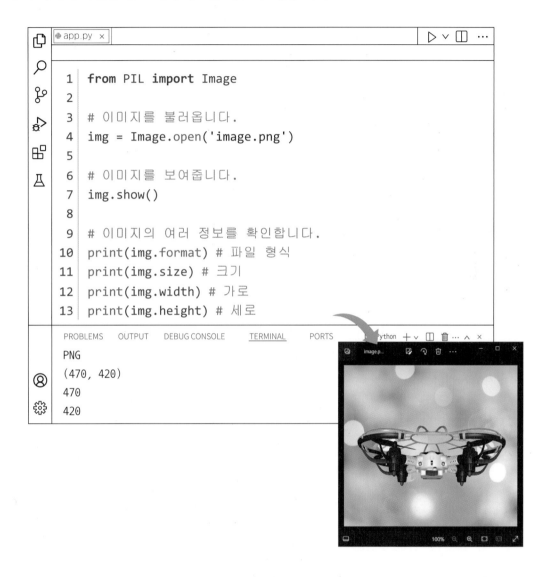

save로 이미지를 저장합니다. 이때 다른 형식으로 저장할 수 있습니다.

resize로 이미지의 크기를 바꿉니다.

이 책에서 사용하고 있는 있는 이미지의 크기는 (470, 420)입니다. 이것을 (300, 300)으로 바꿔서 저장하겠습니다.

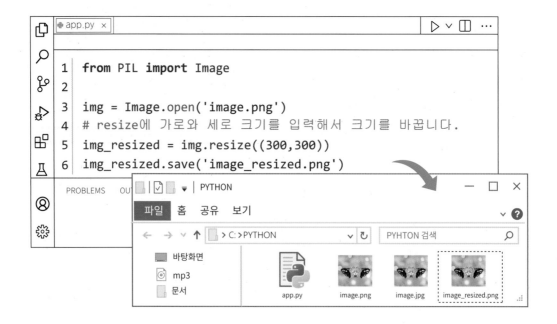

rotate로 회전합니다.

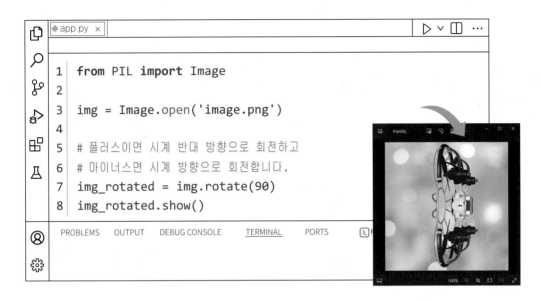

```python
1  from PIL import Image
2
3  img = Image.open('image.png')
4
5  # 플러스이면 시계 반대 방향으로 회전하고
6  # 마이너스면 시계 방향으로 회전합니다.
7  img_rotated = img.rotate(90)
8  img_rotated.show()
```

transpose로 이미지를 좌우반전 또는 상하반전 할 수 있습니다.

■ 좌우반전: Image.FLIP_LEFT_RIGHT / 상하반전: Image.FLIP_TOP_BOTTOM

```python
1  from PIL import Image
2
3  img = Image.open('image.png')
4  img_flipped = img.transpose(Image.FLIP_TOP_BOTTOM)
5  img_flipped.show()
```

convert로 이미지를 흑백(그레이 스케일)으로 바꿉니다.

```python
from PIL import Image

img = Image.open('image.png')
img_gray = img.convert('L')
img_gray.show()
```

■ 워터마크 넣기

이미지에 글자를 써서 워터마크를 넣을 수 있습니다. 글자를 쓸 때 폰트를 정해야 합니다.

C:\Windows\Fonts에 폰트가 있습니다. 여기에서 원하는 폰트를 고릅니다.

폰트를 복사하고 작업 폴더에 붙여 넣어서 사용할 수도 있습니다.

한글로 글자를 쓰는 경우 한글을 지원하는 폰트를 선택해야 합니다. 여기서는 '맑은 고딕' 폰트를 사용하겠습니다. 폰트를 복사하고 작업 폴더에 붙여 넣어서 사용할 수도 있습니다.

맑은 고딕

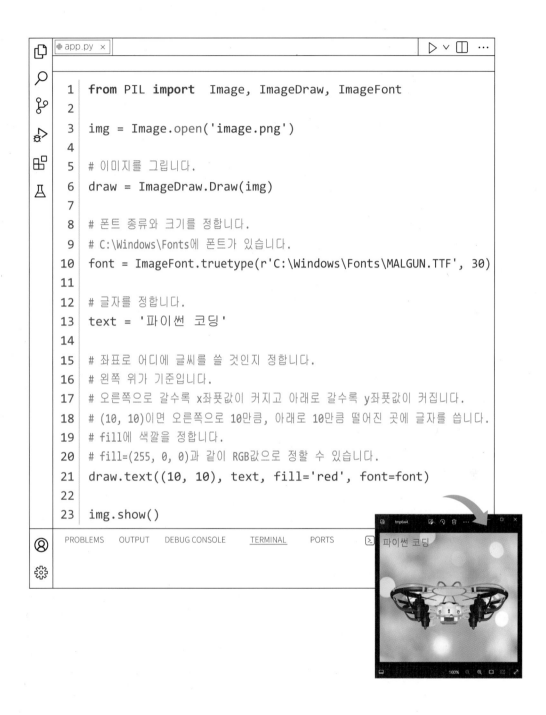

```python
1   from PIL import  Image, ImageDraw, ImageFont
2
3   img = Image.open('image.png')
4
5   # 이미지를 그립니다.
6   draw = ImageDraw.Draw(img)
7
8   # 폰트 종류와 크기를 정합니다.
9   # C:\Windows\Fonts에 폰트가 있습니다.
10  font = ImageFont.truetype(r'C:\Windows\Fonts\MALGUN.TTF', 30)
11
12  # 글자를 정합니다.
13  text = '파이썬 코딩'
14
15  # 좌표로 어디에 글씨를 쓸 것인지 정합니다.
16  # 왼쪽 위가 기준입니다.
17  # 오른쪽으로 갈수록 x좌푯값이 커지고 아래로 갈수록 y좌푯값이 커집니다.
18  # (10, 10)이면 오른쪽으로 10만큼, 아래로 10만큼 떨어진 곳에 글자를 씁니다.
19  # fill에 색깔을 정합니다.
20  # fill=(255, 0, 0)과 같이 RGB값으로 정할 수 있습니다.
21  draw.text((10, 10), text, fill='red', font=font)
22
23  img.show()
```

PROBLEMS   OUTPUT   DEBUG CONSOLE   TERMINAL   PORTS

오른쪽 아래에 글자를 써볼까요? 이미지 크기를 확인하고 글자의 크기를 계산해서 좌표를 구합니다.

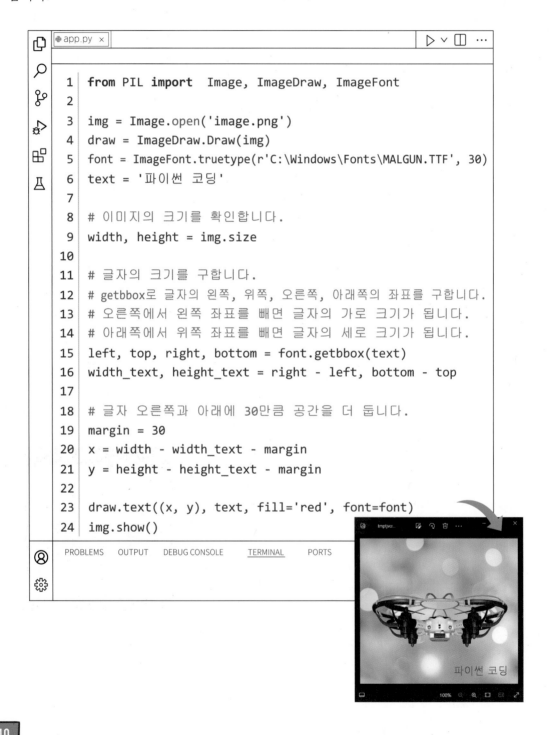

```python
from PIL import  Image, ImageDraw, ImageFont

img = Image.open('image.png')
draw = ImageDraw.Draw(img)
font = ImageFont.truetype(r'C:\Windows\Fonts\MALGUN.TTF', 30)
text = '파이썬 코딩'

# 이미지의 크기를 확인합니다.
width, height = img.size

# 글자의 크기를 구합니다.
# getbbox로 글자의 왼쪽, 위쪽, 오른쪽, 아래쪽의 좌표를 구합니다.
# 오른쪽에서 왼쪽 좌표를 빼면 글자의 가로 크기가 됩니다.
# 아래쪽에서 위쪽 좌표를 빼면 글자의 세로 크기가 됩니다.
left, top, right, bottom = font.getbbox(text)
width_text, height_text = right - left, bottom - top

# 글자 오른쪽과 아래에 30만큼 공간을 더 둡니다.
margin = 30
x = width - width_text - margin
y = height - height_text - margin

draw.text((x, y), text, fill='red', font=font)
img.show()
```

파이썬 인공지능과 함께하는 토리드론

이미지 파일 이름으로 워터마크를 넣어 보겠습니다.

폴더에 있는 모든 이미지 파일(jpg 또는 png)을 확인합니다. 그리고 파일 이름으로 워터마크를 넣습니다.

만약 파일 이름이 '강아지.jpg'이면 오른쪽 아래에 강아지라고 워터마크를 넣습니다.

```python
import os
from PIL import  Image, ImageDraw, ImageFont

# 이미지 파일 이름을 저장하는 리스트를 만듭니다.
img_list = []

# 현재 경로에서 폴더와 파일을 모두 확인합니다.
all_list = os.listdir()

for item in all_list:
    # 파일이 .jpg나 .png로 끝나면 img_list에 추가합니다.
    if item.endswith('.jpg') or item.endswith('.png'):
        img_list.append(item)

for item in img_list:
    img = Image.open(item)
    draw = ImageDraw.Draw(img)
    font = ImageFont.truetype(r'C:\Windows\Fonts\MALGUN.TTF', 30)
    width, height = img.size

    # 글자를 정합니다.
    # '.'으로 파일 이름을 나눴을 때 첫번째를 선택합니다.
    text = item.split('.')[0]
    left, top, right, bottom = font.getbbox(text)
    width_text, height_text = right - left, bottom - top
    margin = 30
    x = width - width_text - margin
    y = height - height_text - margin
    draw.text((x, y), text, fill='red', font=font)

    # 파일이름_워터마크.png로 저장합니다.
    img.save(f'{text}_워터마크.jpg')
```

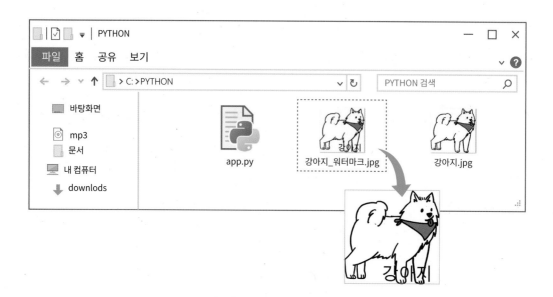

MEMO

파이썬 인공지능과 함께하는

토리 드론

Python
CODING

CHAPTER

05
파이썬으로
드론 코딩하기

이 장에서는 무엇을 배울까요?
- 조종기로 다양한 소리를 낼 수 있어요
- 드론의 센서값을 확인할 수 있어요
- 드론의 LED를 바꿀 수 있어요

파이썬으로 드론 코딩을 하기 위해서 조종기를 컴퓨터에 연결합니다. 그리고 <장치 관리자>에서 조종기가 몇 번 포트에 연결되었는지 확인합니다.

윈도우 검색창에서 '장치 관리자'를 검색해서 선택합니다.

포트를 선택합니다. 조종기가 컴퓨터와 잘 연결되면 <CH340>이라고 적힌 포트가 보입니다. 몇 번 포트에 연결되어 있는지 확인합니다. COM 뒤에 오는 숫자가 포트 번호입니다. 연결된 포트 번호는 컴퓨터마다 다를 수 있습니다.

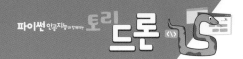

■ 조종기로 음악 만들기

파이썬으로 토리드론을 조종하기 위해서는 CodingRider 라이브러리를 설치해야 합니다.

■ pip install CodingRider

CodingRider 라이브러리로 조종기에서 다양한 소리를 낼 수 있습니다. 또한 드론의 다양한 센서값을 확인하거나 드론의 LED 색을 바꿀 수 있습니다.

조종기로 음악 만들기 프로그램을 코딩하면서 CodingRider 라이브러리 사용방법을 알아보 겠습니다.

CodingRider 라이브러리 안에 있는 drone.py와 protocol.py를 import해서 코딩하면 됩니다.

drone.py

protocol.py

```
from CodingRider.drone import *
from CodingRider.protocol import *
```

먼저 Drone()으로 드론 객체를 만듭니다. open에 연결된 장치 관리자에서 확인했던 포트 번호를 입력합니다. 그러면 시리얼 포트 열립니다. 이때 'COM'은 대문자로 입력합니다. 이 책에서는 'COM3'으로 입력했습니다.

그리고 시리얼 포트를 닫고 싶으면 close()로 닫습니다.

drone.sendBuzzerScale로 조종기에서 소리가 나도록 합니다. 이때 길이는 밀리초(ms)로 입력합니다. 1000밀리초가 1초입니다.

sendBuzzerScale(BuzzerScale.음, 길이)

```python
from CodingRider.drone import *
from CodingRider.protocol import *

drone = Drone()
drone.open('COM3')
drone.sendBuzzerScale(BuzzerScale.C4, 500)
# drone.close() 시리얼 포트를 닫고 싶으면 close()로 닫습니다.
```

여기서 C는 <도>이라고 4는 옥타브를 말합니다. 숫자가 커질수록 옥타브가 높아집니다.

계이름						
도	레	미	파	솔	라	시
C	D	E	F	G	A	B

다음은 '학교종' 노래의 악보입니다.

학교종

솔 솔 라 라 솔 솔 미 솔 미 레 미 도

솔 솔 라 라 솔 솔 미 솔 미 레 미 도

먼저 2마디를 연주해보겠습니다. 다음과 같이 코딩합니다.

```python
from time import *
from CodingRider.drone import *
from CodingRider.protocol import *

drone = Drone()
drone.open('COM3')
drone.sendBuzzerScale(BuzzerScale.G4, 500)
sleep(0.5)
drone.sendBuzzerScale(BuzzerScale.G4, 500)
sleep(0.5)
drone.sendBuzzerScale(BuzzerScale.A4, 500)
sleep(0.5)
drone.sendBuzzerScale(BuzzerScale.A4, 500)
sleep(0.5)
drone.sendBuzzerScale(BuzzerScale.G4, 500)
sleep(0.5)
drone.sendBuzzerScale(BuzzerScale.G4, 500)
sleep(0.5)
drone.sendBuzzerScale(BuzzerScale.E4, 1000)
sleep(1)
```

음 사이에 기다리는 시간이 필요하기 때문에 time 모듈의 sleep 함수를 사용했습니다.

변수를 사용해서 코딩할 수 있습니다. [speed] 변수를 사용해서 코딩하면 빠르기를 쉽게 바꿀 수 있습니다. <미>는 다른 음보다 2배 길게 연주해야 하기 때문에 2를 곱했습니다. 밀리초에는 정수는 넣어야 하기 때문에 int 함수를 사용했습니다.

```python
from time import *
from CodingRider.drone import *
from CodingRider.protocol import *

drone = Drone()
drone.open('COM3')
speed = 0.3
drone.sendBuzzerScale(BuzzerScale.G4, int(speed*1000))
sleep(speed)
drone.sendBuzzerScale(BuzzerScale.G4, int(speed*1000))
sleep(speed)
drone.sendBuzzerScale(BuzzerScale.A4, int(speed*1000))
sleep(speed)
drone.sendBuzzerScale(BuzzerScale.A4, int(speed*1000))
sleep(speed)
drone.sendBuzzerScale(BuzzerScale.G4, int(speed*1000))
sleep(speed)
drone.sendBuzzerScale(BuzzerScale.G4, int(speed*1000))
sleep(speed)
drone.sendBuzzerScale(BuzzerScale.E4, int(speed*1000)*2)
sleep(speed*2)
```

그러면 악보를 보고 '학교종' 노래를 완성해보세요.

파이썬 인공지능과 함께하는 토리드론

■ 드론 센서값 확인하기

드론의 여러 센서값을 확인해보겠습니다.

조종기에는 계속해서 드론의 상태를 확인하는 기능이 있습니다. 일정한 주기로 계속해서 반복되는 것을 프로그램에서 타이머라고 부릅니다.

setEventHandler로 주기적으로 반복되는 이벤트 타이머 함수를 등록할 수 있습니다.

setEventHandler로 배터리 양을 확인해보겠습니다. setEventHandler에 DataType.State을 인자로 넣으면 배터리 양을 알 수 있습니다.

setEventHandler(DataType.State, eventState)와 같이 드론의 상태를 확인하는 함수 (eventState)를 만들어서 state.battery를 print로 출력합니다. 그리고 sendPing(DeviceType. Controller)로 신호를 보내면 배터리 양을 확인할 수 있습니다.

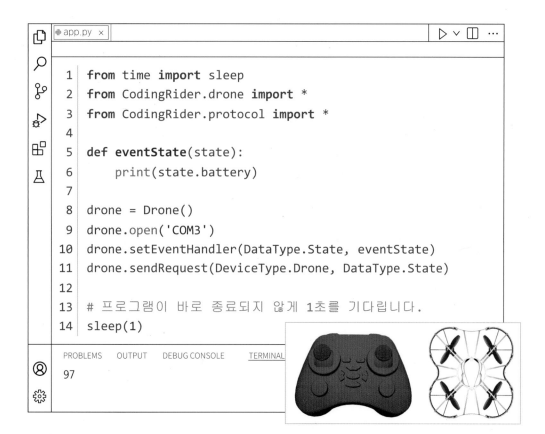

```python
from time import sleep
from CodingRider.drone import *
from CodingRider.protocol import *

def eventState(state):
    print(state.battery)

drone = Drone()
drone.open('COM3')
drone.setEventHandler(DataType.State, eventState)
drone.sendRequest(DeviceType.Drone, DataType.State)

# 프로그램이 바로 종료되지 않게 1초를 기다립니다.
sleep(1)
```

PROBLEMS   OUTPUT   DEBUG CONSOLE   TERMINAL

97

해발고도 센서값도 확인해보겠습니다.

토리드론에는 해발고도 센서가 들어있는데 setEventHandler에 DataType.Altitude을 인자로 넣으면 해발고도 센서값을 알 수 있습니다. eventAltitude 함수를 만들고 altitude.altitude를 print로 출력합니다.

그리고 sendRequest로 데이터를 요청합니다.

그러면 194.1748046875와 같이 해발고도 센서값을 확인할 수 있습니다.

```
def sendRequest(self, deviceType, dataType):
```
전송할 대상 장치 → deviceType, 데이터 타입 → dataType
데이터를 요청할 때 사용 →

```python
from time import sleep
from CodingRider.drone import *
from CodingRider.protocol import *

def eventAltitude(altitude):
    print(altitude.altitude)

drone = Drone()
drone.open('COM3')
drone.setEventHandler(DataType.Altitude, eventAltitude)

# 프로그램이 종료되지 않게 while 문을 사용합니다.
while True:
    drone.sendRequest(DeviceType.Drone, DataType.Altitude)
    sleep(1)
```

```
PROBLEMS   OUTPUT   DEBUG CONSOLE   TERMINAL   PORTS
194.1748046875
194.1748046878
```

파이썬 인공지능과 함께하는 토리드론

setEventHandler에 DataType.Motion를 인자로 넣어서 피치, 롤 값을 확인할 수 있습니다.

eventMotion 함수를 만들고 motion.anglePitch(피치)와 motion.angleRoll(롤)을 print로 출력합니다.

그리고 sendRequest로 데이터를 요청합니다.

```python
from time import sleep
from CodingRider.drone import *
from CodingRider.protocol import *

def eventMotion(motion):
    print(motion.anglePitch, motion.angleRoll)

drone = Drone()
drone.open('COM3')
drone.setEventHandler(DataType.Motion, eventMotion)

while True:
    drone.sendRequest(DeviceType.Drone, DataType.Motion)
    sleep(0.1)
```

PROBLEMS   OUTPUT   DEBUG CONSOLE   TERMINAL   PORTS

```
   0    -1
   0    16
   0   -12
  14    -1
 -21    -1
```

■ LED 코딩하기

드론의 LED를 바꿔보겠습니다.

sendLightModeColor(LightModeDrone.BodyHold, 밝기, 빨강(R), 초록(G), 파랑(B))로
드론 몸체의 LED 색을 바꿀 수 있습니다.

밝기, 빨강, 초록, 파랑에 0부터 255까지 숫자를 넣을 수 있습니다.

LED 색이 빨간색으로 바뀌도록 코딩합니다.

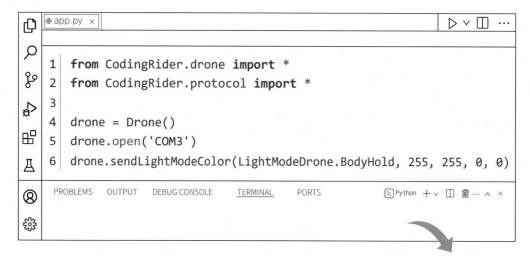

```python
from CodingRider.drone import *
from CodingRider.protocol import *

drone = Drone()
drone.open('COM3')
drone.sendLightModeColor(LightModeDrone.BodyHold, 255, 255, 0, 0)
```

파이썬 인공지능과 함께하는 토리드론

LED가 빨강, 초록, 파랑 순서로 바뀌도록 코딩해볼까요?

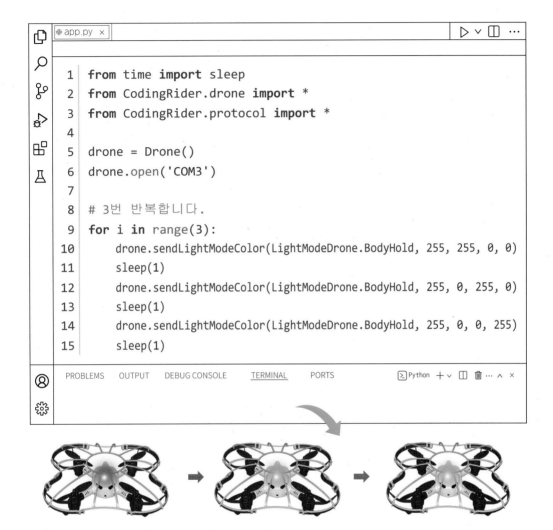

```python
from time import sleep
from CodingRider.drone import *
from CodingRider.protocol import *

drone = Drone()
drone.open('COM3')

# 3번 반복합니다.
for i in range(3):
    drone.sendLightModeColor(LightModeDrone.BodyHold, 255, 255, 0, 0)
    sleep(1)
    drone.sendLightModeColor(LightModeDrone.BodyHold, 255, 0, 255, 0)
    sleep(1)
    drone.sendLightModeColor(LightModeDrone.BodyHold, 255, 0, 0, 255)
    sleep(1)
```

PROBLEMS   OUTPUT   DEBUG CONSOLE   TERMINAL   PORTS

sendLightModeColor(LightModeDrone.BodyDimming, 속도, 빨강(R), 초록(G), 파랑(B))로 LED가 깜빡이게 합니다.

속도에 1부터 10까지 숫자를 넣을 수 있습니다. 숫자가 작을수록 깜빡이는 속도가 빨라집니다.

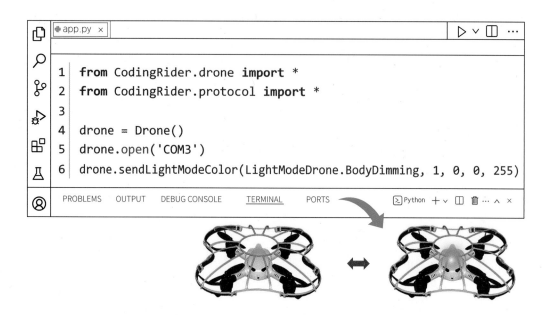

sendLightModeColor(LightModeDrone.TeamRgbHold, 밝기, 빨강(R), 초록(G), 파랑(B))
로 드론 다리의 LED 색을 바꿀 수 있습니다.

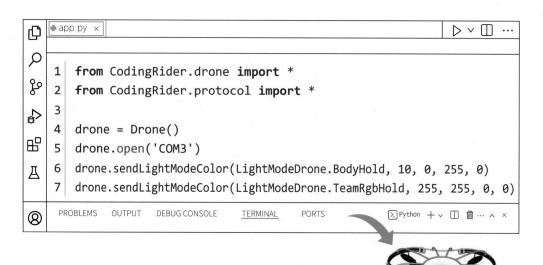

파이썬 인공지능과 함께하는 토리드론

02 조종기 코딩하기

⦿⦿⦿

이 장에서는 무엇을 배울까요?

- 조종기의 다양한 버튼을 사용할 수 있어요
- 조이스틱을 사용해서 그림을 그릴 수 있어요
- 조종기를 사용해서 다양한 프로그램을 만들 수 있어요

■ 조종기 버튼 확인하기

CodingRider 라이브러리를 사용해서 조종기에서 어떤 버튼을 눌렀는지 확인하는 프로그램을 만들어 보겠습니다.

조종기에는 계속해서 버튼의 입력상태를 확인하는 기능이 있습니다.

setEventHandler에 DataType.Button을 인자로 넣으면 조종기에서 어떤 버튼을 눌렀는지 알 수 있습니다.

setEventHandler(DataType.Button, eventButton)와 같이 버튼 상태를 확인하는 함수 (eventButton)를 만들고

sendPing(DeviceType.Controller)로 신호를 보내서 어떤 버튼을 눌렀는지 알 수 있습니다. 조종기 버튼을 누르면 값이 어떻게 되는지 알아볼까요?

버튼을 누르면 2진수 값이 나옵니다. 대표적인 버튼 4가지의 숫자값을 표로 정리했습니다.

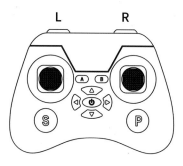

버튼	숫자
L	1
R	2
S	512
P	1024

파이썬 인공지능과 함께하는 토리드론

```
● app.py  ×                                          ▷ ∨  ▯  …

   1   from time import sleep
   2   from CodingRider.drone import *
   3   from CodingRider.protocol import *
   4
   5   def eventButton(button):
   6       print(button.button)
   7
   8   drone = Drone()
   9   drone.open('COM3')
  10   drone.setEventHandler(DataType.Button, eventButton)
  11   drone.sendPing(DeviceType.Controller)
  12
  13   # 프로그램이 종료되지 않게 while 문을 사용합니다.
  14   while True:
  15       sleep(0.01)
```

```
PROBLEMS   OUTPUT   DEBUG CONSOLE   TERMINAL   PORTS        ⏵ Python  + ∨  ▯  🗑  … ∧ ×
1024
2
1
```

■ 조종기 조이스틱 확인하기

조이스틱도 사용해보겠습니다.

버튼과 마찬가지로 계속해서 조이스틱의 입력상태를 확인하는 기능이 있습니다.

setEventHandler에 DataType.Joystick를 인자로 넣으면 조이스틱을 어떻게 움직였는지 알수 있습니다.

setEventHandler(DataType.Joystick, eventJoystick)와 같이 eventJoystick이라는 함수를 만들고 sendPing(DeviceType.Controller)로 신호를 보냅니다.

조이스틱은 왼쪽의 스틱의 x, y값, 오른쪽 스틱의 x, y값을 알 수 있습니다.

조이스틱은 가로축과 세로축으로 움직이고 범위는 -100부터 100사이입니다.

가로축으로 움직이면 x값이 바뀝니다. 맨 왼쪽으로 움직이면 -100이 되고, 맨 오른쪽으로 움직이면 100이 됩니다.

세로축으로 움직이면 y값이 바뀝니다. 맨 아래로 움직이면 -100이 되고, 맨 위로 움직이면 100이 됩니다.

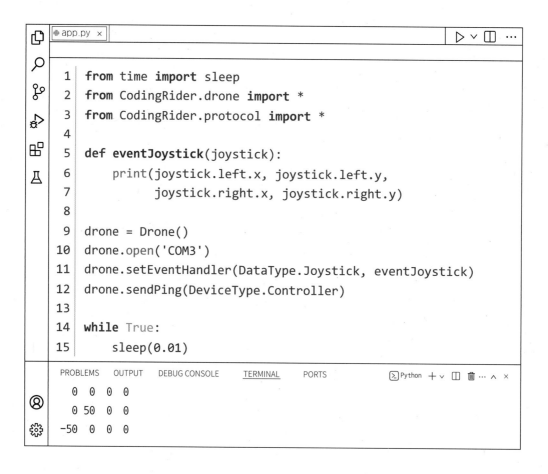

```
1   from time import sleep
2   from CodingRider.drone import *
3   from CodingRider.protocol import *
4
5   def eventJoystick(joystick):
6       print(joystick.left.x, joystick.left.y,
7               joystick.right.x, joystick.right.y)
8
9   drone = Drone()
10  drone.open('COM3')
11  drone.setEventHandler(DataType.Joystick, eventJoystick)
12  drone.sendPing(DeviceType.Controller)
13
14  while True:
15      sleep(0.01)
```

```
PROBLEMS    OUTPUT    DEBUG CONSOLE    TERMINAL    PORTS
   0   0   0   0
   0  50   0   0
 -50   0   0   0
```

turtle 모듈을 가져와서 그림을 그려보겠습니다. 오른쪽 조이스틱으로 그림을 그립니다.

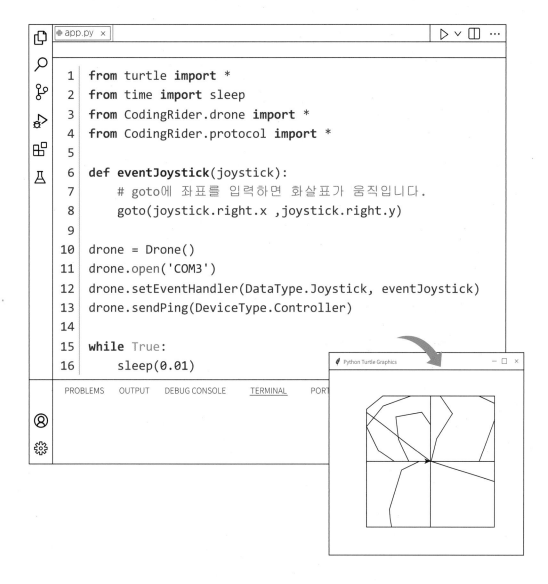

```python
1  from turtle import *
2  from time import sleep
3  from CodingRider.drone import *
4  from CodingRider.protocol import *
5
6  def eventJoystick(joystick):
7      # goto에 좌표를 입력하면 화살표가 움직입니다.
8      goto(joystick.right.x ,joystick.right.y)
9
10 drone = Drone()
11 drone.open('COM3')
12 drone.setEventHandler(DataType.Joystick, eventJoystick)
13 drone.sendPing(DeviceType.Controller)
14
15 while True:
16     sleep(0.01)
```

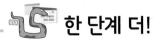 **한 단계 더!**

조종기 버튼을 사용해서 프로그램을 만들어 보세요.

- <L> 버튼을 누르면 드론 몸체 LED가 빨간색으로 바뀝니다.
- <R> 버튼을 누르면 드론 몸체 LED가 파란색으로 바뀝니다.
- <S> 버튼을 누르면 드론 몸체 LED의 색이 랜덤하게 바뀝니다.
- <P> 버튼을 누르면 조종기에서 '도' 소리가 납니다.

random 모듈을 사용하면 랜덤한 정수를 만들 수 있습니다.

random.randint(최소, 최대)로 최소와 최대 사이에서 랜덤하게 정수를 만듭니다.

```python
import random

# 1과 100사이에서 랜덤하게 정수를 만듭니다.
random_number = random.randint(1, 100)

print(random_number)
```

```
PROBLEMS    OUTPUT    DEBUG CONSOLE    TERMINAL    PORTS
83
```

MEMO

03 드론 코딩 기초

(○○○)

이 장에서는 무엇을 배울까요?

- 드론 코딩의 기초를 알 수 있어요
- 코딩으로 드론을 조종할 수 있어요
- 다양한 메서드(함수)를 사용해서 드론 코딩을 할 수 있어요

파이썬으로 드론을 조종해보겠습니다. 드론을 조종하기 전에 부품에 이상은 없는지 확인합니다. 드론의 프로펠러, 모터, 배터리 등의 상태를 확인하고 드론을 평평한 곳에서 놓고 센서를 초기화(리셋)해서 캘리브레이션 합니다.

평평한 곳에서 sendClearBias() 명령을 사용하면 가속도, 기울기, 각속상태, 트림이 초기화됩니다. 그러면 평평한 상태를 기준으로 드론이 균형을 잡습니다. 만약 기울어진 곳에서 센서를 초기화하면 기울어진 상태가 기준점이 되므로 드론이 원하는 대로 움직이지 않습니다.

센서를 초기화하면 드론의 불이 깜빡입니다.

```python
from CodingRider.drone import *
from CodingRider.protocol import *

drone = Drone()
drone.open('COM3')
drone.sendLightModeColor(LightModeDrone.BodyDimming, 1, 0, 0, 255)
```

PROBLEMS   OUTPUT   DEBUG CONSOLE   TERMINAL   PORTS

파이썬 인공지능과 함께하는 토리드론

트림만 초기화 해야하는 경우가 있습니다. 이럴 때는 sendClearTrim을 사용합니다.

drone.sendClearTrim()

코딩을 잘못하면 드론 이상하게 움직이고 자칫 잘못하면 위험할 수 있습니다.

이 때는 재빠르게 조종기 모드로 바꿔서 직접 조종해야 합니다.

코딩으로 드론을 조종하다가 조종기 전원 버튼을 누르면 소리가 나면서 조종기 모드로 바뀝니다.

다시 한 번 더 누르면 다른 소리가 나면서 다시 코딩 모드로 바뀝니다. 만약 코딩 모드로 잘 안 바뀌면 조종기를 빼고 다시 연결해서 사용합니다.

코딩으로 드론을 이륙하고 착륙하도록 하겠습니다.

드론이 이륙하면서 여러 센서를 확인하는데 시간이 걸립니다. 2초 기다리고 이륙하고 5초 있다가 움직입니다. 바로 이륙하지 않도록 합니다.

sendTakeOff로 이륙하고 sendLanding으로 착륙합니다.

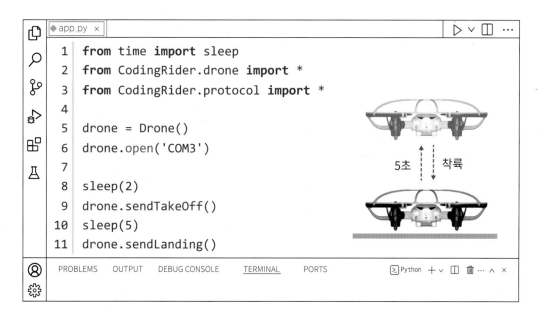

```python
from time import sleep
from CodingRider.drone import *
from CodingRider.protocol import *

drone = Drone()
drone.open('COM3')

sleep(2)
drone.sendTakeOff()
sleep(5)
drone.sendLanding()
```

드론을 움직여 보겠습니다.

쓰로틀(Throttle), 요우(Yaw), 피치(Pitch), 롤(Roll) 값을 바꿔서 드론을 움직입니다.

3가지 방법으로 드론을 움직일 수 있습니다.

sendControl, sendControlWhile, sendControlPosition를 사용해서 드론을 움직입니다.

sendControl과 sendControlWhile 사용방법입니다.

sendControl(롤, 피치, 요우, 쓰로틀)
sendControlWhile(롤, 피치, 요우, 쓰로틀, 밀리초)

롤, 피치, 요우, 쓰로틀에 -100과 100 사이의 값을 넣으면 됩니다.

플러스와 마이너스일 때 움직이는 방향이 달라집니다.

-100과 100이 가장 빠른 속도입니다.

토리드론은 코딩할 때 오른손 좌표계를 사용합니다.

[요우] 값이 플러스면 반시계 방향으로 회전하고 마이너스면 시계 방향으로 회전합니다.

롤 +	오른쪽으로 움직인다
롤 -	왼쪽으로 움직인다
피치 +	앞으로 움직인다
피치 -	뒤로 움직인다
요우 +	반시계 방향으로 회전한다
요우 -	시계 방향으로 회전한다
쓰로틀 +	위로 움직인다
쓰로틀 -	아래로 움직인다

sendControl(롤, 피치, 요우, 쓰로틀)을 사용하면 멈추기 전까지 계속 움직이게 됩니다.

다음과 같이 코딩하면 3초 동안 앞으로 가다가 착륙하는데 앞으로 가는 힘 때문에 드론이 앞으로 떨어지면서 착륙합니다.

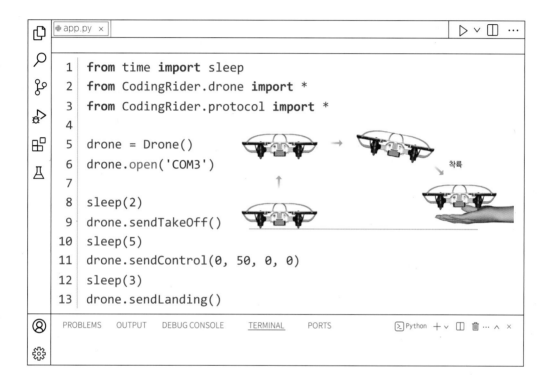

앞으로 가다가 멈추려면 피치(Pitch)를 0으로 정합니다.

drone.sendControl(0, 50, 0, 0)

sleep(3)

drone.sendControl(0, 0, 0, 0)

이렇게 드론을 멈추는 것을 '초기화'라고 하겠습니다. 드론을 코딩할 때 이 점을 잘 알아야 합니다.

sendControlWhile(롤, 피치, 요우, 쓰로틀, 밀리초)은 정해진 시간만큼 움직이고 제자리에서 멈춥니다. 이때는 시간은 밀리초로 정합니다.

3초 앞으로 가다가 멈추게 하려면 drone.sendControlWhile(0, 50, 0, 0, 3000)로 코딩하면 됩니다.

제자리에서 1초 호버링 하려면 drone.sendControlWhile(0, 0, 0, 0, 1000)로 코딩하면 되겠죠?

오른쪽 대각선 방향으로 3초 움직이려면 어떻게 코딩해야 될까요?

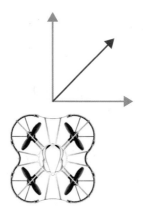

drone.sendControlWhile(50, 50, 0, 0, 3000)와 [롤]과 [피치] 값을 모두 플러스로 정하면 됩니다.

sendControlPosition을 사용하면 원하는 거리를, 원하는 속도로 움직일 수 있습니다.

sendControlPosition(앞뒤, 좌우, 위아래, 속도, 회전, 회전속도)로 사용합니다.

sendControlPosition를 사용해서 드론을 움직이려면 얼마나 움직일 것인지 시간을 계산해서 중간에 기다리는 시간을 넣어야 합니다.

예를 들어 sendControlPosition(1, 0, 0, 1, 0, 0)이면 1m/s 속도로 앞으로 1m 이동합니다. 그러면 1초 동안 움직이게 됩니다. 기다리는 시간은 이동하는 시간보다 조금 더 길게 합니다.

군집비행을 할 때 sendControlPosition을 많이 사용합니다.

변수이름	형식	범위	단위	설명
앞뒤	float	-10.0 ~ 10.0	meter	앞(+), 뒤(-)
좌우	float	-10.0 ~ 10.0	meter	좌(+), 우(-)
위아래	float	-10.0 ~ 10.0	meter	위(+), 아래(-)
속도	float	0.1 ~ 2.0	m/s	이동 속도
회전	Int16	-360 ~ 360	degree	반시계 방향(+), 시계 방향(-)
회전속도	Int16	10 ~ 360	degree/s	회전 속도

왼쪽으로 가려면 플러스 값을 넣고 오른쪽으로 가려면 마이너스 값을 넣어야 합니다. 코딩할 때 헷갈릴 수 있으니 잘 확인하고 코딩하세요.

이렇게 다양한 메서드를 사용해서 드론을 조종할 수 있습니다. 그러면 장애물 피해서 드론을 원하는 곳에 착륙해 볼까요?

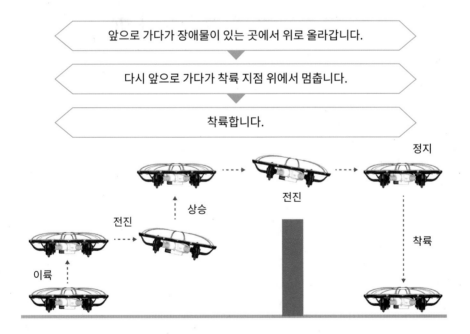

어떻게 코딩하면 될까요? 그림과 같이 코딩하면 됩니다. 움직이는 시간은 장애물과 착륙 지점 위치에 맞게 바꿉니다.

```python
from time import sleep
from CodingRider.drone import *
from CodingRider.protocol import *

drone = Drone()
drone.open('COM3')

sleep(2)
drone.sendTakeOff()
sleep(5)
drone.sendControlWhile(0, 50, 0, 0, 2000)
drone.sendControlWhile(0, 0, 0, 50, 2000)
drone.sendControlWhile(0, 50, 0, 0, 2000)
drone.sendLanding()
```

PROBLEMS   OUTPUT   DEBUG CONSOLE   TERMINAL   PORTS   Python

파이썬 인공지능과 함께하는 토리드론

아니면 다음과 같이 코딩해도 됩니다.

```python
from time import sleep
from CodingRider.drone import *
from CodingRider.protocol import *

drone = Drone()
drone.open('COM3')

sleep(2)
drone.sendTakeOff()
sleep(5)
drone.sendControlPosition(1, 0, 0, 1, 0, 0)
sleep(2)
drone.sendControlPosition(0, 0, 1, 1, 0, 0)
sleep(2)
drone.sendControlPosition(1, 0, 0, 1, 0, 0)
sleep(2)
drone.sendLanding()
```

PROBLEMS   OUTPUT   DEBUG CONSOLE   TERMINAL   PORTS

드론 곡예비행 하기

(o o o)

이 장에서는 무엇을 배울까요?

- 사각형을 그리면서 비행할 수 있어요
- 원 비행을 할 수 있어요
- 다양한 방법으로 곡예비행을 할 수 있어요

앞에서 기초적인 드론 비행방법을 배웠습니다. 배운 내용을 바탕으로 다양한 곡예비행하는 방법을 알아보겠습니다.

직선 비행 기술로 드론이 사각형을 그리면서 비행하도록 하겠습니다. 아래와 같이 코딩합니다. 그러면 드론이 사각형을 그리면서 비행합니다. 사각형을 그릴 때 멈추지 않고 계속 움직입니다.

```python
from time import sleep
from CodingRider.drone import *
from CodingRider.protocol import *

drone = Drone()
drone.open('COM3')

sleep(2)
drone.sendTakeOff()
sleep(5)
drone.sendControlWhile(0, 30, 0, 0, 1000)
drone.sendControlWhile(30, 0, 0, 0, 1000)
drone.sendControlWhile(0, -30, 0, 0, 1000)
drone.sendControlWhile(-30, 0, 0, 0, 1000)
sleep(2)
drone.sendLanding()
```

파이썬 인공지능과 함께하는 토리드론

원하는 횟수만큼 반복할 수 있습니다.

```
      app.py ×                                          ▷ ∨ ▯ ⋯

   1  from time import sleep
   2  from CodingRider.drone import *
   3  from CodingRider.protocol import *
   4
   5  drone = Drone()
   6  drone.open('COM3')
   7
   8  sleep(2)
   9  drone.sendTakeOff()
  10  sleep(5)
  11  for i in range(3):
  12      drone.sendControlWhile(0, 30, 0, 0, 1000)
  13      drone.sendControlWhile(30, 0, 0, 0, 1000)
  14      drone.sendControlWhile(0, -30, 0, 0, 1000)
  15      drone.sendControlWhile(-30, 0, 0, 0, 1000)
  16  sleep(2)
  17  drone.sendLanding()
```

다음과 같이 코딩해도 사각형을 그리면서 비행합니다.

drone.sendControlPosition(0.5, 0, 0, 0.5, 0, 0)

sleep(2)

drone.sendControlPosition(0, -0.5, 0, 0.5, 0, 0)

sleep(2)

drone.sendControlPosition(-0.5, 0, 0, 0.5, 0, 0)

sleep(2)

drone.sendControlPosition(0, 0.5, 0, 0.5, 0, 0)

지그재그 모양을 만들면서 비행할 수도 있습니다.

오른쪽 대각선 방향과 왼쪽 대각선 방향으로 번갈아 반복하면 됩니다.

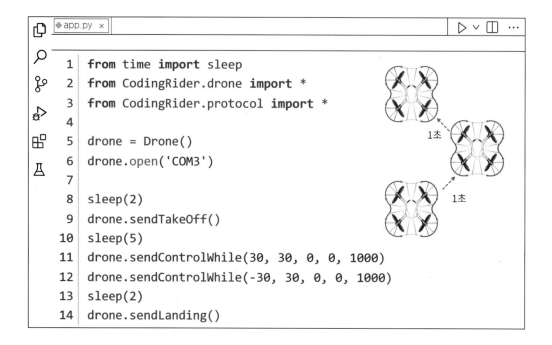

```
    app.py ×                                    ▷ ∨ ▯ ⋯

 1  from time import sleep
 2  from CodingRider.drone import *
 3  from CodingRider.protocol import *
 4
 5  drone = Drone()
 6  drone.open('COM3')
 7
 8  sleep(2)
 9  drone.sendTakeOff()
10  sleep(5)
11  drone.sendControlWhile(30, 30, 0, 0, 1000)
12  drone.sendControlWhile(-30, 30, 0, 0, 1000)
13  sleep(2)
14  drone.sendLanding()
```

앞으로 지그재그 움직였다가 뒤로 지그재그 움직이도록 다음과 같이 코딩합니다.

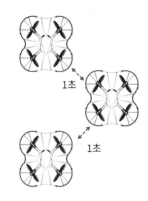

```
for i in range(2):
    drone.sendControlWhile(30, 30, 0, 0, 1000)
    drone.sendControlWhile(-30, 30, 0, 0, 1000)
for i in range(2):
    drone.sendControlWhile(30, -30, 0, 0, 1000)
    drone.sendControlWhile(-30, -30, 0, 0, 1000)
```

드론으로 원 비행을 해보겠습니다. 어떻게 하면 드론이 원을 그리면서 날 수 있을까요? [요우] 값, [피치] 값 또는 [롤] 값을 동시에 바꾸면 됩니다.

요우	피치 또는 롤회전 방향	코 드
↻	↑	sendControlWhile(0, 50, -50, 0, 1000)
↺	↑	sendControlWhile(0, 50, 50, 0, 1000)
↻	↓	sendControlWhile(0, -50, -50, 0, 1000)
↺	↓	sendControlWhile(0, -50, 50, 0, 1000)
↻	→	sendControlWhile(50, 0, -50, 0, 1000)
↺	→	sendControlWhile(50, 0, 50, 0, 1000)
↻	←	sendControlWhile(-50, 0, -50, 0, 1000)
↺	←	sendControlWhile(-50, 0, 50, 0, 1000)

다음과 같이 코딩하면 5초 동안 원 비행을 하고 착륙합니다.

```python
from time import sleep
from CodingRider.drone import *
from CodingRider.protocol import *

drone = Drone()
drone.open('COM3')

sleep(2)
drone.sendTakeOff()
sleep(5)
drone.sendControlWhile(50, 0, 50, 0, 5000)
sleep(2)
drone.sendLanding()
```

원의 크기는 어떻게 바꿀까요?

[피치]나 [롤] 값이 작고 [요우] 값이 크면 작은 원을 그립니다. [피치]나 [롤] 값이 크고 [요우]

값이 작으면 큰 원을 그립니다.

drone.sendControlWhile(100, 0, 20, 0, 5000)

원 비행방법을 배웠습니다. 그러면 점점 더 큰 원을 그리도록 해볼까요?

점점 커지는 원 비행을 하겠습니다.

[롤] 값은 점점 커지고 [요우] 값이 점점 작아질수록 회전력이 작아져서 더 큰 원을 그립니다.

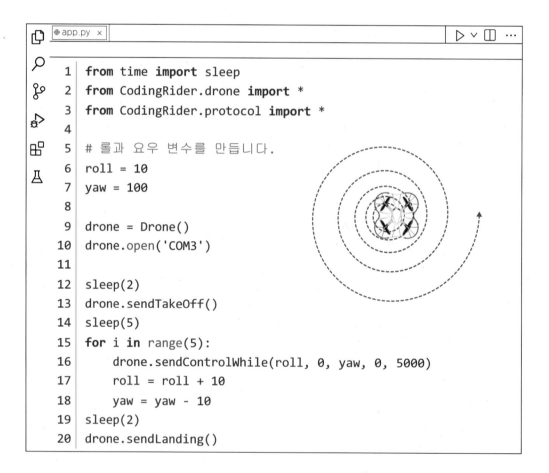

```python
from time import sleep
from CodingRider.drone import *
from CodingRider.protocol import *

# 롤과 요우 변수를 만듭니다.
roll = 10
yaw = 100

drone = Drone()
drone.open('COM3')

sleep(2)
drone.sendTakeOff()
sleep(5)
for i in range(5):
    drone.sendControlWhile(roll, 0, yaw, 0, 5000)
    roll = roll + 10
    yaw = yaw - 10
sleep(2)
drone.sendLanding()
```

sendControl을 사용해도 됩니다.

```
for i in range(5):
    drone.sendControl(roll, 0, yaw, 0)
    sleep(5)
    roll = roll + 10
    yaw = yaw - 10
```

[쓰로틀] 값을 플러스로 정하면 마치 회오리처럼 올라가며 큰 원을 그립니다.

```
from time import sleep
from CodingRider.drone import *
from CodingRider.protocol import *

# 롤과 요우 변수를 만듭니다.
roll = 10
yaw = 100

drone = Drone()
drone.open('COM3')

sleep(2)
drone.sendTakeOff()
sleep(5)
for i in range(5):
    drone.sendControl(roll, 0, yaw, 10)
    sleep(5)
    roll = roll + 10
    yaw = yaw - 10
sleep(2)
drone.sendLanding()
```

05 키보드로 드론 조종하기

(○ ○ ○)

이 장에서는 무엇을 배울까요?

- keyboard 모듈을 사용할 수 있어요
- 키보드로 원하는 방향으로 움직일 수 있어요
- 키보드로 곡예비행을 할 수 있어요

이번 시간에는 keyboard 모듈을 사용해서 키보드로 드론을 조종하는 방법을 알아보겠습니다.

keyboard 모듈은 파이썬으로 키보드와 관련된 다양한 작업을 할 수 있게 해줍니다. 어떤 키를 눌렀는지 확인하거나 원하는 키를 입력할 수 있습니다.

keyboard 모듈을 설치합니다.

■ pip install keyboard

keyboard.read_key로 어떤 키를 눌렀는지 확인할 수 있습니다.

\<Esc\> 키를 누르면 while 문에서 빠져나와서 프로그램이 종료되도록 다음과 같이 코딩합니다.

파이썬 인공지능과 함께하는 토리드론

```
app.py ×                                          ▷ ∨ ▯ ⋯
1   from time import *
2   import keyboard
3
4   while True:
5       print(keyboard.read_key())
6       sleep(0.01)
7       if keyboard.read_key() == 'esc':
8           print('프로그램 종료')
9           break
```

```
PROBLEMS   OUTPUT   DEBUG CONSOLE   TERMINAL   PORTS      > Python + ∨ ▯ 🗑 ⋯ ∧ ×
esc
프로그램 종료
```

keyboard.is_pressed('키이름')로 키를 눌렀는지 확인할 수 있습니다. 키를 누르면 True 그렇지 않으면 False가 됩니다.

```
app.py ×                                          ▷ ∨ ▯ ⋯
1   from time import *
2   import keyboard
3
4   while True:
5       if keyboard.is_pressed('esc'):
6           print('프로그램 종료')
7           break
8       sleep(0.01)
```

```
PROBLEMS   OUTPUT   DEBUG CONSOLE   TERMINAL   PORTS      > Python + ∨ ▯ 🗑 ⋯ ∧ ×
프로그램 종료
```

게임에서 키보드로 비행기를 움직이듯이, 드론도 움직일 수 있는 프로그램을 만들어 보겠습니다. 키보드로 쓰로틀, 요우, 피치, 롤 값을 바꿔서 드론을 조종합니다.

   1. <WASD> 키로 쓰로틀과 요우를 바꿉니다.

   2. <화살표> 키로 피치와 롤을 바꿉니다.

<엔터> 키를 누르면 드론이 이륙합니다. <스페이스> 키를 누르면 착륙하고 <q> 키를 누르면 드론이 멈춥니다.

드론이 제자리에서 조금 멈추고 착륙하도록 코딩합니다.

sendStop을 호출하면 드론이 멈춥니다. 드론이 높이 이륙한 상태에서 sendStop을 호출하면 드론이 뚝 떨어지면서 고장날 수 있습니다. sendStop은 주의해서 사용합니다.

```python
from time import sleep
import keyboard
from CodingRider.drone import *
from CodingRider.protocol import *

drone = Drone()
drone.open('COM3')

while True:
    if keyboard.is_pressed('enter'):
        print('이륙')
        sleep(2)
        drone.sendTakeOff()
        sleep(5)
        print('이륙 완료')
    if keyboard.is_pressed('space'):
        print('착륙')
        drone.sendControlWhile(0, 0, 0, 0, 500) # 제자리에서
        drone.sendLanding()                      # 0.5초 멈춥
        sleep(3)                                 # 니다.
```

```
21          print('착륙 완료')
22      if keyboard.is_pressed('q'):
23          print('정지')
24          drone.sendControlWhile(0, 0, 0, 0, 500)
25          drone.sendStop()
26          sleep(3)
27      if keyboard.is_pressed('esc'):
28          print('프로그램 종료')
29          break
30      sleep(0.01)
```

PROBLEMS   OUTPUT   DEBUG CONSOLE   TERMINAL   PORTS   Python + ∨ ☐ 🗑 ⋯ ∧ ✕

이륙
이륙 완료
착륙
착륙 완료

<화살표> 키로 피치와 롤을 바꿔보겠습니다.

up	위쪽 화살표키
down	아래쪽 화살표키
left	왼쪽 화살표키
right	오른쪽 화살표키

speed 변수를 사용해서 드론의 속도를 정하겠습니다.

speed 변수를 만들고 50을 저장합니다.

speed = 50

키보드를 누르면 방향이 바로 바뀌도록 sendControl을 사용합니다.

while True에 아래 코드를 추가합니다.

```
if keyboard.is_pressed('up')):
    drone.sendControl(0, speed, 0, 0)
if keyboard.is_pressed('down'):
    drone.sendControl(0, -speed, 0, 0)
if keyboard.is_pressed('left'):
    drone.sendControl(-speed, 0, 0, 0)
if keyboard.is_pressed('right'):
    drone.sendControl(speed, 0, 0, 0)
```

잘 움직이는지 확인해 봅시다. <화살표> 키를 누르면 드론이 전후좌우로 움직이는데 멈추지 않습니다. 어떻게 하면 될까요?

키를 누르면 계속 움직이다가 키를 누르지 않으면 멈추도록 다음과 같이 코딩합니다.

```
if keyboard.is_pressed('up'):
    while keyboard.is_pressed('up'):
        drone.sendControl(0, speed, 0, 0)
    drone.sendControl(0, 0, 0, 0)
```

<WASD> 키로 쓰로틀과 요우를 바꾸고 <화살표> 키로 피치와 롤을 바꿔서 드론을 조종할
수 있도록 코드를 완성합니다.

```python
from time import sleep
import keyboard
from CodingRider.drone import *
from CodingRider.protocol import *

drone = Drone()
drone.open('COM3')
speed = 50

while True:
    if keyboard.is_pressed('enter'):
        print('이륙')
        sleep(2)
        drone.sendTakeOff()
        sleep(5)
        print('이륙 완료')
    if keyboard.is_pressed('space'):
        print('착륙')
        drone.sendControlWhile(0, 0, 0, 0, 500)
        drone.sendLanding()
        sleep(3)
        print('착륙 완료')
    if keyboard.is_pressed('q'):
        print('정지')
        drone.sendControlWhile(0, 0, 0, 0, 500)
        drone.sendStop()
        sleep(3)
    if keyboard.is_pressed('esc'):
        print('프로그램 종료')
        break
```

```python
31      if keyboard.is_pressed('up'):
32          while keyboard.is_pressed('up'):
33              drone.sendControl(0, speed, 0, 0)
34          drone.sendControl(0, 0, 0, 0)
35      if keyboard.is_pressed('down'):
36          while keyboard.is_pressed('down'):
37              drone.sendControl(0, -speed, 0, 0)
38          drone.sendControl(0, 0, 0, 0)
39      if keyboard.is_pressed('left'):
40          while keyboard.is_pressed('left'):
41              drone.sendControl(-speed, 0, 0, 0)
42          drone.sendControl(0, 0, 0, 0)
43      if keyboard.is_pressed('right'):
44          while keyboard.is_pressed('right'):
45              drone.sendControl(speed, 0, 0, 0)
46          drone.sendControl(0, 0, 0, 0)
47      if keyboard.is_pressed('w'):
48          while keyboard.is_pressed('w'):
49              drone.sendControl(0, 0, 0, speed)
50          drone.sendControl(0, 0, 0, 0)
51      if keyboard.is_pressed('s'):
52          while keyboard.is_pressed('s'):
53              drone.sendControl(0, 0, 0, -speed)
54          drone.sendControl(0, 0, 0, 0)
55      if keyboard.is_pressed('a'):
56          while keyboard.is_pressed('a'):
57              drone.sendControl(0, 0, speed, 0)
58          drone.sendControl(0, 0, 0, 0)
59      if keyboard.is_pressed('d'):
60          while keyboard.is_pressed('d'):
61              drone.sendControl(0, 0, -speed, 0)
62          drone.sendControl(0, 0, 0, 0)
63  sleep(0.01)
```

한 단계 더!

'키보드로 드론 조종하기' 프로그램에 다음 기능을 추가하세요.

- \<c\> 키를 누르면 원 비행을 합니다.
- \<t\> 키를 회오리 비행을 합니다.
- \<b\> 키를 누르면 배터리 양을 확인합니다.

06 마우스로 드론 조종하기

(○ ○ ○)

이 장에서는 무엇을 배울까요?

- pyautogui 라이브러리를 사용할 수 있어요
- 키보드 자동화 프로그램을 만들 수 있어요
- 마우스로 드론을 조종할 수 있어요

pyautogui 라이브러리 사용해서 마우스로 드론을 조종하는 프로그램을 만들어 보겠습니다.

pyautogui은 파이썬으로 키보드와 마우스를 제어할 수 있게 해주는 모듈입니다. 이 모듈을 사용하면 마치 사람이 직접 키보드와 마우스를 조작하는 것처럼 프로그램을 만들 수 있습니다. 키보드로 타이핑 할 수 있고 마우스를 클릭하거나 원하는 위치로 이동시킬 수 있습니다.

그러면 pyautogui 모듈을 사용해서 키보드와 마우스를 제어하는 방법을 하나씩 알아보겠습니다.

pyautogui 모듈을 설치합니다.

■ pip install pyautogui

■ 키보드 사용방법

메모장이 자동으로 켜지고 'I love python!'이라고 글자를 입력하는 프로그램을 만들면서 단축키와 키를 입력하는 방법을 알아보겠습니다.

<윈도우>키와 <R>키를 동시에 누르면 다음과 같이 <실행>창이 나옵니다.

여기서에서 'notepad'라고 입력하고 <확인> 을 누르면 메모장이 실행됩니다.

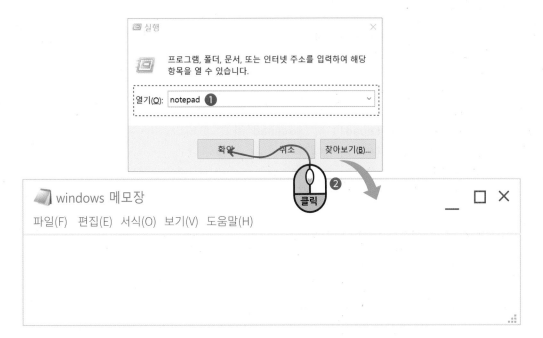

키보드 관련 주요 함수를 정리했습니다.

hotkey('키이름', '키이름') : 단축키를 입력합니다.

write('내용') : 내용을 입력합니다.

typewrite('내용', 시간) : 정한 시간만큼 타이핑합니다. 시간은 초로 정합니다.

press('키이름') : 키를 누릅니다.

'\t' 또는 'tab'	Tab키	'alt'	Alt키
'space'	스페이스키	'shift'	Shift키
'ctrl'	Ctrl키	화살표키	'up', down', 'left', 'right'

다음과 같이 코딩하면 메모장이 열리고 'I love python!'이라고 타이핑합니다.

■ 마우스 사용방법

컴퓨터 모니터 화면의 크기를 알아보겠습니다.

size 함수로 크기를 확인합니다. 너비(width)와 높이(height)를 알 수 있습니다.

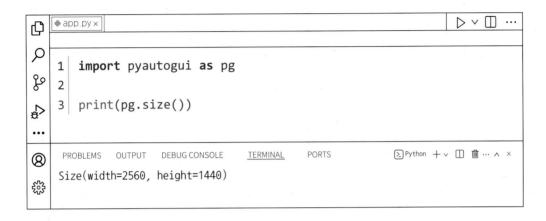

```python
import pyautogui as pg

print(pg.size())
```

```
Size(width=2560, height=1440)
```

pg.size().width를 하면 2560이 되고 pg.size().height를 하면 1440이 됩니다.

position 함수로 마우스 좌표를 확인합니다. 모니터 왼쪽 위가 기준입니다. 마우스로 오른쪽으로 움직이면 x 좌푯값이 커지고 아래로 움직이면 y 좌푯값이 커집니다.

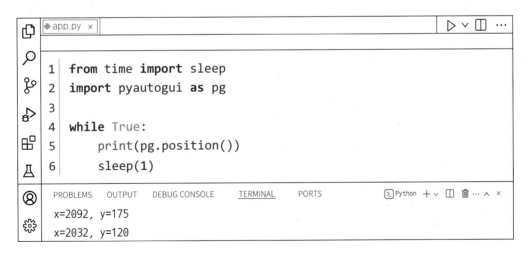

```python
from time import import sleep
import pyautogui as pg

while True:
    print(pg.position())
    sleep(1)
```

```
x=2092, y=175
x=2032, y=120
```

pg.position().x와 pg.position().y는 마우스의 x,y 좌표를 말합니다.

■ 마우스로 드론 조종하기

마우스로 드론을 조종하는 방법을 알아보겠습니다.

마우스를 위-아래로 움직이면 드론이 앞-뒤로 움직입니다.

마우스를 왼쪽-오른쪽으로 움직이면 드론이 왼쪽-오른쪽으로 움직입니다.

마우스로 드론을 조종하려면 마우스의 좌푯값을 -100과 100사이로 바꿔서 쓰로틀(Throttle), 요우(Yaw), 피치(Pitch), 롤(Roll) 값을 정해야 합니다.

너비가 2560이라면 x 좌푯값은 0과 2560사이가 됩니다.

이것을 -100과 100사이로 바꿔보겠습니다.

0<= 마우스 x좌푯값 <=2560

마우스 x좌푯값에서 최댓값(2560)을 200으로 나눈 값을 나눕니다. 그러면 범위가 0에서 200이 됩니다.

0<= 마우스 x좌푯값 / (2560 / 200) <= 200

여기에서 100을 뺍니다. 그러면 범위가 -100에서 100이 됩니다.

-100<= 마우스 x좌푯값 / (2560 / 200) -100 <= 100

드론이 너무 빨리 움직이면 조종하기 힘들기 때문에 0.5를 곱합니다. 그러면 범위가 -50에서 50이 됩니다.

-50<= (마우스 x좌푯값 / (2560 / 200) -100) * 0.5 <= 50

 x 좌푯값으로 [롤(roll)] 값을 정하고 y 좌푯값으로 [피치(pitch)] 값을 정합니다.

sendControl에는 정수값을 넣어야 하기 때문에 int 함수를 사용합니다.

그리고 y 좌푯값에는 마이너스(-)를 곱해야 합니다. 마우스를 위로 움직이면 값이 작아져서 마이너스가 되기 때문이죠.

다음과 같이 코딩해서 roll과 pitch 변숫값이 잘 바뀌는지 확인합니다.

```
app.py  ×                                                  ▷ ∨ ▯ ···

 1   from time import sleep
 2   import pyautogui as pg
 3
 4   width = pg.size().width
 5   height = pg.size().height
 6
 7   while True:
 8       roll = int((pg.position().x / (width / 200) - 100) * 0.5)
 9       pitch = -int((pg.position().y / (height / 200) - 100) * 0.5)
10       print(roll, pitch)
11       sleep(1)
```

```
PROBLEMS   OUTPUT   DEBUG CONSOLE   TERMINAL   PORTS      ⟩Python  + ∨ ▯ 🗑 ··· ∧ ×
-21  17
-12  -9
 12  11
```

그러면 코드를 완성해볼까요? 이륙과 착륙은 키보드로 하겠습니다.

드론이 이륙하고 마우스를 따라서 드론이 움직이도록 is_takeoff 변수를 만듭니다.

이륙하면 is_takeoff가 True고 이륙하지 않으면 False가 됩니다.

is_takeoff가 True일 때 마우스를 움직이면 드론도 움직이도록 코딩합니다.

```
app.py  ×                                                  ▷ ∨ ▯ ···

 1   import pyautogui as pg
 2   from CodingRider.drone import *
 3   from CodingRider.protocol import *
 4
 5   drone = Drone()
```

```
  6  drone.open('COM3')
  7
  8  width = pg.size().width
  9  height = pg.size().height
 10
 11  is_takeoff = False
 12
 13  while True:
 14      if keyboard.is_pressed('enter'):
 15          print('이륙')
 16          sleep(2)
 17          drone.sendTakeOff()
 18          sleep(5)
 19          print('이륙 완료')
 20          is_takeoff = True
 21      if keyboard.is_pressed('space'):
 22          print('착륙')
 23          drone.sendControlWhile(0, 0, 0, 0, 500)
 24          drone.sendLanding()
 25          sleep(3)
 26          print('착륙 완료')
 27          is_takeoff = False
 28      if keyboard.is_pressed('q'):
 29          print('정지')
 30          drone.sendControlWhile(0, 0, 0, 0, 500)
 31          drone.sendStop()
 32          sleep(3)
 33          is_takeoff = False
 34      if keyboard.is_pressed('esc'):
 35          print('프로그램 종료')
 36          break
 37      if is_takeoff:
 38          roll = int((pg.position().x / (width / 200) - 100) * 0.5)
 39          pitch = -int((pg.position().y / (height / 200) - 100) * 0.5)
 40          print(roll, pitch)
 41          drone.sendControl(roll, pitch, 0, 0)
 42      sleep(0.01)
```

파이썬 인공지능과 함께하는 토리드론

한 단계 더!

'마우스로 드론 조종하기' 프로그램에 다음 기능을 추가하세요.

- 마우스가 오른쪽 위로 움직이면 드론이 원 비행을 합니다.

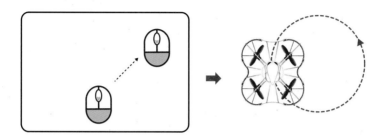

- 마우스가 오른쪽 아래로 움직이면 드론이 착륙합니다.

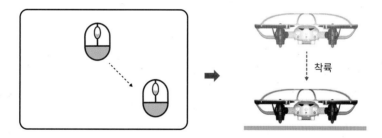

착륙

07 드론 조종 GUI 프로그램 만들기

이 장에서는 무엇을 배울까요?
- tkinter 모듈을 사용할 수 있어요
- 다양한 위젯으로 코딩할 수 있어요
- 드론 조종 GUI 프로그램을 만들 수 있어요

■ tkinter 사용방법

이번 시간에는 tkinter 모듈을 사용해서 드론 조종 그래픽 유저 인터페이스(GUI) 프로그램을 만들어 보겠습니다.

tkinter는 버튼 등의 그래픽 기능을 제공해주는 그래픽 유저 인터페이스 모듈입니다. tkinter 는 tk interface의 줄임말입니다.

그러면 기본적인 사용방법을 알아보겠습니다.

tkinter 모듈은 파이썬을 설치할 때 자동으로 포함되어 있습니다. 그래서 따로 설치할 필요가 없습니다.

바로 import 해서 사용하면 됩니다.

root = Tk()로 객체를 만듭니다. root는 메인 창입니다. 그리고 root.mainloop()로 창이 닫히지 않도록 한다.

root = Tk()와 root.mainloop() 사이에 코딩을 하면 됩니다.

root.title('제목') : 제목을 정합니다.

root.geometry('가로x세로') : 창 크기를 정합니다.

root.geometry('가로x세로+x위치+y위치') : 창 크기와 창이 뜨는 위치를 정합니다. 컴퓨터 화면 왼쪽 위가 기준입니다.

파이썬 인공지능과 함께하는 토리드론

root.resizable(True/False,True/False) : 가로와 창의 크기를 바꿀지 말지 정합니다. True면 바꿀 수 있고 False면 바꾸지 못합니다.

'Hello, World!'라는 제목으로 창을 하나 만들어 보겠습니다.

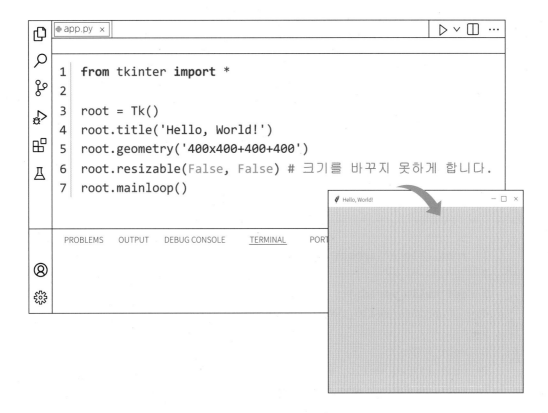

이렇게 창을 만들고 위젯을 추가합니다. 버튼, 레이블, 라디오버튼, 텍스트 입력창 등이 위젯입니다. tkinter는 다양한 위젯을 제공하여 사용자가 그래픽 유저 인터페이스를 쉽게 만들 수 있게 해줍니다.

기본 위젯

● 레이블(Label) : 텍스트나 이미지를 표시하는 위젯

-. label = Label(root, text='텍스트')

● 버튼(Button) : 사용자가 클릭할 수 있는 버튼을 만드는 위젯

  -. button = Button(root, text='텍스트', command=함수이름)

  -. command에 클릭하면 호출할 함수이름을 넣습니다.

● 엔트리(Entry) : 한 줄의 텍스트 입력을 받을 수 있는 위젯

  -. entry = Entry(root)

  -. 엔트리객체.insert(0, '글자')로 엔트리 위젯에 표시할 글자를 나타낼 수 있습니다.

클래스를 사용해서 객체를 만들고 pack을 호출해서 메인 창에 추가합니다.

레이블, 버튼, 엔트리를 모두 만들어 볼까요? 버튼을 클릭하면 'Hello, World!'로 출력되도록 함수도 만들어서 코딩하겠습니다

```python
from tkinter import *

def hello_world():
    print('Hello, World!')

root = Tk()
root.title('Hello, World!')
root.geometry('400x400+400+400')
root.resizable(False, False)
label = Label(root, text='레이블')
label.pack()
button = Button(root, text='버튼', command=hello_world)
button.pack()
entry = Entry(root)
entry.insert(0, '엔트리')
entry.pack()
root.mainloop()
```

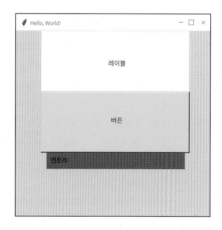

위젯의 디자인을 바꿔볼까요?

width와 height으로 가로와 세로 길이를 정합니다. 이때 가로와 세로 길이를 정하는 단위는 위젯마다 다릅니다.

레이블 위젯에서 너비(width)의 단위는 문자 수입니다. width=20으로 설정하면 레이블 위젯의 너비는 20개의 문자를 표시할 수 있는 크기가 됩니다.

레이블 위젯에서 높이(height)의 단위는 텍스트 줄 수입니다. height=3으로 설정하면 레이블 위젯은 3줄의 텍스트를 표시할 수 있는 높이를 가지게 됩니다. 이때 높이는 사용 중인 폰트의 크기에 따라 달라집니다.

padx, pady와 여백(padding)을 정할 수 있습니다. padx는 왼쪽-오른쪽 여백이고 pady는 위-아래 여백입니다.

fg는 foreground로 글자색입니다. bg는 background로 배경색입니다.

font=('폰트이름', 폰트크기)로 폰트를 정합니다.

앞의 코드에서 다음 부분만 바꿔봅니다.

label = Label(root, text='레이블', width=30, height=3, padx=10, pady=30, fg='black', bg='white', font=('Arial', 15))

button = Button(root, text='버튼', command=hello_world, width=30, height=3, padx=10, pady=30, bg='yellow', font=('Arial', 15))

entry = Entry(root, width=30, bg='gray', font=('Arial', 15))

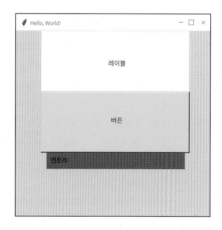

위젯객체.config로 속성을 바꿀 수 있습니다.

엔트리 객체에 쓴 텍스트를 가져오려면 엔트리객체.get()을 사용합니다.

버튼을 클릭하면 위젯의 속성을 바꾸는 프로그램을 만들어 볼까요?

● 버튼을 클릭하면 엔트리 객체에 쓴 텍스트로 레이블 객체의 텍스트를 바꿉니다.

● 레이블이 배경색이 핑크색으로 바뀝니다.

```python
from tkinter import *

def change():
    # entry에서 텍스트를 가져옵니다.
    entry_text = entry.get()

    # config로 속성을 바꿉니다.
    label.config(text=entry_text, bg='pink')

root = Tk()
root.title('Hello, World!')
root.geometry('400x400+400+400')
root.resizable(False, False)
label = Label(root, text='레이블', width=30, height=3,
              padx=10, pady=30, fg='black', bg='white', font=('Arial', 15))
label.pack()
button = Button(root, text='버튼', command=change, width=30,
               height=3, padx=10, pady=30, bg='yellow', font=('Arial', 15))
button.pack()
entry = Entry(root, width=30, bg='gray', font=('Arial', 15))
entry.insert(0, '엔트리')
entry.pack()
root.mainloop()
```

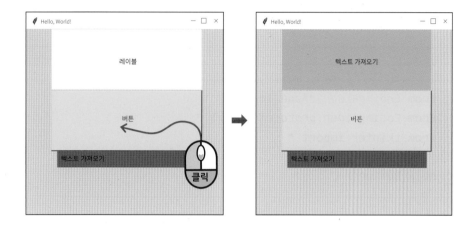

■ 드론 조종 GUI 프로그램 만들기

버튼을 클릭해서 드론을 이륙/착륙하는 GUI 프로그램을 만들어 보겠습니다.

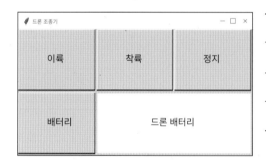

이륙	드론이 이륙한다.
착륙	드론이 착륙한다.
정지	드론이 멈춘다.
배터리	드론 배터리를 확인한다

CodingRider 라이브러리를 가져와서 한 가지를 주의해야 할 것이 있습니다.

help는 파이썬의 내장 함수 중 하나로 객체에 대한 문서화된 정보를 제공합니다. 이를 통해 모듈, 함수, 클래스, 메서드 등의 사용법과 설명을 쉽게 확인할 수 있습니다.

help(Button)으로 Button 클래스의 정보를 확인할 수 있습니다.

다음과 같이 코딩합니다. 그러면 'Help on class Button in module tkinter'라는 메시지가 나

옵니다. Button 클래스는 tkinter.py에 정의되어 있는 것이죠.

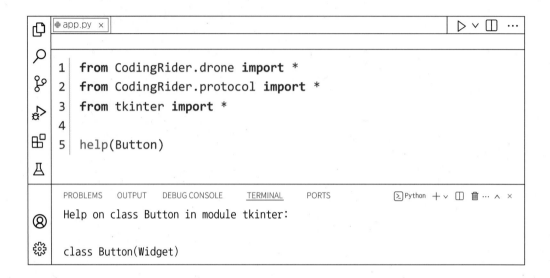

그런데 import 하는 순서를 바꿔볼까요? 그러면 'Help on class Button in module CodingRider.protocol'이라는 메시지가 나옵니다. CodingRider 라이브러리의 protocol.py 에도 Button 클래스가 정의되어 있기 때문이죠.

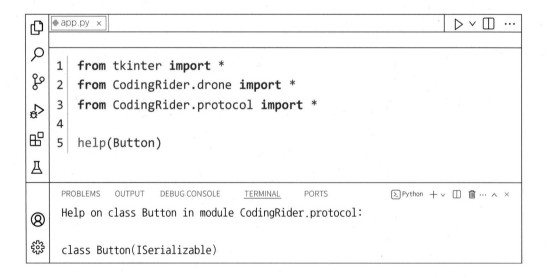

그래서 'from tkinter import *'로 tkinter 모듈을 가져오면 클래스 이름이 겹치게 되어서 tkinter로 버튼 위젯을 만들 수 없게 됩니다.

import tkinter as tk로 가져와서 사용하는 것을 추천합니다.

먼저 위젯을 만들어 볼까요? pack 대신에 grid를 사용하면 원하는 곳에 쉽게 위젯을 넣을 수 있습니다.

위젯.grid(row=값, column=값)로 원하는 행과 열에 위젯을 넣습니다. 격자(grid)에 넣는 것이죠.

row은 행이고 column은 열입니다. 행과 열은 0부터 시작합니다.

행과 열의 교차점은 셀(cell)이라고 합니다. 셀은 위젯을 배치할 수 있는 영역입니다.

이륙 (0, 0)	착륙 (0, 1)	정지 (0, 2)
배터리 (1, 0)	드론 배터리 (1, 1)	

너비, 높이, 여백 관련 변수를 만들고 다음과 같이 코딩합니다.

grid에서 padx(왼쪽-오른쪽), pady(위-아래) 속성으로 바깥쪽 여백을 정할 수 있습니다.

```python
import tkinter as tk
from time import sleep
from CodingRider.drone import *
from CodingRider.protocol import *

button_width = 15
button_height = 5
gap = 3

root = tk.Tk()
root.title('드론 조종기')
button_takeoff = tk.Button(root, text='이륙',
                           width=button_width, height=button_height)
button_takeoff.grid(row=0, column=0, padx=gap, pady=gap)
button_landing = tk.Button(root, text='착륙', width=button_width,
                           height=button_height)
button_landing.grid(row=0, column=1, padx=gap, pady=gap)
button_stop = tk.Button(root, text='정지', width=button_width,
                        height=button_height)
button_stop.grid(row=0, column=2, padx=gap, pady=gap)
button_battery = tk.Button(root, text='배터리', width=button_width,
                           height=button_height)
button_battery.grid(row=1, column=0, padx=gap, pady=gap)
label_battery = tk.Label(root, text='드론 배터리', width=button_width,
                         height=button_height, bg='white')
label_battery.grid(row=1, column=1, padx=gap, pady=gap)
root.mainloop()
```

파이썬 인공지능과 함께하는 토리드론

그러면 그림과 같이 위젯이 배치됩니다. '드론 배터리' 레이블을 열 방향으로 2칸을 사용해야 합니다.

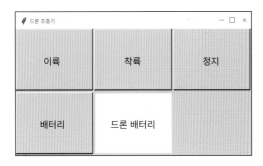

rowspan과 columnspan 옵션을 사용하여 위젯이 여러 열이나 여러 행에 걸쳐 배치되도록 할 수 있습니다.

- rowspan : 위젯이 몇 개의 행에 걸쳐서 배치될 것인지 정합니다.

- columnspan : 위젯이 몇 개의 열에 걸쳐서 배치될 것인지 정합니다.

label_battery.grid(row=1, column=1, columnspan=2, padx=gap, pady=gap)로 코드를 바꿉니다.

그러면 열 방향으로 2칸을 사용하는데 전체 공간을 사용하지는 않습니다.

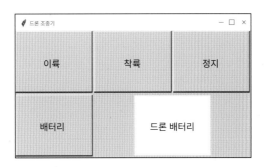

이때는 sticky 옵션을 사용합니다. sticky 옵션은 위젯이 셀 내에서 어떻게 정렬될 것인지 정합니다. sticky 옵션은 위젯이 셀의 어느 방향으로 '달라붙을' 것인지 정합니다. 이를 통해 셀

내에서 위젯의 위치와 크기를 바꿀 수 있습니다.

sticky에 문자열로 방향을 입력합니다.

'n': 북쪽(위쪽)

's': 남쪽(아래쪽)

'e': 동쪽(오른쪽)

'w': 서쪽(왼쪽)

셀의 모든 공간을 사용하려면 sticky='news'로 옵션을 정합니다.

label_battery.grid(row=1, column=1, columnspan=2, sticky='news', padx=gap, pady=gap)
로 코드를 바꿉니다.

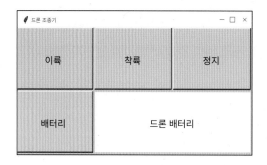

위젯을 다 만들었으니 이제 드론 조종 기능을 추가하겠습니다.

```python
import tkinter as tk
from time import sleep
from CodingRider.drone import *
from CodingRider.protocol import *

button_width = 15
button_height = 5
gap = 3
battery = 0 # 배터리 양을 저장하는 변수입니다.

# 드론 객체를 만들고 setEventHandler에 이벤트 타이머 함수를 등록합니다.
def eventState(state):
    global battery
    battery = state.battery

drone = Drone()
drone.open('COM3')
drone.setEventHandler(DataType.State, eventState)
drone.sendRequest(DeviceType.Drone, DataType.State)

# 드론 조종 함수를 만듭니다.
def takeoff():
    print('이륙')
    sleep(2)
    drone.sendTakeOff()
    sleep(5)
    print('이륙 완료')

def landing():
    print('착륙')
    drone.sendControlWhile(0, 0, 0, 0, 500)
    drone.sendLanding()
    sleep(3)
```

```
34        print('착륙 완료')
35
36   def stop():
37        print('정지')
38        drone.sendControlWhile(0, 0, 0, 0, 500)
39        drone.sendStop()
40        sleep(3)
41
42   # 배터리를 확인하는 함수를 만듭니다.
43   def check_battery():
44        global battery
45        label_battery.config(text=battery)
46
47   root = tk.Tk()
48   root.title('드론 조종기')
49   button_takeoff = tk.Button(root, text='이륙', width=button_width,
50                             height=button_height, command=takeoff)
51   button_takeoff.grid(row=0, column=0, padx=gap, pady=gap)
52   button_landing = tk.Button(root, text='착륙', width=button_width,
53                             height=button_height, command=landing)
54   button_landing.grid(row=0, column=1, padx=gap, pady=gap)
55   button_stop = tk.Button(root, text='정지', width=button_width,
56                          height=button_height, command=stop)
57   button_stop.grid(row=0, column=2, padx=gap, pady=gap)
58   button_battery = tk.Button(root, text='배터리', width=button_width,
59                             height=button_height, command=check_battery)
60   button_battery.grid(row=1, column=0, padx=gap, pady=gap)
61   label_battery = tk.Label(root, text='드론 배터리', width=button_width,
62                          height=button_height, bg='white')
63   label_battery.grid(row=1, column=1, columnspan=2, sticky='news',
64                     padx=gap, pady=gap)
65   root.mainloop()
```

이렇게 tkinter 모듈을 사용하면 다양한 그래픽 유저 인터페이스를 만들 수 있습니다. 여러분의 아이디어로 더 멋진 프로그램을 만들어 보세요.

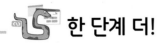

한 단계 더!

드론 조종 GUI 프로그램에 드론의 [피치]와 [롤] 값을 바꿔서 전후좌우로 움직이는 기능을 추가하세요.

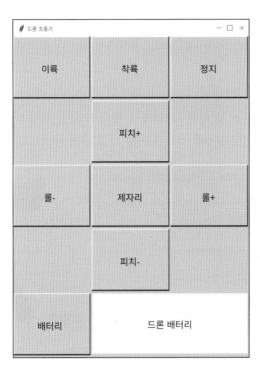

08 드론 군집비행

이 장에서는 무엇을 배울까요?

- 드론 군집비행의 원리를 이해할 수 있어요
- 다양한 군집비행 프로그램을 만들 수 있어요
- 군집비행할 때 주의해야 할 점을 알 수 있어요

컴퓨터에 조종기를 여러 개 연결할 수 있고 각각의 조종기로 여러 대의 드론을 조종할 수 있습니다. 이렇게 하나의 컴퓨터를 사용하여 여러 개의 드론을 조종하는 것을 '군집드론' 이라고 합니다. 조종기를 여러 개 연결할 때 멀티포트를 사용하면 편리합니다.

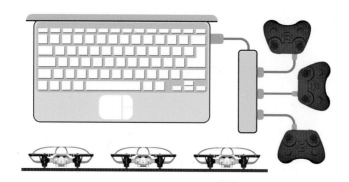

조종기를 연결하고 <장치 관리자>에서 포트 번호를 확인합니다. 이 책에서는 3개의 조종기를 사용했습니다.

드론	포트 번호
1번 드론	COM3
2번 드론	COM4
3번 드론	COM5

■ LED 코딩하기

먼저 LED 색을 바꿔볼까요? 앞에서 배운 대로 CodingRider 라이브러리를 가져오고 드론 객체를 만들어서 코딩하면 됩니다.

drone1, drone2, drone3과 같이 드론 객체를 각각 만들어야 합니다. 그리고 앞에서 배운 메서드를 사용하여 드론 몸체 LED 색을 각각 빨강, 초록, 파랑으로 바꿔보겠습니다.

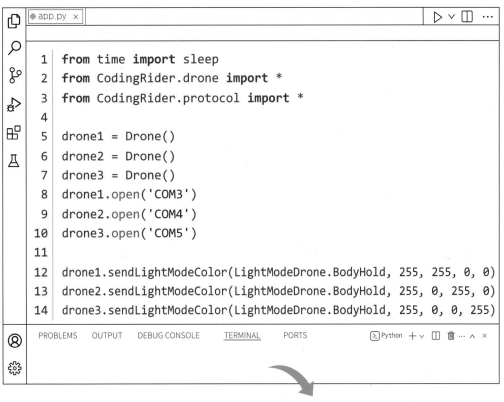

```python
from time import sleep
from CodingRider.drone import *
from CodingRider.protocol import *

drone1 = Drone()
drone2 = Drone()
drone3 = Drone()
drone1.open('COM3')
drone2.open('COM4')
drone3.open('COM5')

drone1.sendLightModeColor(LightModeDrone.BodyHold, 255, 255, 0, 0)
drone2.sendLightModeColor(LightModeDrone.BodyHold, 255, 0, 255, 0)
drone3.sendLightModeColor(LightModeDrone.BodyHold, 255, 0, 0, 255)
```

drone1

drone2

drone3

LED가 빨강, 초록, 파랑 순서로 바뀌도록 코딩해볼까요?

```python
1   from time import sleep
2   from CodingRider.drone import *
3   from CodingRider.protocol import *
4
5   drone1 = Drone()
6   drone2 = Drone()
7   drone3 = Drone()
8   drone1.open('COM3')
9   drone2.open('COM4')
10  drone3.open('COM5')
11
12  # 3번 반복합니다.
13  for i in range(3):
14      drone1.sendLightModeColor(LightModeDrone.BodyHold, 255, 255, 0, 0)
15      drone2.sendLightModeColor(LightModeDrone.BodyHold, 255, 255, 0, 0)
16      drone3.sendLightModeColor(LightModeDrone.BodyHold, 255, 255, 0, 0)
17      sleep(1)
18      drone1.sendLightModeColor(LightModeDrone.BodyHold, 255, 0, 255, 0)
19      drone2.sendLightModeColor(LightModeDrone.BodyHold, 255, 0, 255, 0)
20      drone3.sendLightModeColor(LightModeDrone.BodyHold, 255, 0, 255, 0)
21      sleep(1)
22      drone1.sendLightModeColor(LightModeDrone.BodyHold, 255, 0, 0, 255)
23      drone2.sendLightModeColor(LightModeDrone.BodyHold, 255, 0, 0, 255)
24      drone3.sendLightModeColor(LightModeDrone.BodyHold, 255, 0, 0, 255)
25      sleep(1)
```

drone1
drone2
drone3

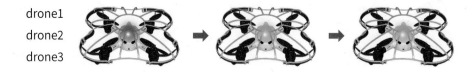

■ 이륙과 착륙

3대의 드론을 동시에 이륙하고 착륙하도록 코딩을 해보겠습니다. sendTakeOff으로 이륙하고 sendLanding으로 착륙합니다.

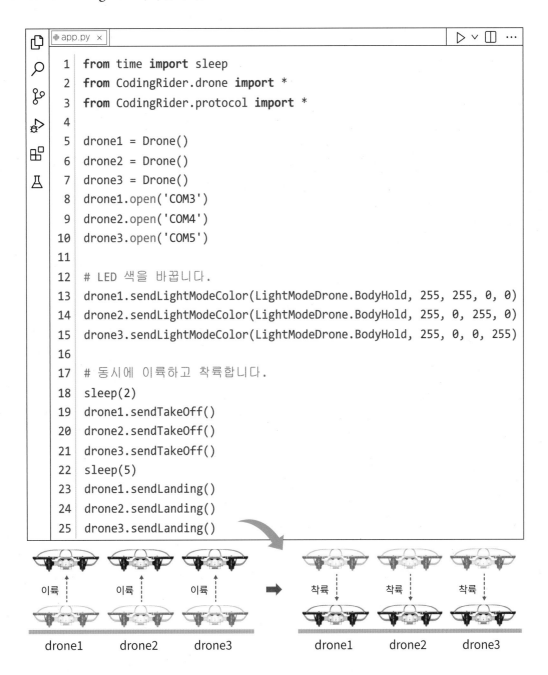

```
  app.py  ×                                                        ▷ ∨ ▯ ···

 1  from time import sleep
 2  from CodingRider.drone import *
 3  from CodingRider.protocol import *
 4
 5  drone1 = Drone()
 6  drone2 = Drone()
 7  drone3 = Drone()
 8  drone1.open('COM3')
 9  drone2.open('COM4')
10  drone3.open('COM5')
11
12  # LED 색을 바꿉니다.
13  drone1.sendLightModeColor(LightModeDrone.BodyHold, 255, 255, 0, 0)
14  drone2.sendLightModeColor(LightModeDrone.BodyHold, 255, 0, 255, 0)
15  drone3.sendLightModeColor(LightModeDrone.BodyHold, 255, 0, 0, 255)
16
17  # 동시에 이륙하고 착륙합니다.
18  sleep(2)
19  drone1.sendTakeOff()
20  drone2.sendTakeOff()
21  drone3.sendTakeOff()
22  sleep(5)
23  drone1.sendLanding()
24  drone2.sendLanding()
25  drone3.sendLanding()
```

이륙   이륙   이륙   →   착륙   착륙   착륙

drone1   drone2   drone3   drone1   drone2   drone3

군집비행 코딩을 할 때 드론을 잘 구분하지 못하는 경우가 있습니다. 이럴 때는 드론의 LED 색을 바꿔서 구분하는 것이 좋습니다.

이번에는 순차 이륙과 착륙하는 방법을 알아보겠습니다. 동시에 이륙/착륙하는 것이 아니라 시간차를 두고 이륙/착륙하는 것입니다.

키보드를 사용해서 이륙/착륙합니다. <엔터> 키를 누르면 순서대로 이륙합니다. <스페이스> 키를 누르면 순서대로 착륙합니다.

어떻게 코딩하면 될까요?

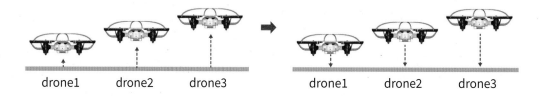

다음과 같이 코딩하면 됩니다

```
1  from time import sleep
2  import keyboard
3  from CodingRider.drone import *
4  from CodingRider.protocol import *
5
6  drone1 = Drone()
7  drone2 = Drone()
8  drone3 = Drone()
9  drone1.open('COM3')
10 drone2.open('COM4')
11 drone3.open('COM5')
12
```

```
13  while True:
14      if keyboard.is_pressed('enter'):
15          print('순차 이륙')
16          sleep(2)
17          drone1.sendTakeOff()
18          sleep(1)
19          drone2.sendTakeOff()
20          sleep(1)
21          drone3.sendTakeOff()
22          sleep(5)
23          print('이륙 완료')
24      if keyboard.is_pressed('space'):
25          print('순차 착륙')
26          drone1.sendControlWhile(0, 0, 0, 0, 500)
27          drone2.sendControlWhile(0, 0, 0, 0, 500)
28          drone3.sendControlWhile(0, 0, 0, 0, 500)
29          drone1.sendLanding()
30          sleep(1)
31          drone2.sendLanding()
32          sleep(1)
33          drone3.sendLanding()
34          sleep(3)
35          print('착륙 완료')
36      if keyboard.is_pressed('esc'):
37          print('프로그램 종료')
38          break
```

■ 패턴 비행

군집드론 패턴 비행도 코딩해보겠습니다. 패턴 비행을 코딩할 때 한 드론이 다른 드론의 위나 아래로 지나가지 않도록 합니다. 드론의 위나 아래로 지나가면 드론에서 나오는 바람 때문에 드론이 제대로 날지 못합니다.

sendControlPosition을 사용해서 드론이 원하는 거리만큼 움직이게 합니다.

'드론1'은 왼쪽-오른쪽으로 움직입니다. '드론2'은 위-아래로 움직입니다. '드론3'는 오른쪽-왼쪽으로 움직입니다.

sendControlPosition을 사용해서 드론이 원하는 거리만큼 움직이게 합니다.

'드론1'은 왼쪽-오른쪽으로 움직입니다. '드론2'은 위-아래로 움직입니다. '드론3'는 오른쪽-왼쪽으로 움직입니다.

| drone1 | drone2 | drone3 |

<1> 키를 누르면 패턴 비행을 시작합니다.

```
 1  from time import sleep
 2  import keyboard
 3  from CodingRider.drone import *
 4  from CodingRider.protocol import *
 5
 6  drone1 = Drone()
 7  drone2 = Drone()
 8  drone3 = Drone()
 9  drone1.open('COM3')
10  drone2.open('COM4')
11  drone3.open('COM5')
12
```

파이썬 인공지능과 함께하는 토리드론

```
13   while True:
14       if keyboard.is_pressed('enter'):
15           print('이륙')
16           sleep(2)
17           drone1.sendTakeOff()
18           drone2.sendTakeOff()
19           drone3.sendTakeOff()
20           sleep(5)
21           print('이륙 완료')
22       if keyboard.is_pressed('space'):
23           print('착륙')
24           drone1.sendControlWhile(0, 0, 0, 0, 500)
25           drone2.sendControlWhile(0, 0, 0, 0, 500)
26           drone3.sendControlWhile(0, 0, 0, 0, 500)
27           drone1.sendLanding()
28           drone2.sendLanding()
29           drone3.sendLanding()
30           sleep(3)
31           print('착륙 완료')
32       if keyboard.is_pressed('esc'):
33           print('프로그램 종료')
34           break
35       if keyboard.is_pressed('1'):
36           for i in range(3):
37               drone1.sendControlPosition(0, 1, 0, 1, 0, 0)
38               drone2.sendControlPosition(0, 0, 1, 1, 0, 0)
39               drone3.sendControlPosition(0, -1, 0, 1, 0, 0)
40               sleep(2)
41               drone1.sendControlPosition(0, -1, 0, 1, 0, 0)
42               drone2.sendControlPosition(0, 0, -1, 1, 0, 0)
43               drone3.sendControlPosition(0, 1, 0, 1, 0, 0)
44               sleep(2)
```

이번에는 웨이브하면서 움직이도록 코딩해보겠습니다. 위로 올라가고, 아래로 내려가는 시간을 다르게 하면 웨이브 군집비행을 할 수 있습니다.

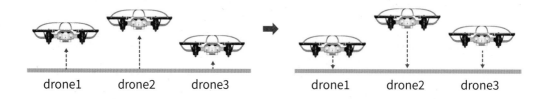

drone1   drone2   drone3   drone1   drone2   drone3

<2> 키를 누르면 원하는 횟수만큼 웨이브 군집비행을 반복합니다. while True 아래에 다음 코드를 추가합니다.

```
if keyboard.is_pressed('2'):
    for i in range(3):
        drone1.sendControlPosition(0, 0, 1, 1, 0, 0)
        sleep(1)
        drone2.sendControlPosition(0, 0, 1, 1, 0, 0)
        sleep(1)
        drone3.sendControlPosition(0, 0, 1, 1, 0, 0)
        sleep(1)
        drone1.sendControlPosition(0, 0, -1, 1, 0, 0)
        sleep(1)
        drone2.sendControlPosition(0, 0, -1, 1, 0, 0)
        sleep(1)
        drone3.sendControlPosition(0, 0, -1, 1, 0, 0)
        sleep(1)
```

이렇게 시간차를 두면 다양한 형태로 움직이는 군집비행을 할 수 있습니다.

■ 키보드로 조종하기

키보드로 드론을 동시에 움직여 보겠습니다. sendControlPosition 사용해서 코딩합니다.
\<c\> 키를 누르면 제자리에서 회전하는 코드도 추가했습니다.

```python
1   from time import sleep
2   import keyboard
3   from CodingRider.drone import *
4   from CodingRider.protocol import *
5
6   drone1 = Drone()
7   drone2 = Drone()
8   drone3 = Drone()
9   drone1.open('COM3')
10  drone2.open('COM4')
11  drone3.open('COM5')
12
13  while True:
14      if keyboard.is_pressed('enter'):
15          print('이륙')
16          sleep(2)
17          drone1.sendTakeOff()
18          drone2.sendTakeOff()
19          drone3.sendTakeOff()
20          sleep(5)
21          print('이륙 완료')
22      if keyboard.is_pressed('space'):
23          print('착륙')
24          drone1.sendControlWhile(0, 0, 0, 0, 500)
25          drone2.sendControlWhile(0, 0, 0, 0, 500)
26          drone3.sendControlWhile(0, 0, 0, 0, 500)
27          drone1.sendLanding()
28          drone2.sendLanding()
29          drone3.sendLanding()
30          sleep(3)
```

```
31          print('착륙 완료')
32      if keyboard.is_pressed('esc'):
33          print('프로그램 종료')
34          break
35      if keyboard.is_pressed('up'):
36          drone1.sendControlPosition(1, 0, 0, 1, 0, 0)
37          drone2.sendControlPosition(1, 0, 0, 1, 0, 0)
38          drone3.sendControlPosition(1, 0, 0, 1, 0, 0)
39          sleep(2)
40      if keyboard.is_pressed('down'):
41          drone1.sendControlPosition(-1, 0, 0, 1, 0, 0)
42          drone2.sendControlPosition(-1, 0, 0, 1, 0, 0)
43          drone3.sendControlPosition(-1, 0, 0, 1, 0, 0)
44          sleep(2)
45      if keyboard.is_pressed('left'):
46          drone1.sendControlPosition(0, 1, 0, 1, 0, 0)
47          drone2.sendControlPosition(0, 1, 0, 1, 0, 0)
48          drone3.sendControlPosition(0, 1, 0, 1, 0, 0)
49          sleep(2)
50      if keyboard.is_pressed('right'):
51          drone1.sendControlPosition(0, -1, 0, 1, 0, 0)
52          drone2.sendControlPosition(0, -1, 0, 1, 0, 0)
53          drone3.sendControlPosition(0, -1, 0, 1, 0, 0)
54          sleep(2)
55      if keyboard.is_pressed('c'):
56          drone1.sendControlPosition(0, 0, 0, 0, 360, 360)
57          drone2.sendControlPosition(0, 0, 0, 0, 360, 360)
58          drone3.sendControlPosition(0, 0, 0, 0, 360, 360)
59          sleep(2)
```

PROBLEMS   OUTPUT   DEBUG CONSOLE   TERMINAL   PORTS   ⟩Python + ∨ ⊡ 🗑 ⋯ ∧ ×

파이썬 인공지능과 함께하는 토리드론

MEMO

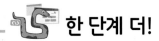 **한 단계 더!**

이제 군집비행 작품을 직접 코딩하겠습니다. 음악에 맞춰 여러 개의 드론이 춤추는 것처럼 '군집드론' 프로그램을 코딩합니다.

'군집드론'을 위한 음악을 선택합니다. 드론의 배터리 사용량이 제한되어 있으니, 음악의 길이는 1분 내로 정합니다.

군집비행 코딩을 할 때 박자를 다르게 하면 움직이는 모습이 다양해집니다. 박자를 잘 생각해서 코딩합니다.

느린 박자에 적합   빠른 박자에 적합

그리고 앞에서 배운 것처럼 LED 색깔을 바꾸면 보다 멋지게 보입니다.

앞에서 배웠던 다양한 비행방법을 응용해서 작품을 만들어 보세요.

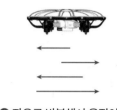
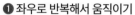
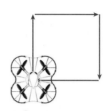
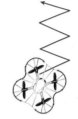

❶ 좌우로 반복해서 움직이기   ❷ 사각형으로 움직이기   ❸ 지그재그로 움직이기

군집드론의 경우 여러 대의 드론이 이륙을 하면서 이동하게 되면 충돌의 위험이 있습니다. 이런 점을 잘 생각해서 군집비행 프로그램을 코딩합니다. 어떻게 드론이 움직이는 잘 관찰하고 부족한 부분을 고쳐서 더 멋진 작품을 만들어 봅시다.

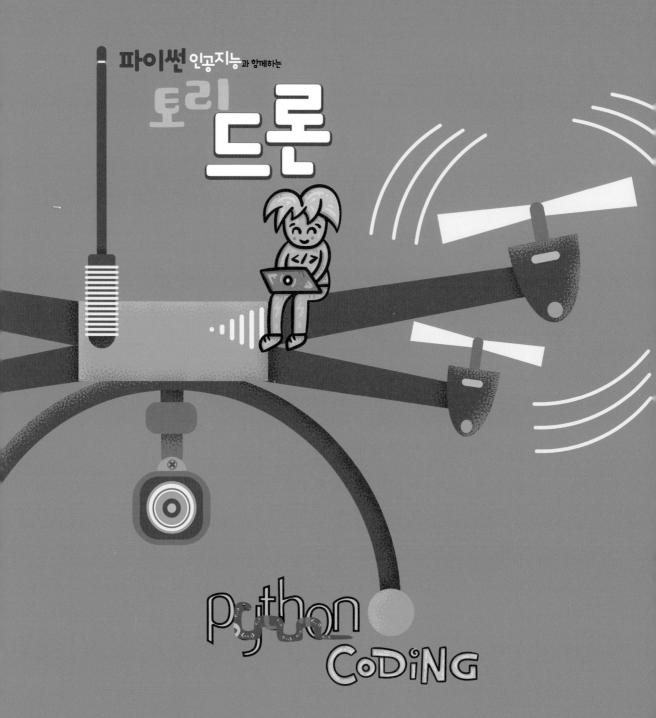

파이썬 인공지능과 함께하는

토리 드론

Python
CODING

파이썬 인공지능 드론

01 인공지능 이해하기

(o o o)

이 장에서는 무엇을 배울까요?

- 인공지능의 뜻을 알 수 있어요
- 인공지능의 종류를 구분할 수 있어요
- 인공지능 학습 방법을 이해할 수 있어요

인공지능(AI, Artificial Intelligence)은 인간의 학습능력, 판단력, 문제 해결 능력을 모방해서 컴퓨터가 스스로 생각하고 결정을 내릴 수 있게 하는 기술입니다.

수많은 데이터(빅데이터)와 함께 컴퓨터 성능이 좋아지면서 인공지능 기술은 빠르게 발전하고 있습니다.

인공지능은 우리의 삶 속에서 매우 다양하게 활용되고 있습니다. 넷플릭스나 유튜브의 추천 시스템부터 테슬라의 자율주행 자동차까지 정말 많은 분야에서 사용되고 있습니다.

인간이 지식을 습득하는 방법처럼 컴퓨터가 많은 데이터로부터 지식이나 패턴을 찾아 학습하고 예측을 수행하는 것을 기계학습(머신러닝)이라고 합니다.

인공지능을 학습시키는 방법을 크게 3가지로 나눌 수 있습니다.

'지도학습', '비지도학습', '강화학습'이 대표적인 기계학습 방법입니다.

지도학습 : 문제와 정답을 알려주면 정답에서 특징과 패턴을 찾고 새로운 데이터를 분류하거나 예측하는 방식입니다. 고양이와 강아지 사진을 주고 사진의 정답을 알려줍니다. 그러면 인공지능은 고양이와 강아지 사진에서 특징과 패턴을 찾습니다. 그리고 새로운 사진을 주면 이 사진이 고양이인지 강아지인지 구분하게 됩니다.

비지도학습 : 정답을 알려주지 않고 데이터에서 유의미한 특징이나 패턴을 발견하는 방법입니다. 고양이와 강아지 사진을 여러 장 주지만 어떤 동물인지 알려주지는 않습니다. 인공지능은 여러 사진에서 특징과 패턴을 찾아서 사진을 분류합니다.

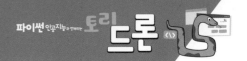

강화학습 : 어떤 행동을 해야 하는지 알지 못하는 상태에서 학습합니다. 결과가 좋으면 '보상' 을 주고 나쁘면 '벌'을 줘서 점점 좋은 결과가 나오도록 강화하는 방식입니다. 그 유명한 알파 고와 ChatGPT가 강화학습으로 개발되었습니다.

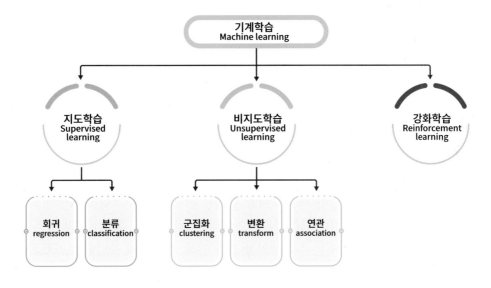

02 OpenCV 시작하기

(o o o)

이 장에서는 무엇을 배울까요?
- OpenCV가 무엇인지 알 수 있어요
- 이미지의 크기를 알고 색깔을 바꿀 수 있어요
- 이미지 위에 그림을 그리고 글씨를 쓸 수 있어요

OpenCV(Open Source Computer Vision Library)는 실시간으로 이미지 프로세싱을 쉽게 할 수 있도록 만든 오픈소스 라이브러리입니다. 컴퓨터 비전은 컴퓨터가 이미지나 비디오를 이해하고 처리하는 기술을 말합니다.

OpenCV는 이미지나 비디오를 처리할 수 있는 다양한 기능과 알고리즘을 제공하고 C++, Python, Java, MATLAB 등 다양한 프로그래밍 언어를 지원합니다. 그리고 사물의 색깔, 모양, 사람의 얼굴, 몸짓 등 기본적인 영상인식 뿐 아니라 TensorFlow, Torch등의 딥러닝 프레임워크까지 지원합니다. OpenCV는 주차창의 번호판 인식, 자동차의 불법단속, CCTV등 다양한 서비스에서 활용되고 있습니다.

OpenCV를 사용해서 얼굴 인식 인공지능 드론, 손 인식 인공지능 드론, 머신러닝 인공지능 드론을 만들어 보겠습니다.

그러면 기본적인 사용방법을 하나씩 알아보겠습니다.

OpenCV를 설치합니다.

■ pip install opencv-python

파이썬 인공지능과 함께하는 토리드론

OpenCV를 가져와서 설치가 잘 되었는지 확인합니다.

```
1  import cv2
2  print(cv2.__version__)
```

PROBLEMS   OUTPUT   DEBUG CONSOLE   TERMINAL   PORTS

4.10.0

ToriDrone.png

다음과 같이 이미지를 작업 폴더에 넣고 'image.png'로 이름을 바꿉니다.

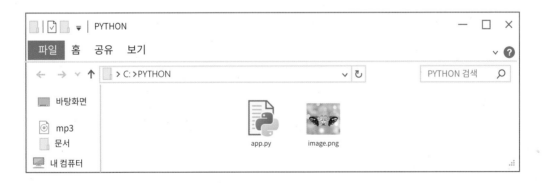

사진은 아무거나 사용해도 됩니다. 이 책에 있는 사진은 깃허브에서 다운로드 받을 수 있습니다.

깃허브주소 : https://github.com/jerrytohub/toridrone-python/tree/main/image

'image.png'을 선택하고 <다운로드> 버튼을 클릭해서 다운로드 받습니다.

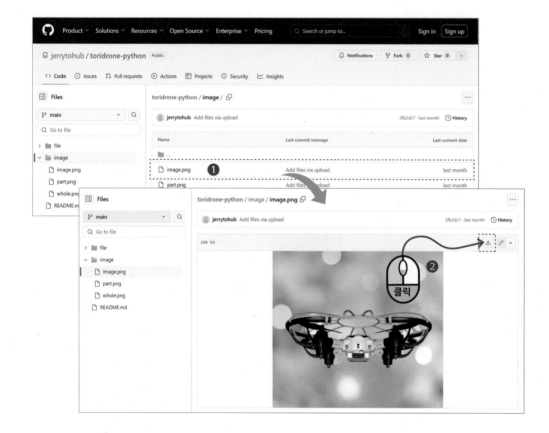

파이썬 인공지능과 함께하는 토리드론

OpenCV에서 이미지를 읽어보겠습니다.

```python
# OpenCV 라이브러리를 가져옵니다.
import cv2
# imread는 이미지 파일의 경로를 입력받아
  이미지를 numpy 배열 형식으로 반환합니다.
# 경로는 절대경로 또는 상대경로를 입력합니다.
# r'경로'로 절대경로를 쉽게 입력할 수 있습니다.
img = cv2.imread('image.png')

# shape로 Y축(세로), X축(가로), 채널을 확인합니다.
print(img.shape)

# imshow로 이미지를 화면에 표시합니다.
# imshow(창제목, 이미지 객체)
cv2.imshow('img',img)

# waitKey는 키보드 입력을 기다리며 화면에 이미지를 표시하는 데 사용됩니다.
# waitKey(밀리초)로 기다리는 시간을 정합니다.
# waitKey(5000)이면 5초 기다립니다.
# waitKey(0)이면 계속 기다립니다.
# 키를 누르면 다음 코드가 실행됩니다. 아무 키나 눌러도 됩니다.
cv2.waitKey(0)

# destroyAllWindows로 창을 닫습니다.
cv2.destroyAllWindows()
```

PROBLEMS   OUTPUT   DEBUG CONSOLE   TERMINAL   PORTS
(470, 420, 3)

imread(경로, flag)와 값이 옵션을 정해서 이미지를 읽을 수 있습니다. flag 값에 따라서 읽는 방법이 달라집니다.

flag

- 1 : Color로 읽습니다. 기본값으로 입력하지 않아도 됩니다.
- 0 : Gray 스케일로 읽습니다.
- -1 : alpha channel 까지 포함해 읽습니다.

회색으로 읽으려면

img = cv2.imread('image.png', 0)로 코드를 바꾸면 됩니다.

이미지 위에 도형을 그릴 수 있습니다. 원과 사각형을 그려보겠습니다.

OpenCV의 좌표는 우리가 일반적으로 사용하는 좌표와는 다릅니다.

OpenCV에서는 왼쪽 위가 기준입니다. 왼쪽 위의 좌표가 (0,0)입니다.

오른쪽으로 갈수록 x좌푯값이 커집니다. 아래로 갈수록 y좌푯값이 커집니다.

circle(이미지객체, (중심점x, 중심점y), 반지름, 색깔, 굵기, 선 종류)로 그립니다.

- 색깔은 R(빨강)G(초록)B(파랑)이 아니라 BRG로 정합니다.
- cv2.LINE_8 : 대각선을 포함한 8 방향으로 연결된 선(기본값)
- cv2.LINE_AA : 부드러운 선(anti-aliasing)

circle(이미지객체, (중심점x, 중심점y), 반지름, 색깔, cv2.FILLED, 선 종류)로 색칠한 원을 그립니다.

(100, 100)에 파란색 선으로 원을 그려보겠습니다.

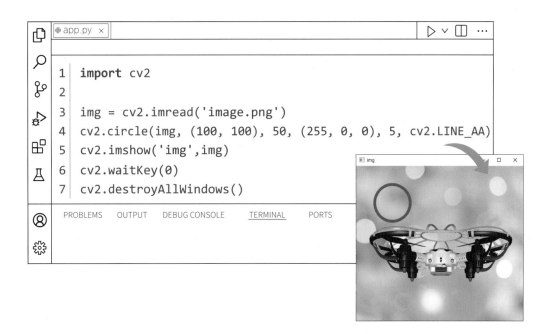

이미지 한 가운데에 빨간원을 그려보겠습니다.

img.shape로 이미지의 세로와 가로 크기를 구합니다.

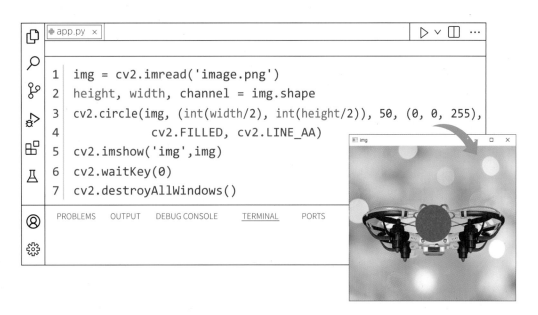

사각형을 그려보겠습니다.

rectangle(이미지객체, (왼쪽위x, 왼쪽위y), (오른쪽아래x, 오른쪽아래y), 색깔, 두께)로 사각형을 그립니다.

rectangle(이미지객체, (왼쪽위x, 왼쪽위y), (오른쪽아래x, 오른쪽아래y), 색깔, cv2.FILLED)로 색칠한 사각형을 그립니다.

```python
1   import cv2
2
3   img = cv2.imread('image.png')
4   height, width, channel = img.shape
5   # 한 가운데에 초록색 사각형을 그립니다.
6   # 중심에서 50을 빼고 더한 값을 좌표로 정해서 사각형을 그립니다.
7   cv2.rectangle(img, (int(width/2)-50, int(height/2-50)),
8                 (int(width/2)+50, int(height/2+50)), (0, 255, 0),
9                 cv2.FILLED, cv2.LINE_AA)
10  cv2.imshow('img',img)
11  cv2.waitKey(0)
12  cv2.destroyAllWindows()
```

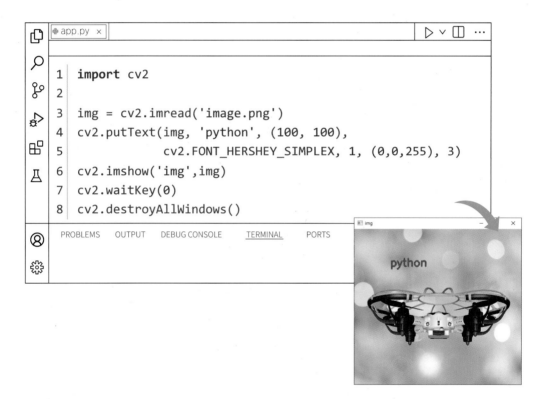

이미지에 글씨도 쓸 수 있습니다. OpenCV에서 여러 값을 화면에 표시하면 실시간으로 확인할 수 있어서 좋습니다.

putText(이미지객체, '글자', (x, y), 폰트, 크기, 색깔, 굵기)로 글자를 나타냅니다.

OpenCV에서 사용하는 대표적인 글꼴 종류는 다음과 같습니다.

• cv2.FONT_HERSHEY_SIMPLEX : 보통 크기의 산 세리프 글꼴

• cv2.FONT_HERSHEY_SCRIPT_SIMPLEX : 필기체

```python
import cv2

img = cv2.imread('image.png')
cv2.putText(img, 'python', (100, 100),
            cv2.FONT_HERSHEY_SIMPLEX, 1, (0,0,255), 3)
cv2.imshow('img',img)
cv2.waitKey(0)
cv2.destroyAllWindows()
```

OpenCV 컴퓨터 비전

이 장에서는 무엇을 배울까요?

- 전체 사진에서 원하는 부분을 찾을 수 있어요
- Haarcascade이 무엇인지 알 수 있어요
- Haarcascade로 영상에서 눈을 인식하는 프로그램을 만들 수 있어요

OpenCV로 컴퓨터 비전을 하는 방법을 알아보겠습니다.

먼저 이미지에서 원하는 부분을 찾아서 사각형으로 표시하는 프로그램을 코딩해볼까요?

깃허브에서 'whole.png'와 'part.png'를 다운로드 받아서 파이썬 파일과 같은 경로에 놓습니다.

깃허브주소 : https://github.com/jerrytohub/toridrone-python/tree/main/image

토리드론과 조종기가 함께 들어있는 이미지입니다.

전체 이미지 파일 이름은 'whole.png'입니다.

여기에서 토리드론을 찾아서 사각형으로 표시해보겠습니다.

토리드론 이미지 파일 이름은 'part.png'입니다.

이미지에서 원하는 것을 인식하기 위해서 사진을 Gray 스케일로 바꿉니다.

Gray 스케일 처리를 하면 더욱 사물의 경계나 모양이 뚜렷하게 나올 수 있어 더 쉽게 인식할 수 있습니다.

cv2.cvtColor(이미지객체, cv2.COLOR_BGR2GRAY)로 Gray 스케일로 바꿉니다.

cv.imread(경로, 0)로 사진을 Gray 스케일로 읽을 수 있습니다.

cv2.matchTemplate(대상, 찾으려는 것, 방식)으로 일치하는 영역을 찾습니다.

return되는 값은 Gray 이미지로, 원본의 픽셀이 템플릿 이미지와 유사한 정도를 표현합니다.

원본 이미지에 템플릿 이미지를 왼쪽 위부터 오른쪽으로 이동하면서 계속 비교합니다.

cv2.TM_SQDIFF는 전체에서 원하는 부분을 찾는 알고리즘입니다. 다양한 알고리즘으로 찾을 수 있습니다.

- cv2.TM_SQDIFF
- cv2.TM_SQDIFF_NORMED
- cv2.TM_CCORR
- cv2.TM_CCORR_NORMED

cv2.minMaxLoc(result)는 찾은 영역의 최소 포인터, 최대 포인터, 최소 지점, 최대 지점을 반환합니다.

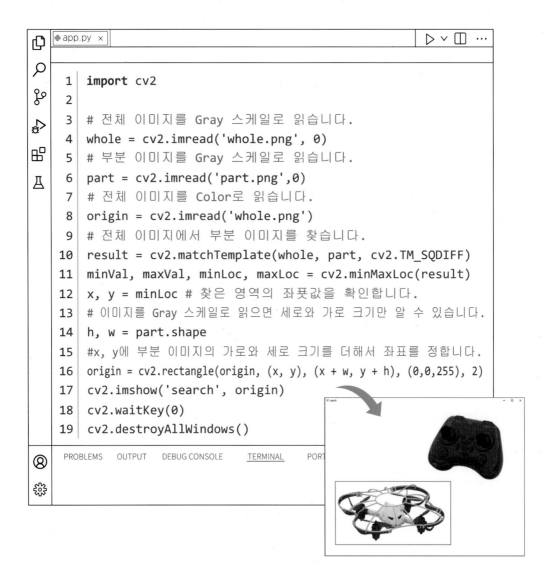

```
app.py ×                                                    ▷ ∨ ▯ ⋯

 1   import cv2
 2
 3   # 전체 이미지를 Gray 스케일로 읽습니다.
 4   whole = cv2.imread('whole.png', 0)
 5   # 부분 이미지를 Gray 스케일로 읽습니다.
 6   part = cv2.imread('part.png',0)
 7   # 전체 이미지를 Color로 읽습니다.
 8   origin = cv2.imread('whole.png')
 9   # 전체 이미지에서 부분 이미지를 찾습니다.
10   result = cv2.matchTemplate(whole, part, cv2.TM_SQDIFF)
11   minVal, maxVal, minLoc, maxLoc = cv2.minMaxLoc(result)
12   x, y = minLoc # 찾은 영역의 좌푯값을 확인합니다.
13   # 이미지를 Gray 스케일로 읽으면 세로와 가로 크기만 알 수 있습니다.
14   h, w = part.shape
15   #x, y에 부분 이미지의 가로와 세로 크기를 더해서 좌표를 정합니다.
16   origin = cv2.rectangle(origin, (x, y), (x + w, y + h), (0,0,255), 2)
17   cv2.imshow('search', origin)
18   cv2.waitKey(0)
19   cv2.destroyAllWindows()

PROBLEMS   OUTPUT   DEBUG CONSOLE   TERMINAL   PORT
```

OpenCV에서 영상을 처리하는 방법도 알아보겠습니다.

컴퓨터에 카메라를 연결하고 촬영한 것을 화면에 나타내볼까요?

VideoCapture 객체를 만들어서 동영상을 읽습니다.VideoCapture 객체를 만들 때 숫자를 입력합니다. 번호는 컴퓨터에 연결된 장치번호입니다. 0부터 입력해봅니다.

isOpened()로 동영상 파일을 열렸는지, 동영상을 잘 촬영하고 있는지 확인합니다.

read()로 읽으면 2가지 값을 반환합니다. 첫번째는 성공여부입니다. 성공하면 True, 그렇지 않으면 False입니다. 두번째는 읽은 프레임입니다. 이 프레임을 imshow를 사용해서 화면에 나타내면 됩니다.

카메라가 열리는데 시간이 좀 걸릴 수 있습니다.

```python
import cv2

capture = cv2.VideoCapture(0) # VideoCapture 객체를 만듭니다.

while capture.isOpened(): # 동영상을 잘 촬영하고 있다면
    # ret : 성공여부 / frame : 프레임
    ret, frame = capture.read()
    if not ret: # 성공하지 않았다면
        continue
    # frame을 화면에 보여줍니다.
    cv2.imshow('VideoFrame', frame)

    # 0.001초 기다립니다. 기다리는 시간이 없으면 프로그램이 종료될 수 있습니다.
    # 누른 키를 변수에 저장할 수 있습니다.
    # 키마다 고유의 숫자값이 있습니다.
    key = cv2.waitKey(1)

    # 27번은 <Esc> 키입니다. <Esc> 키를 누르면 while 문이 종료됩니다.
    if key == 27:
        break

capture.release()
cv2.destroyAllWindows()
```

좌우가 바뀐 상태로 영상이 나옵니다. cv2.flip(frame, 1)으로 좌우 반전을 합니다.

인공지능이 영상을 처리할 때 Gray 스케일로 바꿔야 하는 경우가 있기 때문에 Gray 스케일로 바꾸는 방법도 알아보겠습니다.

cv2.cvtColor(frame, cv2.COLOR_BGR2GRAY)로 Gray 스케일로 바꿉니다.

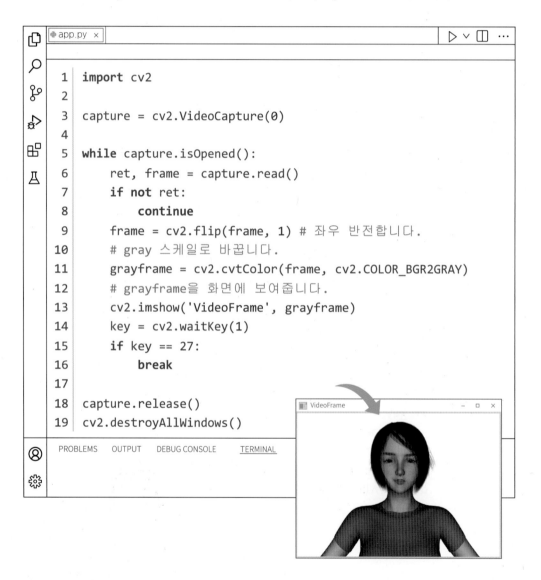

```
import cv2

capture = cv2.VideoCapture(0)

while capture.isOpened():
    ret, frame = capture.read()
    if not ret:
        continue
    frame = cv2.flip(frame, 1) # 좌우 반전합니다.
    # gray 스케일로 바꿉니다.
    grayframe = cv2.cvtColor(frame, cv2.COLOR_BGR2GRAY)
    # grayframe을 화면에 보여줍니다.
    cv2.imshow('VideoFrame', grayframe)
    key = cv2.waitKey(1)
    if key == 27:
        break

capture.release()
cv2.destroyAllWindows()
```

파이썬 인공지능과 함께하는 토리드론

Haarcascade를 사용해서 눈을 인식하는 프로그램을 만들어 보겠습니다. Haarcascade는 컴퓨터 비전 분야에서 얼굴 인식, 눈 인식, 자동차 번호판 인식 등 다양한 물체(객체)을 인식하는데 사용되는 알고리즘입니다. OpenCV 라이브러리에서 Haarcascade를 사용할 수 있습니다.

https://github.com/opencv/opencv/tree/master/data/haarcascades 에서 데이터를 다운로드받아서 사용합니다.

haarcascade_eye.xml를 선택합니다.

다운로드 버튼을 클릭해서 파이썬 파일 경로에 다운로드합니다.

CascadeClassifier(캐스케이드 분류기)로 원하는 물체(객체)를 인식합니다. CascadeClassifier에 입력한 데이터로 영상을 분석해서 찾아줍니다.

영상을 찍고 좌우 반전을 합니다. 그리고 Gray 스케일로 바꿉니다. 영상을 더 잘 분석할 수 있도록 평활화(equalizeHist)를 합니다. equalizeHist는 히스토그램 평활화입니다. 밝기 값이 몰려 있어서 어둡기만한 영상 또는 밝기만 한 영상을 좀 더 선명한 영상으로 만듭니다.

그리고 detectMultiScale로 영상을 분석합니다.

자세한 코드를 알아볼까요?

```
app.py                                                    ▷ ∨ ▯ …
```

app.py

```python
1   import cv2
2
3   capture = cv2.VideoCapture(0)
4
5   # 분류기 객체를 만듭니다.
6   cascade = cv2.CascadeClassifier()
7
8   # 데이터를 입력합니다.
9   cascade.load('haarcascade_eye.xml')
10
11  while capture.isOpened():
12      ret, frame = capture.read()
13      if not ret:
14          continue
15      frame = cv2.flip(frame, 1)
16
17      # 회색으로 얼굴 인식이 잘 되도록 합니다.
18      grayframe = cv2.cvtColor(frame, cv2.COLOR_BGR2GRAY)
19
20      # 영상을 더 잘 분석할 수 있도록 평활화를 합니다.
21      grayframe = cv2.equalizeHist(grayframe)
22
23      # Gray 스케일로 바꾼 영상을 분석합니다.
24      # 1.1, 3, 0, (30, 30)는 옵션값입니다.
25      objects = cascade.detectMultiScale(grayframe, 1.1, 3, 0, (30, 30))
```

```
26
27      # 인식을 하면 x, y, w, h 값을 확인할 수 있습니다.
28      # x, y는 인식한 영역의 시작 좌푯값입니다.
29      # w와 h는 인식한 영역의 가로와 세로 크기입니다.
30      # 눈을 여러 개 인식할 수 있습니다.
31      for (x,y,w,h) in objects:
32          # 사각형을 그립니다.
33          cv2.rectangle(frame, (x, y), (x+w, y+h), (0, 0, 255), 3)
34
35          # 사각형 위에 'eye'라고 글씨를 씁니다.
36          cv2.putText(frame, 'eye', (x, y-10),
37                      cv2.FONT_HERSHEY_DUPLEX, 0.5, (255, 0, 0))
38      cv2.imshow('haarcascade', frame)
39      if cv2.waitKey(1) == 27:
40          break
```

PROBLEMS   OUTPUT   DEBUG CONSOLE   TERMINAL

haarcascode

04 얼굴 인식 인공지능 드론 1 (○○○)

이 장에서는 무엇을 배울까요?

- Haarcascade로 영상에서 얼굴을 인식하는 프로그램을 만들 수 있어요
- OpenCV에서 영역을 정하는 방법을 알 수 있어요
- 얼굴 인식 인공지능 드론을 만들 수 있어요

얼굴을 인식하면 드론이 이륙하고, 이륙한 상태에서는 키보드로 조종하는 프로그램을 만들어 보겠습니다.

- 화면 가운데에 사각형을 그립니다.

- 사각형 안에서 얼굴인지 확인합니다.

- 얼굴을 인식하면 START라는 글씨가 나오고 드론이 이륙합니다.

- 드론이 이륙하면 키보드로 조종합니다.

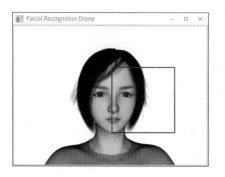 

https://github.com/opencv/opencv/tree/master/data/haarcascades 에서 데이터를 다운로드 받아서 사용합니다.

haarcascade_frontalface_default.xml를 선택합니다.

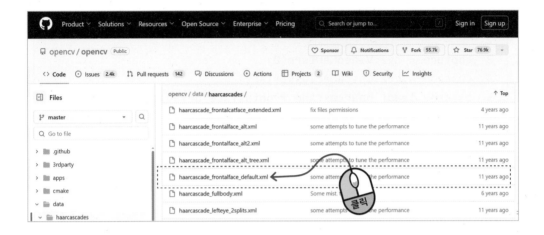

다운로드 받은 데이터는 작업폴더로 이동합니다.

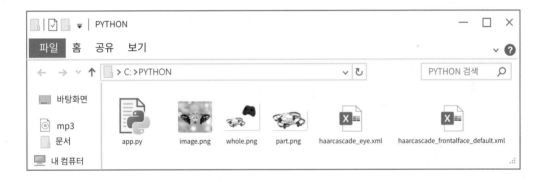

313

Haarcascade로 얼굴을 인식해서 사각형으로 그리고 그 위에 'face'라고 글씨를 써보겠습니다.

```python
import cv2

capture = cv2.VideoCapture(0)
cascade = cv2.CascadeClassifier()
cascade.load('haarcascade_frontalface_default.xml')

while capture.isOpened():
    ret, frame = capture.read()
    if not ret:
        continue
    frame = cv2.flip(frame, 1)
    grayframe = cv2.cvtColor(frame, cv2.COLOR_BGR2GRAY)
    grayframe = cv2.equalizeHist(grayframe)
    objects = cascade.detectMultiScale(grayframe,
                                       1.1, 3, 0, (30, 30))
    for (x,y,w,h) in objects:
        cv2.rectangle(frame, (x, y), (x+w, y+h), (0, 0, 255), 3)
        cv2.putText(frame, 'face', (x, y-10),
                    cv2.FONT_HERSHEY_DUPLEX, 0.5, (255, 0, 0))
    cv2.imshow('haarcascade', frame)
    if cv2.waitKey(1) == 27:
        break

capture.release()
cv2.destroyAllWindows()
```

파이썬 인공지능과 함께하는 토리드론

영역을 정해서 사각형으로 표시합니다.

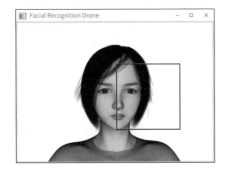 

영역을 정하는 방법을 알아보겠습니다. OpenCV로 촬영한 frame을 슬라이싱해서 원하는 영역을 정할 수 있습니다.

frame[H1:H2, W1:W2]와 같이 코딩하면 H1좌표부터 H2좌표의 높이까지, W1좌표부터 W2좌표까지의 폭을 잘라냅니다

ROI라는 변수를 사용해서 코딩합니다. ROI는 'Region of Interest'의 약자로, 관심 영역을 의미합니다.

roi = frame[H - ROI:H + ROI, W - ROI:W + ROI]로 H를 기준으로 ROI 값만큼의 범위까지 자르고, W를 기준으로 ROI 값만큼의 범위까지 자릅니다. 그러면 frame의 가운데 좌표에서 ROI값 만큼 더하고 빼서 범위를 정할 수 있습니다.

필요한 라이브러리(모듈)을 가져오고 변수를 정합니다.

```python
 1  import cv2
 2  from time import sleep
 3  import keyboard
 4  from CodingRider.drone import *
 5  from CodingRider.protocol import *
 6
 7  # ROI는 'Region OF Interest'의 약자로, 관심 영역을 의미합니다.
 8  # ROI로 얼굴을 인식할 영역으 크기를 정합니다.
 9  # 상수라서 대문자로 변수 이름을 정했습니다.
10  ROI = 150
11
12  # 창 이름입니다.
13  window_name = 'Facial Recognition Drone'
14
15  # 얼굴을 인식했는지 확인하는 변수입니다.
16  is_face = False
17
18  #Drone과 VideoCapture 객체를 만듭니다.
19  drone = Drone()
20  drone.open('COM3')
21
22  capture = cv2.VideoCapture(0)
23  cascade = cv2.CascadeClassifier()
24  cascade.load('haarcascade_frontalface_default.xml')
25
26  # 함수를 만들어서 코딩합니다.
27  # 정한 영역에서 얼굴이 있는지 확인하는 함수를 만듭니다.
28  def face(frame, ROI, w, h):
29      grayframe = cv2.cvtColor(frame, cv2.COLOR_BGR2GRAY)
30      grayframe = cv2.equalizeHist(grayframe)
31
32      # 얼굴을 인식할 영역(Region of Interest)을 정합니다.
33      # roi 영역에서 영상을 분석합니다.
34      roi = grayframe[h - ROI : h + ROI, w - ROI : w + ROI]
35      objects = cascade.detectMultiScale(roi, 1.3, 5, 10)
36
37      # 인식한 얼굴이 있다면 len(objects)은 0보다 큽니다.
38      # len(objects)가 0이라면 인식한 얼굴이 없는 것입니다. False를 반환합니다.
```

파이썬 인공지능과 함께하는 토리드론

```
39        if len(objects) == 0:
40            return False
41    # 그렇지 않다면 인식한 얼굴이 있는 것입니다. True를 반환합니다.
42        else:
43            return True
44
45    # 얼굴을 인식하고 표시하는 함수를 만듭니다.
46    def face_detect(frame):
47        # 영상의 크기를 확인합니다.
48        h, w, channel = frame.shape
49
50        # 가로와 세로 크기의 반을 구합니다.
51        w_half = int(w / 2)
52        h_half = int(h / 2)
53
54        # 가로와 세로 크기의 반이 ROI 이상이라면 얼굴인식을 합니다.
55        if (w_half  >= ROI and h_half >= ROI):
56            # 얼굴을 인식하지 못하면 계속 반복합니다.
57            while(not face(frame, ROI, w_half, h_half)):
58                # 화면의 가운데에 ROI의 2배 크기로 정사각형을 그립니다.
59                cv2.rectangle(frame, (w_half - ROI, h_half - ROI),
60                              (w_half + ROI, h_half + ROI), (0, 0, 255), 5)
61                cv2.imshow(window_name, frame)
62
63                # 다시 영상을 촬영합니다.
64                ret, frame = capture.read()
65                frame = cv2.flip(frame, 1)
66                if cv2.waitKey(1) == 27:
67                    break
68
69            # is_face를 True로 정합니다.
70            global is_face
71            is_face = True
72
73            # 얼굴을 인식했다면 START라고 글을 씁니다.
74            cv2.putText(frame, 'START', (w_half - 135, h_half + 20),
75                        cv2.FONT_HERSHEY_DUPLEX, 3, (255, 255, 255), 2)
76            cv2.imshow(window_name, frame)
77
```

```
78   #이렇게 만든 함수를 사용해서 코딩합니다.
79   while capture.isOpened():
80       # 얼굴을 인식하지 못하면 계속 촬영해서 확인합니다.
81       while(not is_face):
82           ret, frame = capture.read()
83           if not ret:
84               continue
85           frame = cv2.flip(frame, 1)
86           face_detect(frame)
87           if cv2.waitKey(1) == 27:
88               break
89
90       # 얼굴을 인식했을 때입니다.
91       # 사각형 표시가 사라집니다.
92       ret, frame = capture.read()
93       if not ret:
94           continue
95       frame = cv2.flip(frame, 1)
96       cv2.imshow(window_name, frame)
97       if cv2.waitKey(1) == 27:
98           break
99
100  capture.release()
```

PROBLEMS   OUTPUT   DEBUG CONSOLE   TERMINAL   PORTS   >_ Python + ∨ 🗔 🗑 ⋯ ∧ ✕

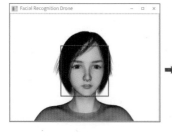 →  →

파이썬 인공지능과 함께하는 토리드론

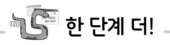

한 단계 더!

얼굴을 인식하면 드론이 이륙하고 이륙한 상태에서는 키보드로 조종하는 프로그램을 완성합니다.

```python
while capture.isOpened():
    while(not is_face):
        ret, frame = capture.read()
        if not ret:
            continue
        frame = cv2.flip(frame, 1)
        face_detect(frame)
        if cv2.waitKey(1) == 27:
            break




capture.release()
cv2.destroyAllWindows()
```

PROBLEMS   OUTPUT   DEBUG CONSOLE   TERMINAL   PORTS   Python + ∨ ⬚ 🗑 ⋯ ∧ ✕

05 얼굴 인식 인공지능 드론 2

(○○○)

이 장에서는 무엇을 배울까요?
- MediaPipe 라이브러리를 사용할 수 있어요
- MediaPipe 라이브러리로 얼굴을 인식할 수 있어요
- 얼굴 인식 인공지능 드론을 만들 수 있어요

이번 시간에는 MediaPipe 라이브러리를 사용해서 코를 따라서 움직이는 얼굴 인식 인공지능 드론을 만들어 보겠습니다.

MediaPipe는 구글에서 개발한 오픈 소스 플랫폼 프레임워크로 얼굴인식, 포즈, 객체감지, 모션트레킹 등 다양한 형태의 기능과 모델을 제공합니다.

MediaPipe 사이트에서 다양한 예제를 확인할 수 있습니다.

https://ai.google.dev/edge/mediapipe/solutions

MediaPipe 라이브러리는 현재 파이썬 3.8~3.11 버전에서 사용할 수 있습니다.

나중에 사용할 수 있는 버전은 바뀔 수 있습니다. 아래 링크에서 사용할 수 있는 파이썬 버전을 확인해서 사용합니다.

https://developers.google.com/mediapipe/solutions/setup_python

먼저 MediaPipe를 설치합니다.

■ pip install mediapipe

```
관리자: 명령 프롬프트                                    ─   □   ×
Microsoft Windows [Version 10.0.19045.4529]
(c) Microsoft Corporation. All rights reserved.

C:\WINDOWS\system32>pip install mediapipe
```

user 관련 문제로 설치가 잘 안 되면 'pip install --user mediapipe'로 설치합니다.

얼굴을 촬영해서 오른쪽 눈, 왼쪽 눈, 코 끝부분, 입 중심, 오른쪽 귀, 왼쪽 귀 위치를 확인하는 방법을 알아보겠습니다.

자세한 방법을 코드와 함께 살펴볼까요?

```python
import cv2
import mediapipe as mp

capture = cv2.VideoCapture(0)

# 얼굴을 찾고, 찾은 얼굴에 표시를 해주기 위한 변수를 정의합니다.
# 얼굴 검출을 위해서 face_detection 모듈을 사용합니다.
mp_face_detection = mp.solutions.face_detection

# 얼굴의 특징을 그리기 위해서 drawing_utils 모듈을 사용합니다.
mp_drawing = mp.solutions.drawing_utils

# mediapipe 사용방법에 맞게 설정합니다.
# model_selection = 0은 카메라와 가까운 것을 인식합니다.
# model_selection = 1은 카메라와 먼 것을 인식합니다.
# min_detection_confidence=0.7는 70% 확신한다면 얼굴로 본다는 뜻입니다.
with mp_face_detection.FaceDetection(
    model_selection=0, min_detection_confidence=0.7) as face_detection:
    while capture.isOpened():
        ret, frame = capture.read()
        if not ret:
            continue

        # 성능을 높이기 위해 프레임을 쓰기 불가능 상태로 변경합니다.
        frame.flags.writeable = False
```

```
27              # 좌우 반전을 합니다.
28              frame = cv2.flip(frame, 1)
29
30              # BGR 색상을 RGB 색상으로 바꿉니다.
31              frame = cv2.cvtColor(frame, cv2.COLOR_BGR2RGB)
32
33              # frame에서 얼굴을 확인합니다.
34              results = face_detection.process(frame)
35
36              # 다시 프레임을 쓰기 가능 상태로 바꿉니다.
37              frame.flags.writeable = True
38
39              # RGB 색상을 BGR 색상으로 바꿉니다
40              frame = cv2.cvtColor(frame, cv2.COLOR_RGB2BGR)
41
42              # 얼굴을 인식했다면
43              if results.detections:
44                  for detection in results.detections:
45                      # 그 결과를 frame에 그립니다.
46                      # 오른쪽 눈, 왼쪽 눈, 코 끝부분, 입 중심, 오른쪽 귀,
47                      # 왼쪽 귀 위치가 점을 표시됩니다.
48                      mp_drawing.draw_detection(frame, detection)
49
50                      # 얼굴의 정보를 출력합니다.
51                      print(detection)
52
53              cv2.imshow('MediaPipe Face Detection', frame)
54              if cv2.waitKey(1) == 27:
55                  break
56
57  capture.release()
58  cv2.destroyAllWindows()
```

```
PROBLEMS   OUTPUT   DEBUG CONSOLE   TERMINAL

relative keypoints {
  x: 0.778159499
  y: 0.460999
}
```

파이썬 인공지능과 함께하는 토리드론

그러면 오른쪽 눈, 왼쪽 눈, 코 끝부분, 입 중심, 오른쪽 귀, 왼쪽 귀 위치가 점을 표시됩니다.

그리고 print(detection)으로 어떤 내용인지 확인합니다.

print(detection)를 보면 6개의 relative_keypoints가 있습니다.

각각 오른쪽 눈, 왼쪽 눈, 코 끝부분, 입 중심, 오른쪽 귀, 왼쪽 귀 좌푯값입니다.

x: 0.778159499, y: 0.460999와 같이 좌표를 알 수 있습니다.

이 좌표를 사용해서 얼굴 인식 인공지능 드론을 만들겠습니다.

relative_keypoints에서 코의 좌푯값을 읽고 화면 왼쪽 위에 그 값을 표시해볼까요?

그리고 코 위치도 원도 그려보겠습니다.

```python
import cv2
import mediapipe as mp
from time import sleep
import keyboard
from CodingRider.drone import *
from CodingRider.protocol import *

# is_takeoff 변수로 이륙했는지 확인합니다.
is_takeoff = False

drone = Drone()
drone.open('COM3')

capture = cv2.VideoCapture(0)
mp_face_detection = mp.solutions.face_detection
mp_drawing = mp.solutions.drawing_utils

with mp_face_detection.FaceDetection(
    model_selection=0, min_detection_confidence=0.7) as face_detection:
    while capture.isOpened():
        ret, frame = capture.read()
        if not ret:
```

```
23              continue
24          frame.flags.writeable = False
25          frame = cv2.flip(frame, 1)
26          frame = cv2.cvtColor(frame, cv2.COLOR_BGR2RGB)
27          results = face_detection.process(frame)
28          frame.flags.writeable = True
29          frame = cv2.cvtColor(frame, cv2.COLOR_RGB2BGR)
30          if results.detections:
31              for detection in results.detections:
32                  # 위치를 나타내는 것을 keypoints 리스트에 저장합니다.
33                  keypoints = detection.location_data.relative_keypoints
34
35                  # keypoints[2]은 코입니다.
36                  # keypoints[2].x는 x좌표이고 keypoints[2].y는 y좌표입니다.
37                  nose = keypoints[2]
38
39                  # frame의 크기로 계산합니다.
40                  # frame.shape은 세로, 가로, 채널 값입니다.
41                  height, width, channel = frame.shape
42
43                  # 얼굴의 각 부위의 좌표값은 0에서 1사이로 정해집니다.
44                  # 여기에 frame의 가로와 세로 크기를 곱해서 실제 좌표값을 구합니다.
45                  nose_position = (int(nose.x * width), int(nose.y * height))
46
47                  # 코의 좌푯값을 나타냅니다.
48                  text = f'x : {nose_position[0]}, y : {nose_position[1]}'
49                  cv2.putText(frame, text, (10, 30),
50                          cv2.FONT_HERSHEY_DUPLEX, 1, (255, 0, 0), 1)
51
52                  # 코에 원을 그립니다.
53                  cv2.circle(frame, nose_position, 50, (0,0,255), 10,
54                          cv2.LINE_AA)
55          cv2.imshow('MediaPipe Face Detection', frame)
56          if cv2.waitKey(1) == 27:
57              break
58
59  capture.release()
60  cv2.destroyAllWindows()
```

PROBLEMS   OUTPUT   DEBUG CONSOLE   TERMINAL   PORTS   Python + ∨ ▯ 🗑 ⋯ ∧ ✕

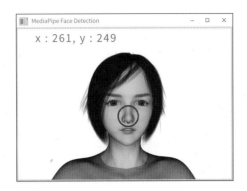

코의 좌표로 드론을 움직여 볼까요?

키보드로 드론을 이륙/착륙합니다.

이륙을 했다면 코의 좌표로 드론을 움직입니다.

마우스로 드론을 움직였던 것처럼 좌푯값을 -100과 100사이로 바꿔서 쓰로틀(Throttle), 요우(Yaw), 피치(Pitch), 롤(Roll) 값을 정합니다.

드론이 너무 빨리 움직이지 않도록 0.5를 곱합니다.

roll = int(((nose.x * 200) - 100) * 0.5)
pitch = -int(((nose.y * 200) - 100) * 0.5)

이렇게 바꾼 값을 화면 왼쪽 위에 보이도록 합니다.

```python
import cv2
import mediapipe as mp
from time import sleep
import keyboard
from CodingRider.drone import *
from CodingRider.protocol import *

```

```python
 8  # is_takeoff 변수로 이륙했는지 확인합니다.
 9  is_takeoff = False
10
11  # 드론 객체를 만듭니다.
12  drone = Drone()
13  drone.open('COM3')
14
15  capture = cv2.VideoCapture(0)
16  mp_face_detection = mp.solutions.face_detection
17  mp_drawing = mp.solutions.drawing_utils
18
19  with mp_face_detection.FaceDetection(
20      model_selection=0, min_detection_confidence=0.7) as face_detection:
21      while capture.isOpened():
22          ret, frame = capture.read()
23          if not ret:
24              continue
25          frame.flags.writeable = False
26          frame = cv2.flip(frame, 1)
27          frame = cv2.cvtColor(frame, cv2.COLOR_BGR2RGB)
28          results = face_detection.process(frame)
29          frame.flags.writeable = True
30          frame = cv2.cvtColor(frame, cv2.COLOR_RGB2BGR)
31          if results.detections:
32              for detection in results.detections:
33                  keypoints = detection.location_data.relative_keypoints
34                  nose = keypoints[2]
35                  height, width, channel = frame.shape
36                  nose_position = (int(nose.x * width), int(nose.y * height))
37                  cv2.circle(frame, nose_position,
38                             50, (0,0,255), 10, cv2.LINE_AA)
39          if keyboard.is_pressed('enter'):
40              print('이륙')
41              sleep(2)
42              drone.sendTakeOff()
43              sleep(5)
44              print('이륙 완료')
45              is_takeoff = True
46          if keyboard.is_pressed('space'):
47              print('착륙')
48              drone.sendControlWhile(0, 0, 0, 0, 500)
```

```
49              drone.sendLanding()
50              sleep(3)
51              print('착륙 완료')
52              is_takeoff = False
53          if keyboard.is_pressed('q'):
54              print('정지')
55              drone.sendControlWhile(0, 0, 0, 0, 500)
56              drone.sendStop()
57              sleep(3)
58              is_takeoff = False
59          # 이륙했다면 코의 좌표로 드론을 움직입니다.
60          if is_takeoff:
61              # 롤과 피치 값을 정합니다.
62              roll = int((((nose.x * 200) - 100) * 0.5)
63              pitch = -int((((nose.y * 200) - 100) * 0.5)
64              drone.sendControl(roll, pitch, 0, 0)
65
66              # 롤과 피치 값을 나타냅니다.
67              text = f'r : {roll}, p : {pitch}'
68              cv2.putText(frame, text, (10, 30),
69                      cv2.FONT_HERSHEY_DUPLEX, 1, (255, 0, 0), 1)
70          cv2.imshow('MediaPipe Face Detection', frame)
71          if cv2.waitKey(1) == 27:
72              break
73
74  capture.release()
75  cv2.destroyAllWindows()
```

PROBLEMS   OUTPUT   DEBUG CONSOLE   TERMINAL

r : -6, p : -5

이 장에서는 무엇을 배울까요?

- MediaPipe 라이브러리를 사용할 수 있어요
- MediaPipe 라이브러리로 손을 인식할 수 있어요
- 손 인식 인공지능 드론을 만들 수 있어요

MediaPipe 라이브러리를 사용해서 손을 따라서 움직이는 손 인식 인공지능 드론을 만들어 보겠습니다.

MediaPipe를 사용해서 손가락을 인식할 수 있습니다. MediaPipe의 Hands 모델은 손가락과 손의 위치를 알려줍니다.

손가락을 그림과 같이 점으로 나타냅니다.

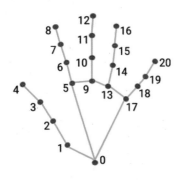

0. WRIST
1. THUMB_CMC
2. THUMB_MCP
3. THUMB_IP
4. THUMB_TIP
5. INDEX_FINGER_MCP
6. INDEX_FINGER_PIP
7. INDEX_FINGER_DIP
8. INDEX_FINGER_TIP
9. MIDDLE_FINGER_MCP
10. MIDDLE_FINGER_PIP

11. MIDDLE_FINGER_DIP
12. MIDDLE_FINGER_TIP
13. RING_FINGER_MCP
14. RING_FINGER_PIP
15. RING_FINGER_DIP
16. RING_FINGER_TIP
17. PINKY_MCP
18. PINKY_PIP
19. PINKY_DIP
20. PINKY_TIP

MediaPipe 라이브러리로 손을 인식해볼까요? 다음과 같이 코딩합니다.

```python
import cv2
import mediapipe as mp

capture = cv2.VideoCapture(0)

# 손 인식하는 모듈입니다.
mp_hands = mp.solutions.hands

# 인식한 손을 그리는 모듈입니다.
mp_drawing = mp.solutions.drawing_utils

# mp_hands.Hands로 손가락을 인식하는 모듈을 초기화합니다.
# max_num_hands에 인식할 손의 개수를 정합니다.
# min_detection_confidence와 min_tracking_confidence는 옵션입니다.
# 둘 다 0.5로 설정합니다.
with mp_hands.Hands(
    max_num_hands=1,
    min_detection_confidence=0.5,
    min_tracking_confidence=0.5,
    ) as hands:

    while capture.isOpened():
        ret, frame = capture.read()
        if not ret:
            continue

        # 좌우 반전하고 BRG 색상을 RGB 색상으로 바꿉니다.
        frame = cv2.cvtColor(cv2.flip(frame, 1), cv2.COLOR_BGR2RGB)

        # 손을 인식합니다.
        results = hands.process(frame)

```

```
33          # RGB 색상을 BGR 색상으로 바꿉니다.
34          frame = cv2.cvtColor(frame, cv2.COLOR_RGB2BGR)
35
36          # 손을 인식했다면
37          if results.multi_hand_landmarks:
38              # results.multi_hand_landmarks에는 mp_hands.Hands로
39              # 정한 손의 수만큼 리스트로 값이 저장되어 있습니다.
40              for hand_landmarks in results.multi_hand_landmarks:
41                  # 인식한 손을 그립니다.
42                  mp_drawing.draw_landmarks(frame, hand_landmarks,
43                                          mp_hands.HAND_CONNECTIONS)
44          cv2.imshow('MediaPipe Hand Detection', frame)
45          if cv2.waitKey(1) == 27:
46              break
47
48  capture.release()
49  cv2.destroyAllWindows()
```

PROBLEMS   OUTPUT   DEBUG CONSOLE   TERMINAL

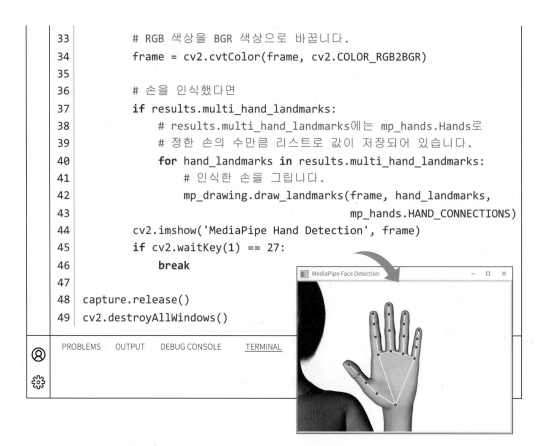

손가락 마디마다 지정된 번호가 있습니다. hand_landmarks.landmark[번호]로 좌표를 확인할 수 있습니다.

이 책에서는 엄지[4번]와 검지[8번]으로 드론을 조종하겠습니다.

파이썬 인공지능과 함께하는 토리드론

먼저 검지 손가락의 좌푯값을 읽어볼까요? 좌푯값을 읽고 화면 왼쪽 위에 그 값을 표시합니다.

```python
import cv2
import mediapipe as mp

capture = cv2.VideoCapture(0)
mp_hands = mp.solutions.hands
mp_drawing = mp.solutions.drawing_utils

with mp_hands.Hands(
    max_num_hands=1,
    min_detection_confidence=0.5,
    min_tracking_confidence=0.5
    ) as hands:

    while capture.isOpened():
        ret, frame = capture.read()
        if not ret:
            continue
        frame = cv2.cvtColor(cv2.flip(frame, 1), cv2.COLOR_BGR2RGB)
        results = hands.process(frame)
        frame = cv2.cvtColor(frame, cv2.COLOR_RGB2BGR)
        if results.multi_hand_landmarks:
            for hand_landmarks in results.multi_hand_landmarks:
                mp_drawing.draw_landmarks(frame, hand_landmarks,
                                          mp_hands.HAND_CONNECTIONS)

                # 검지 손가락을 선택합니다.
                finger = hand_landmarks.landmark[8]

                # 검지 손가락의 좌표로 텍스트를 만듭니다.
                # finger.x는 x좌표, finger.y는 y좌표입니다.
                # 소수점 둘째 자리까지 나타냅니다.
                text = 'x : {:.2f}, y : {:.2f}'.format(finger.x, finger.y)
                cv2.putText(frame, text, (10, 30),
                            cv2.FONT_HERSHEY_DUPLEX, 1, (255, 0, 0), 1)
        cv2.imshow('MediaPipe Hand Detection', frame)
```

```
36          if cv2.waitKey(1) == 27:
37              break
38
39  capture.release()
40  cv2.destroyAllWindows()
```

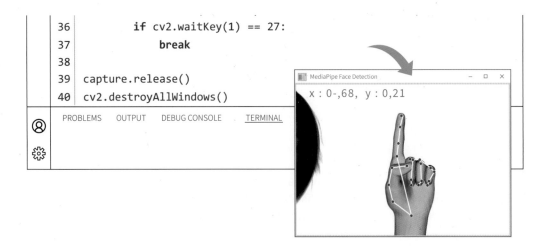

검지 손가락으로 롤과 피치를 바꿉니다. 코의 좌표로 드론을 움직인 것처럼

검지 손가락 좌푯값을 -100과 100사이로 바꿔서 쓰로틀(Throttle), 요우(Yaw), 피치(Pitch), 롤(Roll) 값을 정합니다.

드론이 너무 빨리 움직이지 않도록 0.5를 곱합니다.

```
● app.py ×                                              ▷ ∨ ▯ ⋯

1   import cv2
2   import mediapipe as mp
3   from time import sleep
4   import keyboard
5   from CodingRider.drone import *
6   from CodingRider.protocol import *
7
8   # is_takeoff 변수로 이륙했는지 확인합니다.
9   is_takeoff = False
10
11  drone = Drone()
12  drone.open('COM3')
13
14  capture = cv2.VideoCapture(0)
```

파이썬 인공지능과 함께하는 토리드론

```
15  mp_hands = mp.solutions.hands
16  mp_drawing = mp.solutions.drawing_utils
17
18  with mp_hands.Hands(
19      max_num_hands=1,
20      min_detection_confidence=0.5,
21      min_tracking_confidence=0.5
22      ) as hands:
23
24      while capture.isOpened():
25          ret, frame = capture.read()
26          if not ret:
27              continue
28          frame = cv2.cvtColor(cv2.flip(frame, 1), cv2.COLOR_BGR2RGB)
29          results = hands.process(frame)
30          frame = cv2.cvtColor(frame, cv2.COLOR_RGB2BGR)
31          if results.multi_hand_landmarks:
32              for hand_landmarks in results.multi_hand_landmarks:
33                  mp_drawing.draw_landmarks(frame, hand_landmarks,
34                                      mp_hands.HAND_CONNECTIONS)
35                  finger = hand_landmarks.landmark[8]
36                  # 이륙했다면 검지 손가락 좌표로 드론을 움직입니다.
37                  if is_takeoff:
38                      # 롤과 피치 값을 정합니다.
39                      roll = int(((finger.x * 200) - 100) * 0.5)
40                      pitch = -int(((finger.y * 200) - 100) * 0.5)
41                      drone.sendControl(roll, pitch, 0, 0)
42
43                      # 롤과 피치 값을 나타냅니다.
44                      text = f'r : {roll}, p : {pitch}'
45                      cv2.putText(frame, text, (10, 30),
46                              cv2.FONT_HERSHEY_DUPLEX, 1, (255, 0, 0), 1)
47          cv2.imshow('MediaPipe Hand Detection', frame)
48          if keyboard.is_pressed('enter'):
49              print('이륙')
50              sleep(2)
51              drone.sendTakeOff()
52              sleep(5)
53              print('이륙 완료')
54              is_takeoff = True
```

```
55        if keyboard.is_pressed('space'):
56            print('착륙')
57            # 제자리에서 0.5초 멈춥니다.
58            drone.sendControlWhile(0, 0, 0, 0, 500)
59            drone.sendLanding()
60            sleep(3)
61            print('착륙 완료')
62            is_takeoff = False
63        if keyboard.is_pressed('q'):
64            print('정지')
65            drone.sendControlWhile(0, 0, 0, 0, 500)
66            drone.sendStop()
67            sleep(3)
68            is_takeoff = False
69        if cv2.waitKey(1) == 27:
70            break
71
72  capture.release()
73  cv2.destroyAllWindows()
```

PROBLEMS   OUTPUT   DEBUG CONSOLE   TERMINAL

MediaPipe Face Detection

r : 30, p : 0

파이썬 인공지능과 함께하는 토리드론

 한 단계 더!

'손 인식 인공지능 드론' 프로그램에 다음 기능을 추가하세요.

- 엄지 손가락을 사용합니다.
- 엄지 손가락이 검지 손가락보다 위에 있으면 엄지 손가락의 y 좌표로 [쓰로틀] 값을 바꿉니다.
- 엄지 손가락이 검지 손가락보다 위에 있으면 [쓰로틀] 값을 화면에 보여줍니다.
- 검지 손가락이 엄지 손가락보다 위에 있으면 검지 손가락의 x,y 좌표로 [롤]과 [피치] 값을 바꿉니다.
- 검지 손가락이 엄지 손가락보다 위에 있으면 [롤]과 [피치] 값을 화면에 보여줍니다.
- 엄지와 검지 손가락을 많이 벌리면 원 비행을 합니다.
- 엄지와 검지 손가락을 많이 벌리면 화면에 'Circle'이라고 표시합니다.

```
finger1 = hand_landmarks.landmark[4] # 엄지 손가락입니다.
finger2 = hand_landmarks.landmark[8] # 검지 손가락입니다.

# 엄지와 검지 손가락의 x좌표가 차이를 구해서 distance 변수에 저장합니다.
# '절댓값'은 0으로부터 떨어진 거리를 나타냅니다.
# '절댓값'을 사용해서 두 손가락의 거리를 확인할 수 있습니다.
# abs는 절댓값을 구하는 함수입니다.
distance = abs(finger1.x - finger2.x) * 100
```

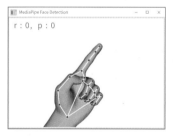

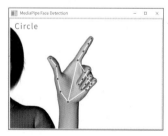

07 머신러닝 인공지능 드론

(o o o)

이 장에서는 무엇을 배울까요?

- 인공지능 모델을 학습시켜서 사용할 수 있어요
- 손모양을 바꿔서 드론을 조종할 수 있어요
- 나만의 머신러닝 인공지능 드론을 만들 수 있어요

이번 시간에는 텐서플로우(TensorFlow)와 티처블 머신(Teachable Machine)을 사용해서 머신러닝 인공지능 드론을 만들어 보겠습니다.

<엔터> 키를 누르면 머신러닝 인공지능이 영상을 분석합니다.

손바닥을 인식하면 드론이 이륙하고 주먹을 인식하면 드론이 착륙합니다.

텐서플로우(TensorFlow)는 구글에서 개발하고 2015년에 오픈 소스로 공개한 머신 러닝 및 딥 러닝 라이브러리입니다. 텐서플로우는 다양한 데이터 플로우를 이용해서 복잡한 연산을 수행할 수 있도록 설계된 플랫폼입니다. 주로 신경망 모델을 만들고 학습시킬 때 사용됩니다.

티처블 머신(Teachable Machine)은 구글에서 만든 인공지능 학습 도구입니다. 티처블 머신을 사용하면 전문지식이 없이도 웹에서 이미지, 소리 등의 데이터로 기계학습을 시킬 수 있습니다. 서로 다른 물체를 구별하는 이미지 분류 모델을 만들거나, 소리를 구별하는 소리 분류 모델을 만들 수 있습니다. 티처블 머신을 사용하면 누구나 쉽게 머신 러닝의 기본 개념을 학

파이썬 인공지능과 함께하는 토리드론

습하고 적용할 수 있습니다.

티처블 머신을 사용해서 이미지를 학습시키는 방법을 알아보겠습니다. '티처블 머신'이라고
검색합니다.

'시작하기'를 클릭합니다.

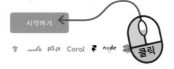

'이미지 프로젝트'를 클릭하고 '표준 이미지 모델'을 선택합니다.

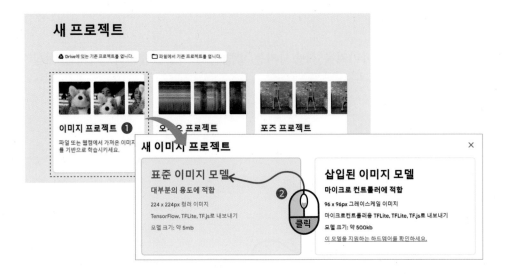

"Class 1'이라고 이름을 적혀있습니다. 이것을 클래스라고 합니다. 티처블 머신이 사진을 분류할 때 클래스를 기준으로 분류합니다.

Class 1이라고 적힌 곳을 클릭해서 'takeoff'로 바꿉니다. 그리고 웹캠을 클릭합니다.

카메라 사용 관련 메시지가 뜨면 '허용'을 클릭합니다.

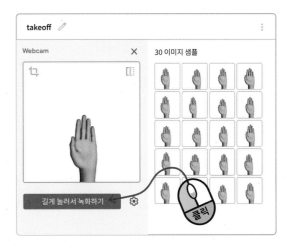

<길게 눌러서 녹화하기>를 클릭해서 손바닥 사진을 찍습니다. 30~100개 정도 사진을 찍습니다. 너무 많이 찍으면 학습하는데 시간이 오래 걸릴 수 있습니다. 다양한 각도에서 사진을 찍습니다.

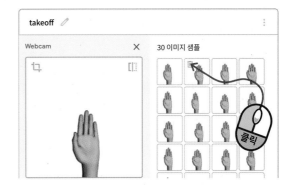

만약 마음에 들지 않는 사진이 있다면 삭제 버튼을 클릭해서 삭제합니다.

같은 방법으로 클래스 이름을 'landing' 으로 정하고 주먹 사진을 찍습니다

이렇게 찍은 사진으로 학습을 시킵니다. <모델 학습시키기>를 클릭합니다.

학습을 할 때 다른 웹페이지를 열거나 브라우저 창을 닫으면 안 됩니다. 학습이 다 될 때까지 기다립니다.

고급 설정에서 여러 가지 설정을 할 수 있습니다.

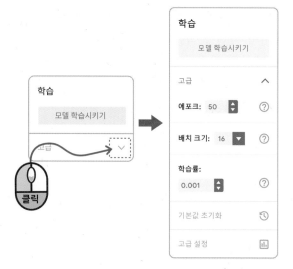

학습이 잘 되었는지 확인합니다. 이미지를 학습한 결과에 따라서 사진을 분류합니다. 우리가 정한 클래스 이름으로 이미지를 분류해줍니다.

만약 손가락 모양을 잘 구분하지 못하면 다시 학습을 합니다.

이상이 없다면 <모델 내보내기>를 클릭합니다.

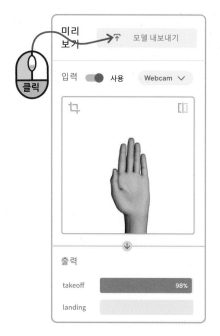

파이썬 인공지능과 함께하는 토리드론

<Tensorflow>를 선택하고 모델 변환 유형은 <Keras>를 고릅니다. <모델 다운로드>를 클릭합니다.

그러면 압축 파일을 다운로드 받을 수 있습니다. 머신러닝 인공지능 드론 프로그램을 만들 때 폴더 경로에 한글이 있으면 다음과 같이 에러가 날 수 있습니다.

UnicodeDecodeError: 'utf-8' codec can't decode byte 0xa0 in position 7: invalid start byte

폴더 경로에 한글이 없도록 합니다. C드라이브에 'ml'이라는 폴더를 만들어서 코딩하는 것도 좋습니다.

압축 파일을 풀면 <keras_model.h5>와 <labels.txt>이 있습니다. 이것을 파이썬 파일 경로로 옮깁니다.

<OpenCV Keras>를 클릭하면 OpenCV 예제가 나오는데 여기 있는 코드를 참고하세요.

모델에서 사용할 코드 스니펫:

Keras	OpenCV Keras		Github에 참여 🐙

```
from keras.models import load_model  # TensorFlow is required for Keras to work
from PIL import Image, ImageOps  # Install pillow instead of PIL
import numpy as np

# Disable scientific notation for clarity
np.set_printoptions(suppress=True)

# Load the model
model = load_model("keras_Model.h5", compile=False)

# Load the labels
class_names = open("labels.txt", "r").readlines()
```

복사 📋

OpenCV로 영상을 읽어서 손바닥과 주먹을 잘 구분하는지 확인하겠습니다.

텐서플로우(TensorFlow)는 2.12 버전을 설치합니다.

■ pip install tensorflow==2.12

텐서플로우를 pip로 설치하면 케라스(keras)와 넘파이(NumPy)가 자동으로 설치됩니다.

코드를 실행했는데 설치가 안 되었다는 에러가 생기면 pip로 설치합니다.

■ pip install keras

■ pip install numpy

넘파이(NumPy)는 파이썬에서 여러 가지 연산을 위해서 가장 널리 사용되는 라이브러리 중하나입니다. 데이터 과학, 기계 학습, 공학 등 다양한 분야에서 사용됩니다.

자세한 방법을 코드와 함께 살펴볼까요?

```python
from keras.models import load_model
import cv2
import numpy as np

# NumPy에서 배열을 출력할 때 과학적 표기법
# (scientific notation)을 사용하지 않도록 설정하는 코드입니다.
# 이를 통해 배열의 요소가 일반적인 소수점 표기법으로 출력됩니다.
np.set_printoptions(suppress=True)

```

```python
10  # 모델을 가져옵니다.
11  model = load_model('keras_model.h5', compile=False)
12
13  # labels.txt를 읽습니다.
14  # 0 takeoff
15  # 1 landing
16  class_names = open('labels.txt', 'r', encoding='UTF-8').readlines()
17
18  capture = cv2.VideoCapture(0)
19
20
21  while capture.isOpened():
22      ret, frame = capture.read()
23      if not ret:
24          continue
25      frame = cv2.flip(frame, 1)
26
27      # 프레임을 (224, 224) 픽셀 크기로 바꿉니다.
28      frame = cv2.resize(frame, (224, 224), interpolation=cv2.INTER_AREA)
29      cv2.imshow('Machine Learning', frame)
30
31      # 프레임을 numpy 배열로 만들고 모델 입력 형태로 바꿉니다.
32      frame = np.asarray(frame, dtype=np.float32).reshape(1, 224, 224, 3)
33
34      # 프레임 배열을 정규화합니다.
35      frame = (frame / 127.5) - 1
36
37      # 모델을 예측합니다.
38      prediction = model.predict(frame)
39
40      # 가장 높은 예측 값을 가진 클래스 인덱스입니다.
41      # 손바닥이면 0, 주먹이면 1이 됩니다.
42      index = np.argmax(prediction)
43
44      # 클래스 이름을 정합니다.
45      # [0 takeoff] 또는 [1 landing]가 됩니다.
46      class_name = class_names[index]
47
48      # 해당 클래스의 신뢰도 점수입니다.
49      confidence_score = prediction[0][index]
```

```
50
51        # 클래스 이름을 보여줍니다.
52        # 만약 class_name가 '0 takeoff'라면
53        # 인덱스가 2부터 문자열을 가져오면 takeoff가 됩니다.
54        # 이렇게 인덱스가 2부터 문자열을 가져오면 클래스 이름이 됩니다.
55        print('클래스:', class_name[2:], end='')
56
57        # round 함수로 소수 둘째 자리까지 나타냅니다.
58        print('신뢰도:', round(confidence_score * 100, 2), '%')
59
60        # 너무 빨리 반복되지 않도록 0.5초 기다립니다.
61        # 영상이 끊기듯이 촬영됩니다.
62        if cv2.waitKey(500) == 27:
63            break
64
65  capture.release()
66  cv2.destroyAllWindows()
```

PROBLEMS   OUTPUT   DEBUG CONSOLE   TERMINAL   PORTS   [>] Python + ∨ ▭ 🗑 … ∧ ✕

클래스: takeoff   클래스: landing
신뢰도: 91.8 %   신뢰도: 90.36 %

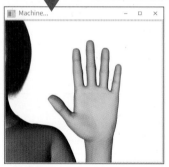

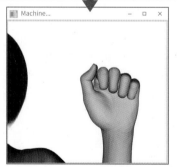

파이썬 인공지능과 함께하는 토리드론

클래스와 신뢰도를 화면에 표시하겠습니다.

```python
1   # 객체를 복사하기 위해서 copy 모듈을 가져옵니다.
2   import copy
3   from keras.models import load_model
4   import cv2
5   import numpy as np
6
7   np.set_printoptions(suppress=True)
8   model = load_model('keras_model.h5', compile=False)
9   class_names = open('labels.txt', 'r',
10                      encoding='UTF-8').readlines()
11  capture = cv2.VideoCapture(0)
12
13  while capture.isOpened():
14      ret, frame = capture.read()
15      if not ret:
16          continue
17      frame = cv2.flip(frame, 1)
18      frame = cv2.resize(frame, (224, 224),
19                         interpolation=cv2.INTER_AREA)
20
21      # copy 모듈을 사용해서 frame을 복사합니다.
22      origin_frame = copy.deepcopy(frame)
23      frame = np.asarray(frame, dtype=np.float32).reshape(1, 224, 224, 3)
24      frame = (frame / 127.5) - 1
25      prediction = model.predict(frame)
26      index = np.argmax(prediction)
27      class_name = class_names[index]
28      confidence_score = prediction[0][index]
29
30      # 클래스 이름을 정합니다.
31      # strip으로 앞 뒤 공백을 지웁니다.
32      class_name = class_name[2:].strip()
33
34      # 신뢰도를 정합니다.
35      confidence_score = round(confidence_score * 100, 2)
```

```
36
37      # 텍스트를 정합니다.
38      text = f'{class_name} : {confidence_score}%'
39
40      # frame에 글자를 쓰고 화면에 보여주면 에러가 생깁니다.
41      # origin_frame에 글자를 쓰고 화면에 보여줍니다.
42      cv2.putText(origin_frame, text, (10, 30),
43                  cv2.FONT_HERSHEY_DUPLEX, 0.5, (255, 0, 0))
44      cv2.imshow('Machine Learning', origin_frame)
45
46      # 영상을 자연스럽게 촬영하도록 기다리는 시간을 1밀리초로 정합니다.
47      if cv2.waitKey(1) == 27:
48          break
49
50  capture.release()
51  cv2.destroyAllWindows()
```

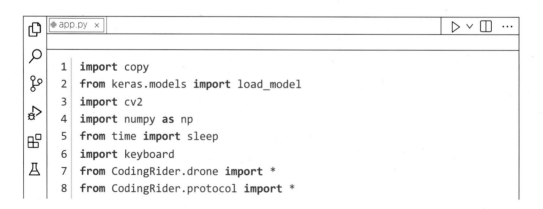

손 모양에 따라서 드론이 이륙/착륙하는 프로그램을 만들어 보겠습니다.

```
app.py ×

1   import copy
2   from keras.models import load_model
3   import cv2
4   import numpy as np
5   from time import sleep
6   import keyboard
7   from CodingRider.drone import *
8   from CodingRider.protocol import *
```

```
 9
10  drone = Drone()
11  drone.open('COM3')
12
13  # is_takeoff 변수로 이륙했는지 확인합니다.
14  is_takeoff = False
15
16  np.set_printoptions(suppress=True)
17  model = load_model('keras_model.h5', compile=False)
18  class_names = open('labels.txt', 'r', encoding='UTF-8').readlines()
19  capture = cv2.VideoCapture(0)
20
21  while capture.isOpened():
22      ret, frame = capture.read()
23      if not ret:
24          continue
25      frame = cv2.flip(frame, 1)
26      frame = cv2.resize(frame, (224, 224), interpolation=cv2.INTER_AREA)
27      origin_frame = copy.deepcopy(frame)
28      frame = np.asarray(frame, dtype=np.float32).reshape(1, 224, 224, 3)
29      frame = (frame / 127.5) - 1
30      prediction = model.predict(frame)
31      index = np.argmax(prediction)
32      class_name = class_names[index]
33      confidence_score = prediction[0][index]
34      class_name = class_name[2:].strip()
35      confidence_score = round(confidence_score * 100, 2)
36      text = f'{class_name} : {confidence_score}%'
37
38      # <엔터> 키를 누르면 영상을 분석합니다.
39      if keyboard.is_pressed('enter'):
40          # 0번 클래스(takeoff)로 분류했고 이륙하지 않았다면 이륙합니다.
41          if (index == 0 and not is_takeoff):
42              cv2.putText(origin_frame, text, (10, 30),
43                      cv2.FONT_HERSHEY_DUPLEX, 0.5, (255, 0, 0))
44              cv2.imshow('Machine Learning', origin_frame)
45              print('이륙')
46              sleep(2)
47              drone.sendTakeOff()
48              sleep(5)
```

```python
49              print('이륙 완료')
50              is_takeoff = True
51          # 1번 클래스(landing)로 분류했고 이륙했다면 착륙합니다.
52          if (index == 1 and is_takeoff):
53              cv2.putText(origin_frame, text, (10, 30),
54                      cv2.FONT_HERSHEY_DUPLEX, 0.5, (255, 0, 0))
55              cv2.imshow('Machine Learning', origin_frame)
56              print('착륙')
57              # 제자리에서 0.5초 멈춥니다.
58              drone.sendControlWhile(0, 0, 0, 0, 500)
59              drone.sendLanding()
60              sleep(3)
61              print('착륙 완료')
62              is_takeoff = False
63      # 안전을 위해서 키보드로 착륙/정지하는 코드도 추가합니다.
64      if keyboard.is_pressed('space'):
65          print('착륙')
66          drone.sendControlWhile(0, 0, 0, 0, 500)
67          drone.sendLanding()
68          sleep(3)
69          print('착륙 완료')
70          is_takeoff = False
71      if keyboard.is_pressed('q'):
72          print('정지')
73          drone.sendControlWhile(0, 0, 0, 0, 500)
74          drone.sendStop()
75          sleep(3)
76          is_takeoff = False
77      if cv2.waitKey(1) == 27:
78          break
79
80  capture.release()
81  cv2.destroyAllWindows()
```

PROBLEMS   OUTPUT   DEBUG CONSOLE   TERMINAL   PORTS   ⊵ Python + ∨ ▢ 🗑 … ∧ ✕

파이썬 인공지능과 함께하는 토리드론

한 단계 더!

[피치]와 [롤] 값을 바꿔서 드론이 움직일 수 있도록 손모양을 더 학습시켜서 프로그램을 완성하세요.

- 드론이 이륙했을 때 <엔터> 키를 누르면 일단 멈추고 손모양에 따라서 드론을 조종합니다.

손모양	방향	클래스이름	인덱스
	앞(피치+)	forward	2
	오른쪽(롤+)	right	3
	뒤(피치-)	back	4
	왼쪽(롤-)	left	5

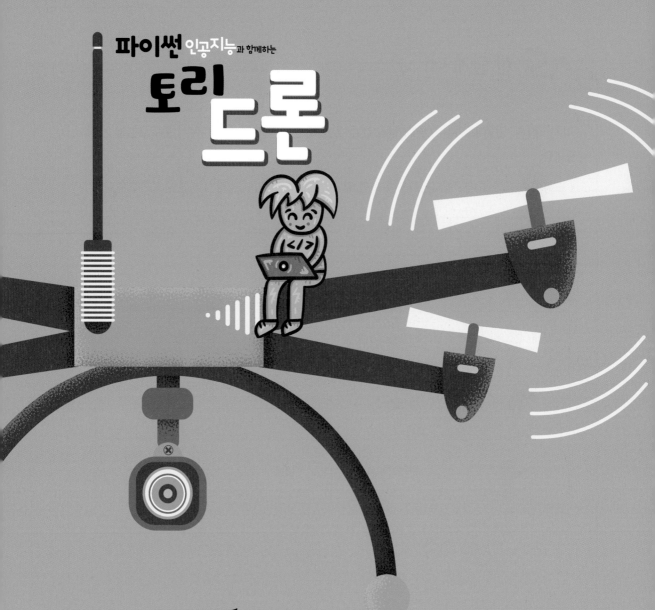

파이썬 인공지능과 함께하는

토리 드론

python coding

부록

01 한 단계 더 정답

조건문과 반복문

```python
1  # 다이아몬드의 절반을 정합니다.
2  # 여기서는 5로 정했지만, 다른 숫자로 바꿔도 됩니다.
3  n = 5
4
5  # 다이아몬드의 전체 높이를 계산합니다.
6  # 예를 들어, n이 5라면 전체 높이는 9가 됩니다 (2 * 5 - 1).
7  height = 2 * n - 1
8
9  # 다이아몬드 모양을 출력하기 위해 for 문을 사용합니다.
10  # 0부터 height-1까지 반복합니다.
11  for i in range(height):
12      # i가 n보다 작을 때 (다이아몬드 위쪽을 출력할 때)
13      if i < n:
14          # 공백을 출력합니다.
15          # 예를 들어, n이 5이고 i가 0일 때, 4개의 공백을 출력합니다.
16          print(' ' * (n - i - 1), end='')
17
18          # 별을 출력합니다.
19          # 예를 들어, n이 5이고 i가 0일 때, 1개의 별을 출력합니다.
20          print('*' * (2 * i + 1))
21      else:  # i가 n보다 크거나 같을 때 (다이아몬드 아래쪽을 출력할 때)
22          # 공백을 출력합니다.
23          # 예를 들어, n이 5이고 i가 5일 때, 1개의 공백을 출력합니다.
24          print(' ' * (i - n + 1), end='')
25
26          # 별을 출력합니다.
27          # 예를 들어, n이 5이고 i가 5일 때, 7개의 별을 출력합니다.
28          print('*' * (2 * (height - i - 1) + 1))
```

엔트리 인공지능과 함께하는 토리드론

파이썬으로 미술작품 만들기

```python
1  from turtle import *
2
3  # N각형을 그리고 360/N로 회전하는 것을 N번 반복합니다.
4  def draw(number, length):
5      for i in range(number):
6          for j in range(number):
7              forward(length)
8              left(360 / number)
9          left(360 / number)
10
11 bgcolor('white')
12 color('red')
13 pensize(5)
14 speed(30)
15 draw(6, 100)
16 exitonclick()
```

파일 이름 한 번에 바꾸기

```
1   import os
2
3   # txt 파일 이름을 저장하는 리스트를 만듭니다.
4   txt_list = []
5
6   # 현재 경로에서 폴더와 파일을 모두 확인합니다.
7   all_list = os.listdir()
8
9   for item in all_list:
10      # 파일이 .txt로 끝나면 txt_list에 추가합니다.
11      if item.endswith('.txt'):
12          txt_list.append(item)
13
14  # for 문을 사용합니다.
15  for i in range(len(txt_list)):
16      old_name = txt_list[i]
17      # i가 0부터 시작하기 때문에 1을 더합니다.
18      new_name = f'텍스트{i+1}.txt'
19      os.rename(old_name, new_name)
```

조종기 코딩하기

```python
1  from time import sleep
2  from random import randint
3  from CodingRider.drone import *
4  from CodingRider.protocol import *
5
6  def eventButton(button):
7      print(button.button)
8      if button.button == 1:
9          drone.sendLightModeColor(LightModeDrone.BodyHold, 255, 255, 0, 0)
10     elif button.button == 2:
11         drone.sendLightModeColor(LightModeDrone.BodyHold, 255, 0, 0, 255)
12     elif button.button == 512:
13         drone.sendLightModeColor(LightModeDrone.BodyHold, 255,
14                               randint(0, 255), randint(0, 255), randint(0, 255))
15     elif button.button == 1024:
16         drone.sendBuzzerScale(BuzzerScale.C4, 500)
17
18 drone = Drone()
19 drone.open('COM3')
20 drone.setEventHandler(DataType.Button, eventButton)
21 drone.sendPing(DeviceType.Controller)
22
23 while True:
24     sleep(0.01)
```

키보드로 드론 조종하기

```python
1   import keyboard
2   from time import sleep
3   from CodingRider.drone import *
4   from CodingRider.protocol import *
5
6   # 드론 배터리 양을 확인하는 함수입니다.
7   def eventState(state):
8       print(state.battery)
9
10  drone = Drone()
11  drone.open('COM3')
12  # 이벤트 타이머 함수를 등록합니다.
13  drone.setEventHandler(DataType.State, eventState)
14  speed = 50
15
16  while True:
17      if keyboard.is_pressed('enter') :
18          print('이륙')
19          sleep(2)
20          drone.sendTakeOff()
21          sleep(5)
22          print('이륙 완료')
23      if keyboard.is_pressed('space'):
24          print('착륙')
25          drone.sendControlWhile(0, 0, 0, 0, 500)
26          drone.sendLanding()
27          sleep(3)
28          print('착륙 완료')
29      if keyboard.is_pressed('q'):
30          print('정지')
31          drone.sendControlWhile(0, 0, 0, 0, 500)
32          drone.sendStop()
33          sleep(3)
34      if keyboard.is_pressed('esc'):
35          print('프로그램 종료')
36          break
37      if keyboard.is_pressed('up'):
38          while keyboard.is_pressed('up'):
39              drone.sendControl(0, speed, 0, 0)
```

```
40        drone.sendControl(0, 0, 0, 0)
41    if keyboard.is_pressed('down'):
42        while keyboard.is_pressed('down'):
43            drone.sendControl(0, -speed, 0, 0)
44        drone.sendControl(0, 0, 0, 0)
45    if keyboard.is_pressed('left'):
46        while keyboard.is_pressed('left'):
47            drone.sendControl(-speed, 0, 0, 0)
48        drone.sendControl(0, 0, 0, 0)
49    if keyboard.is_pressed('right'):
50        while keyboard.is_pressed('right'):
51            drone.sendControl(speed, 0, 0, 0)
52        drone.sendControl(0, 0, 0, 0)
53    if keyboard.is_pressed('w'):
54        while keyboard.is_pressed('w'):
55            drone.sendControl(0, 0, 0, speed)
56        drone.sendControl(0, 0, 0, 0)
57    if keyboard.is_pressed('s'):
58        while keyboard.is_pressed('s'):
59            drone.sendControl(0, 0, 0, -speed)
60        drone.sendControl(0, 0, 0, 0)
61    if keyboard.is_pressed('a'):
62        while keyboard.is_pressed('a'):
63            drone.sendControl(0, 0, speed, 0)
64        drone.sendControl(0, 0, 0, 0)
65    if keyboard.is_pressed('d'):
66        while keyboard.is_pressed('d'):
67            drone.sendControl(0, 0, -speed, 0)
68        drone.sendControl(0, 0, 0, 0)
69    if keyboard.is_pressed('c'): # <c> 키를 누르면 원 비행을 합니다.
70        while keyboard.is_pressed('c'):
71            drone.sendControl(50, 0, 100, 0)
72        drone.sendControl(0, 0, 0, 0)
73    if keyboard.is_pressed('t'): # <t> 키를 회오리 비행을 합니다.
74        while(keyboard.is_pressed('t')):
75            drone.sendControl(50, 0, 100, 20)
76        drone.sendControl(0, 0, 0, 0)
77    if keyboard.is_pressed('b'): <b> 키를 누르면 배터리 양을 확인합니다.
78        drone.sendRequest(DeviceType.Drone, DataType.State)
79        sleep(0.5)
80    sleep(0.01)
```

마우스로 드론 조종하기

```python
1   from time import sleep
2   import keyboard
3   import pyautogui as pg
4   from CodingRider.drone import *
5   from CodingRider.protocol import *
6
7   drone = Drone()
8   drone.open('COM3')
9
10  width = pg.size().width
11  height = pg.size().height
12
13  is_takeoff = False
14
15  while True:
16      if keyboard.is_pressed('enter'):
17          print('이륙')
18          sleep(2)
19          drone.sendTakeOff()
20          sleep(5)
21          print('이륙 완료')
22          is_takeoff = True
23      if keyboard.is_pressed('space'):
24          print('착륙')
25          drone.sendControlWhile(0, 0, 0, 0, 500)
26          drone.sendLanding()
27          sleep(3)
28          print('착륙 완료')
29          is_takeoff = False
30      if keyboard.is_pressed('q'):
31          print('정지')
32          drone.sendControlWhile(0, 0, 0, 0, 500)
33          drone.sendStop()
34          sleep(3)
35          is_takeoff = False
36      if keyboard.is_pressed('esc'):
37          print('프로그램 종료')
38          break
```

```
39      if is_takeoff:
40          roll = int((pg.position().x / (width / 200) - 100) * 0.5)
41          pitch = -int((pg.position().y / (height / 200) - 100) * 0.5)
42          print(roll, pitch)
43          if (roll >= 35 and pitch >= 35):
44              drone.sendControl(50, 0, 100, 0)
45          elif (roll >= 35 and pitch <= -35):
46              print('착륙')
47              drone.sendControlWhile(0, 0, 0, 0, 500)
48              drone.sendLanding()
49              sleep(3)
50              print('착륙 완료')
51              is_takeoff = False
52          else:
53              drone.sendControl(roll, pitch, 0, 0)
54      sleep(0.01)
55
```

드론 조종 GUI 프로그램 만들기

```
1   import tkinter as tk
2   from time import *
3   from CodingRider.drone import *
4   from CodingRider.protocol import *
5
6   button_width = 15
7   button_height = 5
8   gap = 3
9   battery = 0
10  speed = 50 # 드론 속도를 정합니다.
11
12  def eventState(state):
13      global battery
14      battery = state.battery
15
16  drone = Drone()
```

```
17   drone.open('COM3')
18   drone.setEventHandler(DataType.State, eventState)
19   drone.sendRequest(DeviceType.Drone, DataType.State)
20
21   def takeoff():
22       print('이륙')
23       sleep(2)
24       drone.sendTakeOff()
25       sleep(5)
26       print('이륙 완료')
27
28   def landing():
29       print('착륙')
30       drone.sendControlWhile(0, 0, 0, 0, 500)
31       drone.sendLanding()
32       sleep(3)
33       print('착륙 완료')
34
35   def stop():
36       print('정지')
37       drone.sendControlWhile(0, 0, 0, 0, 500)
38       drone.sendStop()
39       sleep(3)
40
41   def forward():
42       global speed
43       drone.sendControl(0, speed, 0, 0)
44
45   def back():
46       global speed
47       drone.sendControl(0, -speed, 0, 0)
48
49   def left():
50       global speed
51       drone.sendControl(-speed, 0, 0, 0)
52
53   def right():
54       global speed
55       drone.sendControl(speed, 0, 0, 0)
56
57   def hovering():
```

```
58        drone.sendControl(0, 0, 0, 0)
59
60  def check_battery():
61      global battery
62      label_battery.config(text=battery)
63
64  root = tk.Tk()
65  root.title('드론 조종기')
66  button_takeoff = tk.Button(root, text='이륙', width=button_width,
67                             height=button_height, command=takeoff)
68  button_takeoff.grid(row=0, column=0, padx=gap, pady=gap)
69  button_landing = tk.Button(root, text='착륙', width=button_width,
70                             height=button_height, command=landing)
71  button_landing.grid(row=0, column=1, padx=gap, pady=gap)
72  button_stop = tk.Button(root, text='정지', width=button_width,
73                          height=button_height, command=stop)
74  button_stop.grid(row=0, column=2, padx=gap, pady=gap)
75  button_pp = tk.Button(root, text='피치+', width=button_width,
76                        height=button_height, command=forward)
77  button_pp.grid(row=2, column=1, padx=gap, pady=gap)
78  button_rm = tk.Button(root, text='롤-', width=button_width,
79                        height=button_height, command=left)
80  button_rm.grid(row=3, column=0, padx=gap, pady=gap)
81  button_hovering = tk.Button(root, text='제자리', width=button_width,
82                              height=button_height, command=hovering)
83  button_hovering.grid(row=3, column=1, padx=gap, pady=gap)
84  button_rp = tk.Button(root, text='롤+', width=button_width,
85                        height=button_height, command=right)
86  button_rp.grid(row=3, column=2, padx=gap, pady=gap)
87  button_pm = tk.Button(root, text='피치-', width=button_width,
88                        height=button_height, command=back)
89  button_pm.grid(row=4, column=1, padx=gap, pady=gap)
90  button_battery = tk.Button(root, text='배터리', width=button_width,
91                             height=button_height, command=check_battery)
92  button_battery.grid(row=5, column=0, padx=gap, pady=gap)
93  label_battery = tk.Label(root, text='드론 배터리', width=button_width,
94                           height=button_height, bg='white')
95  label_battery.grid(row=5, column=1, columnspan=2, sticky='NEWS',
96                     padx=gap, pady=gap)
97  root.mainloop()
```

얼굴 인식 드론 1

```
 1  while capture.isOpened():
 2      while(not is_face):
 3          ret, frame = capture.read()
 4          if not ret:
 5              continue
 6          frame = cv2.flip(frame, 1)
 7          face_detect(frame)
 8          if cv2.waitKey(1) == 27:
 9              break
10      # 드론의 속도를 정합니다.
11      speed = 50
12
13      # is_takeoff 변수로 이륙했는지 확인합니다.
14      is_takeoff = False
15      print('이륙')
16      sleep(2)
17      drone.sendTakeOff()
18      sleep(5)
19      print('이륙 완료')
20      is_takeoff = True
21      while is_takeoff: # 이륙했다면
22          ret, frame = capture.read()
23          if not ret:
24              continue
25          frame = cv2.flip(frame, 1)
26          cv2.imshow(window_name, frame)
27          key = cv2.waitKey(1)
28          if keyboard.is_pressed('space'):
29              print('착륙')
30              drone.sendControlWhile(0, 0, 0, 0, 500)
31              drone.sendLanding()
32              sleep(3)
33              print('착륙 완료')
34          if keyboard.is_pressed('q'):
35              print('정지')
36              drone.sendControlWhile(0, 0, 0, 0, 500)
37              drone.sendStop()
38              sleep(3)
```

```
39          if keyboard.is_pressed('esc'):
40              print('프로그램 종료')
41              break
42          if keyboard.is_pressed('up'):
43              while(keyboard.is_pressed('up')):
44                  drone.sendControl(0, speed, 0, 0)
45              drone.sendControl(0, 0, 0, 0)
46          if keyboard.is_pressed('down'):
47              while(keyboard.is_pressed('down')):
48                  drone.sendControl(0, -speed, 0, 0)
49              drone.sendControl(0, 0, 0, 0)
50          if keyboard.is_pressed('left'):
51              while(keyboard.is_pressed('left')):
52                  drone.sendControl(-speed, 0, 0, 0)
53              drone.sendControl(0, 0, 0, 0)
54          if keyboard.is_pressed('right'):
55              while(keyboard.is_pressed('right')):
56                  drone.sendControl(speed, 0, 0, 0)
57              drone.sendControl(0, 0, 0, 0)
58      # <Esc> 키를 누르면 프로그램 종료해야 합니다.
59      # while is_takeoff이 끝나면 다시 break를 해서
60      # while capture.isOpened()를 끝냅니다.
61      break
62
63  capture.release()
64  cv2.destroyAllWindows()
```

손 인식 인공지능 드론

```python
1   import cv2
2   import mediapipe as mp
3   from time import sleep
4   import keyboard
5   from CodingRider.drone import *
6   from CodingRider.protocol import *
7
8   # is_takeoff 변수로 이륙했는지 확인합니다.
9   is_takeoff = False
10
11  drone = Drone()
12  drone.open('COM3')
13
14  capture = cv2.VideoCapture(0)
15  mp_hands = mp.solutions.hands
16  mp_drawing = mp.solutions.drawing_utils
17
18  with mp_hands.Hands(
19      max_num_hands=1,
20      min_detection_confidence=0.5,
21      min_tracking_confidence=0.5
22      ) as hands:
23
24      while capture.isOpened():
25          ret, frame = capture.read()
26          if not ret:
27              continue
28          frame = cv2.cvtColor(cv2.flip(frame, 1), cv2.COLOR_BGR2RGB)
29          results = hands.process(frame)
30          frame = cv2.cvtColor(frame, cv2.COLOR_RGB2BGR)
31          if results.multi_hand_landmarks:
32              for hand_landmarks in results.multi_hand_landmarks:
33                  mp_drawing.draw_landmarks(frame, hand_landmarks,
34                                          mp_hands.HAND_CONNECTIONS)
35                  finger1 = hand_landmarks.landmark[4] # 엄지 손가락이다.
36                  finger2 = hand_landmarks.landmark[8] # 검지 손가락이다.
37                  # 이륙했다면
38                  if is_takeoff:
```

```
39              # 엄지와 검지 손가락의 x좌표가 차이를 구해서
40              # distance 변수에 저장합니다.
41              distance = abs(finger1.x - finger2.x) * 100
42
43              # 엄지와 검지 손가락의 x좌표가 차이가 많이 나면
44              # 원 비행을 합니다.
45              if distance > 25:
46                  drone.sendControl(50, 0, 100, 0)
47                  text = 'Circle'
48              # 그렇지 않으면 롤과 피치 또는 쓰로틀을 바꿉니다.
49              else:
50                  # 엄지 손가락이 더 위에 있다면
51                  # 값이 작을수록 위에 있는 것입니다.
52                  if finger1.y < finger2.y:
53                      # 엄지 손가락의 y좌표로 쓰로틀을 바꿉니다.
54                      throttle = -int(((finger1.y * 200) - 100) * 0.5)
55                      drone.sendControl(0, 0, 0, throttle)
56                      text = f't : {throttle}'
57                  # 검지 손가락이 더 위에 있다면
58                  else:
59                      # 검지 손가락의 좌표로 롤과 피치를 바꿉니다.
60                      roll = int(((finger1.x * 200) - 100) * 0.5)
61                      pitch = -int(((finger1.y * 200) - 100) * 0.5)
62                      drone.sendControl(roll, pitch, 0, 0)
63                      text = f'r : {roll}, p : {pitch}'
64              cv2.putText(frame, text, (10, 30),
65                          cv2.FONT_HERSHEY_DUPLEX, 1, (255, 0, 0), 1)
66      cv2.imshow('MediaPipe Hand Detection', frame)
67      if keyboard.is_pressed('enter'):
68          print('이륙')
69          sleep(2)
70          drone.sendTakeOff()
71          sleep(5)
72          print('이륙 완료')
73          is_takeoff = True
74      if keyboard.is_pressed('space'):
75          print('착륙')
76          drone.sendControlWhile(0, 0, 0, 0, 500)
77          drone.sendLanding()
78          sleep(3)
79          print('착륙 완료')
```

```
80              is_takeoff = False
81          if keyboard.is_pressed('q'):
82              print('정지')
83              drone.sendControlWhile(0, 0, 0, 0, 500)
84              drone.sendStop()
85              sleep(3)
86              is_takeoff = False
87          if cv2.waitKey(1) == 27:
88              break
89
90  capture.release()
91  cv2.destroyAllWindows()
```

머신러닝 인공지능 드론

```
1   import copy
2   from keras.models import load_model
3   import cv2
4   import numpy as np
5   from time import sleep
6   import keyboard
7   from CodingRider.drone import *
8   from CodingRider.protocol import *
9
10  drone = Drone()
11  drone.open('COM3')
12  is_takeoff = False
13
14  # 속도 변수를 만듭니다.
15  # 천천히 움직이도록 30으로 정했습니다.
16  speed = 30
17
18  np.set_printoptions(suppress=True)
19  model = load_model('keras_model.h5', compile=False)
20  class_names = open('labels.txt', 'r', encoding='UTF-8').readlines()
21  capture = cv2.VideoCapture(0)
```

엔트리 인공지능과 함께하는 토리드론

```python
22
23  while capture.isOpened():
24      ret, frame = capture.read()
25      if not ret:
26          continue
27      frame = cv2.flip(frame, 1)
28      frame = cv2.resize(frame, (224, 224), interpolation=cv2.INTER_AREA)
29      origin_frame = copy.deepcopy(frame)
30      frame = np.asarray(frame, dtype=np.float32).reshape(1, 224, 224, 3)
31      frame = (frame / 127.5) - 1
32      prediction = model.predict(frame)
33      index = np.argmax(prediction)
34      class_name = class_names[index]
35      confidence_score = prediction[0][index]
36      class_name = class_name[2:].strip()
37      confidence_score = round(confidence_score * 100, 2)
38      text = f'{class_name} : {confidence_score}%'
39
40      if keyboard.is_pressed('enter'):
41          if (index == 0 and not is_takeoff):
42              cv2.putText(origin_frame, text, (10, 30),
43                          cv2.FONT_HERSHEY_DUPLEX, 0.5, (255, 0, 0))
44              cv2.imshow('Machine Learning', origin_frame)
45              print('이륙')
46              sleep(2)
47              drone.sendTakeOff()
48              sleep(5)
49              print('이륙 완료')
50              is_takeoff = True
51          # 이륙했다면
52          if is_takeoff:
53              # 일단 제자리에서 멈춥니다.
54              drone.sendControlWhile(0, 0, 0, 0, 500)
55              if index == 1:
56                  cv2.putText(origin_frame, text, (10, 30),
57                              cv2.FONT_HERSHEY_DUPLEX, 0.5, (255, 0, 0))
58                  cv2.imshow('Machine Learning', origin_frame)
59                  print('착륙')
60                  drone.sendLanding()
61                  sleep(3)
62                  print('착륙 완료')
```

```
63              is_takeoff = False
64          # 손모양으로 [피치]와 [롤] 값을 바꿔서 움직이는 코드를 추가합니다.
65          if index == 2: # forward라면
66              cv2.putText(origin_frame, text, (10, 30),
67                          cv2.FONT_HERSHEY_DUPLEX, 0.5, (255, 0, 0))
68              cv2.imshow('Machine Learning', origin_frame)
69              sleep(1)
70              drone.sendControl(0, speed, 0, 0)
71          if index == 3: # right라면
72              cv2.putText(origin_frame, text, (10, 30),
73                          cv2.FONT_HERSHEY_DUPLEX, 0.5, (255, 0, 0))
74              cv2.imshow('Machine Learning', origin_frame)
75              sleep(1)
76              drone.sendControl(speed, 0, 0, 0)
77          if index == 4: # back이라면
78              cv2.putText(origin_frame, text, (10, 30),
79                          cv2.FONT_HERSHEY_DUPLEX, 0.5, (255, 0, 0))
80              cv2.imshow('Machine Learning', origin_frame)
81              sleep(1)
82              drone.sendControl(0, -speed, 0, 0)
83          if index == 5: # left라면
84              cv2.putText(origin_frame, text, (10, 30),
85                          cv2.FONT_HERSHEY_DUPLEX, 0.5, (255, 0, 0))
86              cv2.imshow('Machine Learning', origin_frame)
87              sleep(1)
88              drone.sendControl(-speed, 0, 0, 0)
89      if keyboard.is_pressed('space'):
90          print('착륙')
91          drone.sendControlWhile(0, 0, 0, 0, 500)
92          drone.sendLanding()
93          sleep(3)
94          print('착륙 완료')
95          is_takeoff = False
96      if keyboard.is_pressed('q'):
97          print('정지')
98          drone.sendControlWhile(0, 0, 0, 0, 500)
99          drone.sendStop()
100         sleep(3)
101         is_takeoff = False
102     if cv2.waitKey(1) == 27:
103         break
```

```
104
105   capture.release()
106   cv2.destroyAllWindows()
107
```

초등

수학

[2수02-01] 물체, 무늬, 수 등의 배열에서 규칙을 찾아 여러 가지 방법으로 표현할 수 있다.

[2수02-02] 자신이 정한 규칙에 따라 물체, 무늬, 수 등을 배열할 수 있다.

[2수03-03] 교실 및 생활 주변에서 여러 가지 물건을 관찰하여 삼각형, 사각형, 원의 모양을 찾고, 이를 이용하여 여러 가지 모양을 만들 수 있다.

[4수03-03] 직선의 수직 관계와 평행 관계를 이해한다.

[4수03-12] 주어진 도형을 이용하여 여러 가지 모양을 만들거나 채우고 설명할 수 있다.

[4수03-24] 각의 크기의 단위인 1도(°)를 알고, 각도기를 이용하여 각의 크기를 측정하고 어림할 수 있다.

과학

[4과07-01] 여러 가지 물체를 이용하여 소리를 내보고, 소리가 나는 물체는 떨림이 있음을 설명할 수 있다.

[4과07-02] 큰 소리와 작은 소리, 높은 소리와 낮은 소리를 구분하고, 세기와 높낮이가 다른 소리를 낼 수 있다.

[4과07-03] 여러 가지 물질을 통하여 소리가 전달되는 것을 관찰하고, 소음을 줄이는 방법을 찾아 일상생활에서 실천할 수 있다.

[6과02-01] 물체를 보기 위해서 빛이 있어야 함을 알고, 빛의 성질에 대해 흥미를 느낄 수 있다.

[6과08-01] 우리가 생활에서 이용하는 다양한 자원을 조사하고, 자원의 유한함을 설명할 수 있다.

[6과08-03] 자원과 에너지의 효율적인 이용 방법에 대해 탐색하고, 생활 속에서 실천할 수 있는 다양한 사례를 공유할 수 있다.

[6과16-01] 미래 사회에 일어날 수 있는 문제를 조사하고, 문제를 해결하는 데 과학이 기여할 수 있는 방법을 토의할 수 있다.

[6과16-02] 다양한 진로가 과학과 관련됨을 알고, 자신의 진로를 과학과 관련지어 설명할 수 있다.

실과

[6실05-01] 컴퓨터를 활용한 생활 속 문제해결 사례를 탐색하고 일상생활 속 문제를 해결하기 위한 알고리즘을 다양한 방법으로 표현한다.

[6실05-02] 컴퓨터에게 명령하는 방법을 체험하고, 주어진 문제를 해결하는 프로그램을 작성한다.

[6실05-03] 실생활의 문제를 해결하는 프로그램을 협력하여 작성하고, 산출물을 타인과 공유한다.

[6실05-04] 디지털 데이터와 아날로그 데이터의 특징을 이해하고, 인공지능에 활용할 수 있는 데이터의 유형이나 형태를 탐색한다.

[6실05-05] 인공지능이 만들어지는 과정을 체험하고, 인공지능이 사회에 미치는 영향을 탐색한다.

미술

[4미01-01] 자연물과 인공물을 탐색하는 데 다양한 감각을 활용할 수 있다.

[4미01-03] 미적 탐색에 호기심을 갖고 참여하며 자신의 감각으로 대상의 특징을 이해할 수 있다.

[4미01-04] 생활 속에서 활용되는 미술에 관심을 가지고 미술의 특징과 역할을 발견할 수 있다.

[4미02-01] 관찰과 상상으로 아이디어를 떠올려 표현 주제를 구체화할 수 있다.

[4미02-03] 조형 요소의 특징을 자유롭게 탐색하며 주제 표현에 알맞게 활용할 수 있다.

[4미02-05] 미술과 타 교과를 관련지어 주제를 표현하는데 흥미를 가질 수 있다.

[6미01-01] 다양한 감각과 매체를 활용하여 자신과 대상을 탐색할 수 있다.

[6미02-01] 다양한 방법으로 아이디어를 연결하여 확장된 표현 주제로 발전시킬 수 있다.

[6미02-03] 조형 요소의 어울림을 통해 조형 원리를 이해하고 주제 표현에 연결할 수 있다.

[6미02-05] 미술과 타 교과의 내용과 방법을 융합하는 활동을 자유롭게 시도할 수 있다.

[6미03-02] 미술 작품의 내용(소재, 주제 등)과 형식(재료와 용구, 표현 방법, 조형 요소와 원리 등)을 분석하여 작품의 특징을 설명할 수 있다.

[6미03-03] 공동체의 미술 문화 활동에 관심을 가지고 참여하며 경험을 공유할 수 있다.

[6미03-04] 다양한 방법을 활용하여 작품을 감상하며 작품에 관한 서로 다른 관점을 존중할 수 있다.

음악

[4음01-02] 기초적인 음악 요소를 살려 노래 부르거나 악기로 연주하고 느낌을 이야기한다.

[4음01-04] 생활 속에서 음악을 경험하며 연주에 관심을 가지고 참여한다.

[4음02-01] 음악을 듣고 기초적인 음악 요소를 탐색하며 반응한다.

[4음02-04] 생활 속에서 음악을 들으며 느낌과 호기심을 갖고 즐긴다.

[4음03-03] 기초적인 음악 요소를 활용하여 소리나 음악으로 표현한다.

[6음02-04] 생활 속에서 음악을 찾아 들으며 아름다움을 느끼고 공감한다.

[6음03-03] 음악의 요소를 활용하여 간단한 음악을 만든다.

영어

[4영01-01] 알파벳과 쉽고 간단한 단어의 소리를 듣고 식별한다.

[4영01-03] 쉽고 간단한 단어, 어구, 문장을 듣고 강세, 리듬, 억양을 식별한다.

[4영01-04] 소리와 철자의 관계를 이해하며 쉽고 간단한 단어, 어구, 문장을 소리 내어 읽는다.

[4영02-03] 소리와 철자의 관계를 바탕으로 쉽고 간단한 단어를 쓴다.

[6영01-01] 간단한 단어, 어구, 문장을 듣고 강세, 리듬, 억양을 식별한다.

[6영01-02] 간단한 단어, 어구, 문장을 강세, 리듬, 억양에 맞게 소리 내어 읽는다.

[6영01-03] 간단한 단어, 어구, 문장의 의미를 이해한다.

[6영02-01] 간단한 단어, 어구, 문장을 강세, 리듬, 억양에 맞게 말한다.

[6영02-02] 실물, 그림, 동작 등을 보고 간단한 단어, 어구, 문장으로 말하거나 쓴다.

중등

수학

[9수02-14] 함수의 개념을 이해하고, 함숫값을 구할 수 있다.

[9수03-01] 점, 선, 면, 각을 이해하고, 실생활 상황과 연결하여 점, 직선, 평면의 위치 관계를 설명할 수 있다.

과학

[9과01-01] 과학적 탐구 방법을 이해하고, 일상생활의 문제에 대한 과학적 해결 방안을 제안할 수 있다.

[9과01-02] 과학의 발전이 인류 문명에 미친 영향을 이해하고, 인공지능 등 첨단 과학기술이 가져올 미래 사회의 변화를 조사하여 발표할 수 있다.

[9과01-03] 인류의 지속가능한 삶을 위한 과학기술의 중요성과 역할에 대해 토의하고, 개인과 사회 차원의 활동 방안을 찾아 실천할 수 있다.

[9과23-01] 과학과 관련된 직업의 종류와 하는 일을 조사하고, 과학기술의 발달로 생기는 미래 사회의 직업 변화를 예상할 수 있다.

[9과23-02] 자신의 진로와 관련 있는 과학 분야를 조사하고, 진로 선택을 위하여 필요한 과학 학습을 계획할 수 있다.

기술

[9기가03-01] 기술의 의미와 특성을 이해하고 기술의 발달에 따른 사회의 변화를 파악하며, 미래의 기술과 사회의 변화를 평가하고 예측함으로써 기술에 대한 가치를 인식한다.

[9기가03-02] 기술의 표준화, 적정 기술과 같은 기술 활용 사례를 탐구하고, 기술이 사회에 미치는 영향을 바르게 인식하여 기술 혁신과 사회 발전에 참여하는 태도를 갖는다.

[9기가03-03] 기술적 문제 해결 과정의 이해를 바탕으로 문제를 확인하고, 정보를 수집하며, 확산적 사고와 수렴적 사고를 통해 해결방안을 탐색하고 대안을 선정한다.

[9기가03-12] 다양한 수송 수단과 물류 체제를 이해하고 발달과정 및 특징과 혁신적인 활용 사례를 조사하여 수송 분야의 발달을 전망한다.

[9기가03-13] 수송 수단 및 물류 체제와 관련된 문제를 이해하고 해결방안을 탐색하여 실현하고 평가한다.

[9기가04-05] 정보통신과 인공지능 기술의 활용 사례를 탐구하고, 정보통신과 인공지능 기술이 우리 삶에 미치는 영향을 다양한 관점에서 평가한다.

[9기가04-06] 정보통신과 인공지능 기술 관련 문제를 이해하고 해결 방안을 탐색, 실현, 평가함으로써 긍정적인 문제 해결 태도를 갖는다.

정보

[9정01-01] 컴퓨팅 시스템의 구성요소와 동작 원리를 이해하고, 운영 체제의 기능을 분석한다.

[9정01-02] 피지컬 컴퓨팅의 개념을 이해하고, 생활 속에서 적용된 사례 조사를 통해 컴퓨팅 시스템의 필요성과 가치를 판단한다.

[9정01-03] 문제 해결 목적에 맞는 피지컬 컴퓨팅 구성요소를 선택하여 시스템을 구상한다.

[9정03-01] 문제의 상태를 정의하고 수행 가능한 형태로 구조화한다.

[9정03-02] 문제 해결을 위한 추상화의 중요성을 이해하고, 핵심요소를 중심으로 알고리즘을 표현한다.

[9정03-03] 알고리즘의 중요성을 이해하고, 문제를 해결하는 다양한 알고리즘을 비교⊠분석한다.

[9정03-04] 사례를 중심으로 문제 해결에 적합한 전략을 선택하여 알고리즘을 설계한다.

[9정03-05] 데이터를 순차적으로 저장할 수 있는 구조를 활용하여 문제 해결 프로그램을 작성한다.

[9정03-06] 논리 연산과 중첩 제어 구조를 활용하여 문제를 해결하는 프로그램을 작성한다.

[9정03-07] 프로그램 작성에서 함수를 활용하고, 프로그램 수행 결과를 디버거로 분석하여 오류를 수정한다.

[9정03-08] 실생활의 문제를 탐색하여 발견하고, 프로그래밍을 통해 해결한다.

[9정03-09] 다양한 학문 분야의 문제 해결을 위해 협력하여 소프트웨어를 개발한다.

[9정04-01] 인공지능의 개념과 특성을 설명하고 인공지능 소프트웨어를 구별한다.

[9정04-02] 인공지능 학습에서 데이터의 중요성을 이해하고, 학습에 필요한 데이터를 수집하여 분류한다.

[9정04-03] 다양한 데이터를 활용하여 인공지능 시스템을 구성하고 적용한다.

[9정04-04] 인공지능 시스템으로 해결 가능한 문제를 발견하고, 문제 해결에 적합한 인공지능 시스템을 적용한다.

[9정04-05] 인공지능 학습에 필요한 데이터의 수집과 활용에서 발생하는 윤리적인 문제의 해결 방안을 구상한다.

미술

[9미01-02] 시각 문화의 의미와 역할을 알고 이미지를 비판적으로 해석할 수 있다.

[9미02-03] 조형 요소와 원리, 표현 재료와 방법, 디지털 매체를 포함한 다양한 매체를 활용하여 주제를 효과적으로 표현할 수 있다.

[9미02-04] 자신과 타인의 작품을 존중하며, 다양한 방법으로 공유하고 소통할 수 있다.

고등

과학

[10통과2-02-06] 에너지 효율의 의미와 중요성을 이해하고, 지속가능한 발전과 지구 환경 문제 해결에 신재생 에너지 기술을 활용하는 방안을 탐색할 수 있다.

[10통과2-03-02] 빅데이터를 과학기술사회에서 사용하고 있는 사례를 조사하고, 빅데이터 활용의 장점과 문제점을 추론할 수 있다.

[10통과2-03-03] 인공지능 로봇, 사물인터넷 등과 같이 과학기술의 발전을 인간 삶과 환경 개선에 활용하는 사례를 찾고, 이러한 과학기술의 발전이 미래 사회에 미치는 유용성과 한계를 예측할 수 있다.

[10통과2-03-04] 과학기술의 발전 과정에서 발생할 수 있는 과학 관련 사회적 쟁점(SSI)과 과학기술 이용에서 과학 윤리의 중요성에 대해 논증할 수 있다.

기술

[12기가04-03] 기술, 수학, 과학, 예술 등과 융합하여 공학이 발전된 사례를 분석하여 공학의 융합적 특성과 중요성을 이해한다.

[12기가04-05] 다양한 공학 분야를 탐색하여 공학자의 역할을 이해하고, 자신의 흥미, 적성, 능력에 맞는 공학 분야의 진로를 탐색한다.

[12기가06-01] 빅데이터, 사물인터넷, 인공지능 등 최신 기술을 통해 정보통신 공학을 이해하고, 정보통신 공학의 활용 사례를 탐구하여 정보통신 기술을 윤리적으로 활용하는 태도를 갖는다.

정보

[12정01-03] 문제 해결에 적합한 피지컬 컴퓨팅 시스템 장치를 선택하여 사물인터넷 시스템을 설계한다.

[12정02-03] 빅데이터의 개념과 특징에 대한 이해를 바탕으로, 문제 해결에 적합한 데이터를 수집한다.

[12정02-04] 빅데이터 분석 도구를 활용하여 데이터를 시각화하고 그 의미와 가치를 해석한다.

[12정03-01] 복잡한 문제를 해결 가능한 작은 문제로 분해하고 모델링한다.

[12정03-04] 자료형의 종류와 특성을 알고, 적합한 자료형을 선택하여 프로그램을 작성한다.

[12정03-06] 다차원 데이터 구조를 활용한 프로그램을 작성한다.

[12정03-07] 다양한 제어 구조를 복합적으로 활용한 프로그램을 작성한다.

[12정03-08] 객체를 구현하는 클래스와 인스턴스를 활용하여 프로그램을 작성한다.

[12정03-09] 실생활 및 다양한 학문 분야의 문제 해결을 위한 프로그램을 협력적으로 설계⋅구현한다.

[12정03-10] 문제 해결을 위한 프로그램의 성능을 평가하고 공유한다.

[12정04-01] 지능 에이전트의 개념과 특성을 이해하고, 인간과 인공지능의 관계를 분석한다.

[12정04-02] 기계학습의 개념을 이해하고, 지도학습과 비지도학습의 차이를 비교⋅분석한다.

[12정04-03] 기계학습을 활용하여 해결할 수 있는 문제와 그렇지 않은 문제를 구분하고, 사회문제 해결에 기계학습을 적용한다.

[12인기01-01] 인공지능의 지능적 판단에 대한 이해를 바탕으로 인공지능을 활용한 실생활 및 다양한 학문 분야의 문제 해결 사례를 비교⋅분석한다.

[12인기01-02] 인공지능에서 탐색의 중요성을 이해하고 문제 해결을 위한 탐색 과정을 설계한다.

[12인기02-01] 기계학습을 적용할 문제를 정의하고, 문제 해결에 필요한 데이터를 선정하여 수집한다.

[12인기02-02] 수집한 데이터를 가공하여 핵심 속성을 추출한다.

[12인기02-04] 훈련 데이터를 이용하여 학습을 진행하고, 테스트 데이터를 사용하여 성능을 평가한다.

[12인기02-05] 인공신경망과 딥러닝의 특성에 대한 이해를 바탕으로 활용 분야를 탐색한다.

[12인기02-06] 딥러닝을 활용하여 실생활 및 다양한 학문 분야의 문제를 해결하고, 성능을 평가한다.

[12인기03-01] 인공지능의 발전으로 인한 사회 변화를 살펴보고, 인공지능으로 해결할 수 있는 사회적 문제를 분석한다.

[12인기03-02] 인공지능에 의해 변화하는 인간의 삶과 직업의 양상에 대해 이해하고 진로를 탐색한다.

[12인기03-03] 인공지능에 대한 비판적 자세를 바탕으로 인공지능과 인간의 공존 방안을 도출한다.

[12인기03-04] 인공지능의 활용사례와 윤리적 딜레마 상황을 인공지능 윤리 관점에서 분석한다.

[12인기04-01] 지속가능발전목표를 해결하기 위해 인공지능을 적용할 수 있는 방안을 탐색하고, 인공지능 프로젝트 활동에 적합한 주제를 도출한다.

[12인기04-02] 인공지능 문제 해결 과정에 기반하여 프로젝트 수행 계획을 구안한다.

[12인기04-03] 인공지능 프로젝트를 수행하는 과정에서 협력적인 문제 해결 자세를 바탕으로 인공지능 소프트웨어를 개발한다.

[12인기04-04] 인공지능의 사회적 영향을 고려하여 인공지능 소프트웨어를 개발하고, 평가 결과를 반영하여 성능을 개선한다.

[12소생01-01] 소프트웨어가 세상을 변화시킨 사례를 탐색하고 소프트웨어가 사회 변화에 미치는 영향을 분석한다.

[12소생01-02] 실세계의 문제와 현상을 소프트웨어의 관점으로 바라보고 소프트웨어 발전에 따른 미래 사

회의 변화를 예측한다.

[12소생01-03] 소프트웨어 융합을 통한 문제 해결 사례를 바탕으로, 다양한 학문 분야에서 소프트웨어와의 융합을 통해 문제를 해결하는 방법을 비교⊠분석한다.

[12소생02-01] 피지컬 컴퓨팅 도구로 구현된 작품의 구성 및 작동 원리를 분석한다.

[12소생02-02] 소프트웨어를 통해 아이디어를 표현하는 데 필요한 센서와 액추에이터를 선택하여 피지컬 컴퓨팅 시스템을 구성한다.

[12소생02-03] 피지컬 컴퓨팅을 통해 미디어 아트 작품을 창작하고, 창작에 활용된 소프트웨어의 가치를 파악한다.

[12소생04-01] 시뮬레이션 프로그램의 개념과 구성요소를 이해하고 가치를 파악한다.

[12소생04-02] 다양한 시뮬레이션 프로그램의 활용 분야를 탐색하고 활용 방안을 구상한다.

[12소생05-01] 소프트웨어 스타트업의 개념을 이해하고 새로운 가치를 창출하는 소프트웨어 스타트업 사례를 분석한다.

[12소생05-02] 소프트웨어 스타트업 프로젝트의 수행 과정을 이해하고, 사용자 요구를 분석하여 소프트웨어 스타트업 아이디어를 구안한다.

[12소생05-03] 스타트업 프로젝트에 적합한 소프트웨어를 협력적으로 설계하고 구현한다.

[12소생05-04] 개발한 소프트웨어의 가치를 사회적, 기능적, 윤리적 관점에서 평가한다.

미술

[12미매01-02] 미술에서 매체의 역할과 의미를 탐색하고 미적 가치를 발견할 수 있다.

[12미매01-03] 미술에 활용되는 아날로그와 디지털 매체의 개념과 종류를 이해하고 개방적 태도로 표현 매체를 선택할 수 있다.

[12미매01-04] 매체의 특성과 표현 원리를 실험하고 작품에 반영할 수 있다.

[12미매02-01] 아날로그 매체와 디지털 매체를 창의적으로 활용하여 표현할 수 있다.

[12미매02-02] 아날로그와 디지털 매체를 타 분야와 연결하고 융합하며 매체의 가치를 공유할 수 있다.

[12미창01-02] 창의적 발상 방법을 알고 아이디어를 시각화할 수 있다.

[12미창01-03] 표현 기법과 매체를 탐구하고 이해하여 발견된 문제를 해결할 수 있다.

[12미창01-04] 주제에 적합한 표현 매체와 방법을 선정하고 몰입하여 작품을 창작할 수 있다.

엔트리 인공지능과 함께하는 토리드론

잇플의 IT 도서

아두이노 내친구 by 스크래치
1편: 기초[교재+키트]

아두이노에 대한 기초적인 내용을 알아보고, 스크래치로 아두이노와 전자 회로를 작동하는 법을 배울 수 있게 구성했습니다.

정가: 45,000원

아두이노 내친구 by 스크래치
2편: 라인트랙 자동차 만들기[교재+키트]

라인 센서, 모터, 모터 드라이버 모듈 등의 전자 부품을 사용해서 직접 코딩하여 자신만의 멋진 라인 트랙 자동차를 만들어 봅니다.

정가: 54,000원

아두이노 내친구 by 스크래치
3편: 자율주행 자동차 만들기[교재+키트]

초음파 센서, 서보모터, 모터, 모터 드라이버 모듈 등의 전자부품을 사용해서 독자들이 직접 코딩하여 자신만의 자율주행 자동차를 만듭니다.

정가: 61,000원

아두이노 내친구
1편: 자동차 만들기 기초[교재+키트]

아두이노와 컴퓨터를 연결하는 방법, 전자부품 (LED, 저항 등)에 대한 기초적인 지식 등 《2편 자동차 만들기》할 때 꼭 알아야 하는 내용으로 구성했습니다.

정가: 39,000원

아두이노 내친구
2편: 라인트랙 자동차 만들기[교재+키트]

전자회로 구성을 이해하고, 아두이노 보드를 제어하여 직접 라인트랙 자동차를 만들어 볼 수 있게 구성했습니다.

정가: 39,000원

아두이노 내친구
3편: 블루투스/자율주행/앱 만들기[교재+키트]

초음파 기술로 자율주행하는 자동차를 만들고, 블루투스를 연결해서 블루투스 무선조종 자동차를 만듭니다. 또한 스마트폰 앱을 만들어 자동차를 제어해 볼 수 있게 구성했습니다.

정가: 84,000원

KODU 게임메이커

KODU로 직접 사과먹기 게임, 레이싱 게임과 같은 3D 게임을 만들면서 코딩을 익힐 수 있게 구성한 교재입니다. 단계별로 그림과 함께 설명해서 누구나 쉽게 이해할 수 있게 했습니다.

정가: 11,800원

엔트리 교과서 코딩
초등 1: 국어, 통합교과

먼저 엔트리를 익히고, 초등학교 1학년 국어 교과서 내용을 엔트리로 코딩하여 작품을 만드는 과정을 통해 교과서 내용과 코딩을 동시에 익힐 수 있게 구성한 교재입니다.

정가: 18,000원

엔트리 교과서 코딩
초등 1: 수학, 통합교과

먼저 엔트리를 익히고, 초등학교 1학년 수학 교과서 내용을 엔트리로 코딩하여 작품을 만드는 과정을 통해 교과서 내용과 코딩을 동시에 익힐 수 있게 구성한 교재입니다.

정가: 18,000원

엔트리 교과서 코딩
Vol.3: 수학, 통합교과

먼저 엔트리를 익히고, 초등학교 1학년 수학 교과서 내용을 엔트리로 코딩하여 작품을 만드는 과정을 통해 교과서 내용과 코딩을 동시에 익힐 수 있게 구성한 교재입니다.

정가: 18,000원

아두이노 메이킹

아두이노 보드, 다양한 센서와 부품에 관한 지식을 익히고, 독자가 직접 코딩하여 음주측정기, 스마트팜, 스파클링 분수를 만들어 보는 아두이노 피지컬 입문 교재입니다.

정가: 16,000원

SW·AI를 위한 아두이노 인공지능 스탠드 만들기

인공지능을 활용한 작품 만들기 틴커캐드 활용, 전자회로 기초, p5.js 기초, 미디어 아트 작품 만들기, 아두이노 인공지능 스탠드 만들기

정가: 98,000원

잇플의 IT 도서

SW·AI를 위한 마이크로비트
with MakeCode[교재+키트]

마이크로비트의 구조와 기능, MakeCode 사용법을 익히고 LED 전광판, 효과음 작곡하기, 생일 축하카드를 만들며 디지털 제품의 동작 원리, 인공지능과 사물인터넷(IoT) 기술을 이해할 수 있게 구성했습니다.

정가: 118,000원

10대를 위한 데이터과학
with 엔트리

데이터 과학에 입문하는 청소년들이 이론에 얽매이지 않고 데이터 과학을 체험해 볼 수 있게 구성한 실습서입니다.

정가: 26,500원

코딩과 드론 날로먹기[교재+키트]

코딩과 드론을 동시에 배울 수 있는 코딩 드론 입문서입니다. 드론을 배우고 싶었지만 막막했던 초보자에게 스크래치로 쉽게 드론 코딩하는 방법을 설명합니다.

정가: 107,800원

파이썬과 드론 날로먹기[교재+키트]

드론에 대한 이론과 조종기로 드론을 제어하는 방법, 파이썬으로 기초 프로그램을 만들어 드론을 제어하는 등 SW와 HW를 골고루 활용해 볼 수 있게 구성한 교재입니다.

정가: 107,800원

생각대로 파이썬
파이썬 성장 프로젝트

파이썬에 입문하려는 분을 위해 그림으로 파이썬 문법을 설명했습니다. 예제를 통해 파이썬 개념을 이해하고 파이썬을 활용하는 인공지능 예제도 소개합니다.

정가: 23,000원

파이썬 첫걸음

파이썬 언어를 배우고 싶은 고등학생과 일반인을 위한 교재입니다. 파이썬 기초와 클래스, 객체 이해, 그래픽과 애니메이션으로 게임 만들기 등을 다루었습니다.

정가: 26,000원

누구나 파이썬
너도 데이터 가지고 놀 수 있어!

데이터를 다루는데 필요한 Pandas 모듈과 시각화하는데 필요한 matplotlib 모듈에 대해 알아보고, 다양한 예제로 데이터 분석을 학습할 수 있는 교재입니다.

정가: 18,000원

데이터 사이언스 입문 A to Z

파이썬 수학 라이브러리인 numpy, 데이터 통계 라이브러리인 pandas와 matplotlib에 관한 설명과 예제를 수록했고, 금융 데이터·공공 데이터 분석 예제로 데이터 분석 활용법을 소개한 책입니다.

정가: 45,000원

개발자가 원하던 파이썬

개발자인 저자가 경험을 바탕으로 파이썬에 대한 개념, 사용법, 활용법을 예제와 함께 설명했습니다. 특히 실무를 위해 꼭 알아야 할 데코레이터와 디스크립터를 중점 설명한 교재입니다.

정가: 32,000원

딥러닝, 머신러닝을 위한 넘파이

넘파이를 완전분석한 책으로 기초부터 고급기능까지 배울 수 있습니다. 풍부한 예제를 이용해서 수학에 자신이 없어도 쉽게 이해할 수 있게 구성했습니다.

정가: 35,000원

Fusion 360 with 3D Printer[기본편]

3D 프린터와 코딩을 따로 다루는 책과는 다르게 두 분야를 융합한 교재입니다. 기본편은 3D 프린터의 유래와 개념, 퓨전 360의 메뉴를 익히며 피젯스피너, LED 명패, 만능 연필꽂이 등 다양한 작품을 만들어 봅니다.

정가: 23,600원

Fusion 360 with 3D Printer[실전편]

실전편에서는 3D 모델링과 아두이노로 자동펌핑기, 미니 무드등과 같은 다양한 작품을 제작합니다. 개념과 원리를 기초부터 이해하고, 자기 생각을 반영하여 자신만의 작품을 만들 수 있게 구성했습니다.

정가: 17,500원

앱인벤터 한권으로 끝내기

앱 인벤터의 기초 사용법과 앱 인벤터가 제공하는 인공지능 기술을 접목하는 방법을 배웁니다. 각 chapter마다 응용 작품을 만들어 볼 수 있게 구성해서 학습 내용을 확실히 이해할 수 있게 했습니다.
정가: 28,500원

소프트웨어 사고력 올림피아드
SW 사고력 올림피아드 사무국 지정 공식 교재

기출문제를 분석하여 답안 작성 방법을 소개하고, 답안 표현 방법을 다양하게 제시해서 표현력을 기를 수 있게 했습니다. 실제 대회에 참가한 학생의 답안과 기출 문제와 유사하게 연습 문제도 수록했습니다.
정가: 28,500원

정보 영재원 대비 문제집[초등 3~5학년]

영재 선발 시험에 대비할 수 있게 영재원 대비법, 영재성 검사, 창의적 문제해결검사, 심층면접, 모의고사 총 5개 PART로 구성. 기출문제와 논문, 관련 서적도 참고해서 대학과 교육청의 정보 및 로봇 영재원 시험에 최적화된 교재입니다.

정가: 28,000원

정보 영재원 대비 문제집[중등, 초6~중2]

영재 선발 시험에 대비할 수 있게 영재원 대비법, 영재성 검사, 창의적 문제해결검사, 심층면접으로 구성했습니다. 기출문제와 논문, 관련 서적도 참고해서 대학과 교육청의 정보 및 로봇 영재원 시험에 최적화된 교재입니다.

정가: 28,000원

IT 영재를 위한 이산수학[초등]

정보올림피아드나 정보(SW)영재원을 대비하는 수험생은 이산수학 내용을 모두 공부할 필요는 없고, 출제되는 이산수학 내용만 집중 학습하면 됩니다. 따라서 기출문제를 중심으로 시험에 최적화된 내용으로 구성했습니다.

정가: 28,000원

IT 영재를 위한 이산수학[중등]

정보올림피아드나 정보(SW)영재원을 대비하는 수험생은 이산수학 내용을 모두 공부할 필요는 없고, 출제되는 이산수학 내용만 집중 학습하면 됩니다. 따라서 기출문제를 중심으로 시험에 최적화된 내용으로 구성했습니다.

정가: 28,000원

혼자 공부하는 ROS2; 로봇 SW

ROS의 역사나 아키텍처가 아니라 ROS의 원리와 사용법을 빠르게 익혀 독자들이 하고 싶은 일을 하게 하는 것이 이 책의 목표입니다. ROS의 기본적인 사용법을 중심으로, Linux 사용법도 간략히 설명합니다.

정가: 27,300원

코틀린 프로그래밍 A to Z

인공지능 서비스를 앱이나 백엔드 시스템에서 실행하려면 코틀린 언어가 필요합니다. 코틀린 언어는 기본으로 자바 지식이 있어야 하지만 이 책은 자바를 몰라도 쉽게 접할 수 있게 모든 설명을 코틀린 기반으로 구성했습니다.

정가: 39,000원

코스페이시스 한권으로 끝내기

손쉽게 가상현실 개발 제작 도구를 익히고 SDGs의 지속 가능한 미래가치를 담은 가상현실 제작하기.

정가: 28,500원

(10대를 위한) 데이터 과학 with 파이썬

파이썬의 기초 문법과 라이브러리를 익히고, 데이터 과학이 무엇인지 살펴보고, 데이터 분석에서 많이 사용되는 pandas 라이브러리의 기초 기능과 이를 활용해 데이터를 분석하여 주어진 문제들을 해결합니다.

정가: 27,000원

엔트리 인공지능과 함께하는 토리드론

이 책은 초등학생부터 성인까지 재미있고 즐겁게 드론과 인공지능을 배울 수 있도록 내용을 구성하였습니다. 블록 코딩으로 레고를 조립하듯이 마우스로 블록을 연결하면 드론을 조종할 수 있어서 코딩의 즐거움을 느낄 수 있습니다.

교재+드론set 정가: 135,000원

파이썬 인공지능과 함께하는 토리드론

이 책은 초등학생부터 성인까지 재미있고 즐겁게 파이썬, 드론, 인공지능을 배울 수 있도록 내용을 구성하였습니다. 다양한 파이썬 예제로 드론과 인공지능을 융합한 프로그램을 만들면서 드론과 인공지능에 대한 이해를 높일 수 있습니다

교재+드론set 정가: 138,000원

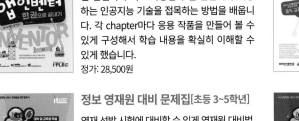

파이썬 인공지능과 함께하는 토리드론

1판 1쇄 발행일 _ 2024년 7월 30일

지은이 _ 구덕회 · 박재일· 김용환
발행인 _ 정지숙
제작 _ (주)잇플 ITPLE
편집 _ (주)잇플 ITPLE 출판편집팀

펴낸곳 _ (주)잇플 ITPLE
주소 _ 서울특별시 동대문구 답십리로 264 성신빌딩 2층
전화 _ 0502-600-4925
팩스 _ 0502-600-4924
홈페이지 _ www.itpleinfo.com
e-mail _ itple@itpleinfo.com
카페 _ http://cafe.naver.com/arduinofun
ISBN _979-11-91198-46-1   13000

교재학습자료 _ http://cafe.naver.com/arduinofun